Dr. med Eckart von Hirschhausen (Jahrgang 1967) studierte Medizin und Wissenschaftsjournalismus. Seit über 15 Jahren ist er als Kabarettist, Redner und Bestsellerautor in den Medien und auf allen großen Bühnen Deutschlands unterwegs. Sein erstes Buch «Die Leber wächst mit ihren Aufgaben» wurde mit drei Millionen verkauften Exemplaren zu einem der erfolgreichsten Sachbücher. Auch als Fernsehmoderator von ARD «Frag doch mal die Maus», ARD «Das fantastische Quiz des Menschen» oder NDR «Tietjen und Hirschhausen» verbindet er für ein Millionenpublikum Inhalt und Unterhaltung. Mit seinem neuen Bühnenprogramm «Liebesweise» ist er auf Deutschlandtour. Und mit der Stiftung HUMOR HILFT HEILEN engagiert er sich für bessere Stimmung im Krankenhaus. v. Hirschhausens Markenzeichen: intelligenter Witz mit nachhaltigen Botschaften, gesundes Lachen über Niveau. Mehr über Ideen, Projekte, Tourdaten unter: www.hirschhausen.com

Dr. med. ECKART von HIRSCHHAUSEN

GLÜCK
kommt selten allein ...

Rowohlt Taschenbuch Verlag

11. Auflage Januar 2014

Veröffentlicht im Rowohlt Taschenbuch Verlag,
Reinbek bei Hamburg, Mai 2011
Copyright © 2011 by Rowohlt Verlag GmbH,
Reinbek bei Hamburg
Texte Dr. Eckart von Hirschhausen
Redaktion Susanne Herbert
Ideen Illustrationen Dr. Eckart von Hirschhausen
Gestaltung & Illustration Esther Wienand
Assistenz Illustration Änni Perner
Pinguin-Illustration Jörg Pelka, Mainz
Foto des Autors Frank Eidel
Fotos im Buch Dr. Eckart von Hirschhausen
Gedicht von Hilde Domin «Nicht müde werden» auf Seite 347:
Hilde Domin, Gesammelte Gedichte,
© S. Fischer Verlag GmbH, Frankfurt am Main 1987
Foto auf Seite 372 mit freundlicher Genehmigung von «ARD aktuell»
Foto auf Seite 415 Det Kempke
Umschlaggestaltung Esther Wienand
(Umschlagabbildung: © Markus Hauschild)
Satz KCS GmbH, Buchholz bei Hamburg
Druck und Bindung GGP Media GmbH, Pößneck
Printed in Germany
ISBN 978 3 499 62484 1

Inhalt

PACKUNGSBEILAGE

Vorwort für Optimisten und Neugierige	10
Vorwort für Pessimisten und Kritiker	11
Gebrauchsanweisung: Glück kommt selten allein	13
✂ BASTELBOGEN: *Glückskompass*	18
Fachinformation: Kann man Glück wissenschaftlich untersuchen? Manfred Spitzer antwortet	23
Nebenwirkungen: Glück schützt vor Herzinfarkt und Depression	29
Zehn Warnsignale drohender Zufriedenheit	37

KAPITEL 0: GLÜCK KOMMT SELTEN ALLEIN – ES KOMMT MIT MISSVERSTÄNDNISSEN

✂ BASTELBOGEN: *Anleitung zum sicheren Erfolg*	38
Sieben Dinge über das Glück, die Sie nie wissen wollten, aber eigentlich schon wissen	41
Das große Aber beim Aberglauben	47
✂ BASTELBOGEN: *Sternbilder*	50
Das hat er von dir	53
✂ BASTELBOGEN: *Lebenslotto*	57
Auf die Dauer der Zeit nimmt die Seele die Farbe der Gedanken an	61
Sei kein Frosch	67
Shit happens: Mal bist du die Taube, mal das Denkmal	73
✂ BASTELBOGEN: *Hedonimeter*	80
Anatomie des Jammerlappens	83

| Schlechte-Laune-Kurzcheck | 87 |
| Gibt es ein glückliches Leben im Faulen? | 89 |

KAPITEL 1: GLÜCK KOMMT SELTEN ALLEIN – ES KOMMT MIT ANDEREN

Fotounrealismus	95
Partnerwahl im Restaurant	99
Politische Einstellung zwischen Glück und Gluck	103
Wer geht zuerst: Henne oder Hahn?	107
Glück in anderen Sprachen	112
Kinder, Kinder	115
Rote Kringel und Bekanntenkreise	121
Wie versponnen ist Ihr Glücksnetz?	124
Glück in der Liebe	129
Tauschen	134

KAPITEL 2: GLÜCK KOMMT SELTEN ALLEIN – ES KOMMT MIT DEM ZUFALL

Die Glücksgöttin mit der verunglückten Frisur	139
Lerne Waldhorn	145
Entscheidungshilfe	147
Volkskrankheit Zuvielitis	149
Glückskeksrezept	152
Wer schön ist, muss leiden	161
Frag nach Sonnenschein!	167
Weinbergschnecke	174
GLYKS mit Gimmick	175

KAPITEL 3: GLÜCK KOMMT SELTEN ALLEIN – ES KOMMT MIT DEM GENUSS

Zu wenig Glück im Blut?	179
Thank you for the Music!	185
Geh doch	189
Glück ist, wenn der Schmerz nachlässt	193
Das Glücksrezept	199
Lauf um dein Leben	201
✄ BASTELBOGEN: *Die dunkle Seite*	207
Let's Dance	209
Das Leben ist eine Suchmaschine	215
Kommt Glück mit dem Kommen?	221
Kleines Glück ganz groß	227
✄ BASTELBOGEN: *Glückstagebuch*	233
Lass das «Rauslassen»	237
Immer der Nase nach	241
Schokosong	244

KAPITEL 4: GLÜCK KOMMT SELTEN ALLEIN – ES KOMMT MIT DEM TUN

Alles im Fluss	249
Flow-Erlebnisse und Flow-Bremsen	250
Heiteres Berufungsraten	255
Der Gänsehauteffekt	261
Hergeben ist schwieriger als nehmen	269
Zeit ist Geld? Aber Geld keine Zeit	277
Bill, Boris und Bronze	287
✄ BASTELBOGEN: *Mach Geld glücklich!*	291
Für immer 17?	293
Thermos	300

KAPITEL 5: GLÜCK KOMMT SELTEN ALLEIN – ES KOMMT MIT DEM LASSEN

Mach dich nicht fertig!	305
Massive Glücksmomente	313
Glücksbestellungen im Universum	317
Es ist noch ein Speicherplatz in der Hölle Freitag	321
Alter Verwalter	327
Zukunft jetzt!	333
Stille halten	339
Nicht müde werden	347
Das glaubst du doch selbst nicht	349
La Mer	353

ZUGABEN

Die Pinguin-Geschichte	355
✂ BASTELBOGEN: *Hampelpinguin*	359
Gerupfte Worte	362
Nachgedanken	365
Schönen Dank auch	373
Total subjektive Auswahl an Büchern über subjektives Wohlbefinden	376
Orte des Glücks	379
Happy End?	381

NEU

Nachwort für das Taschenbuch	385
Glücksforschungs-Update	390
What's up, Professor Happy?	396

Glück ist Erwartungsmanagement. Oft hält sich die Welt nicht an das, was man sich laut Prospekt versprochen hat. Die Situation ist aussichtslos – aber nicht ernst.

Vorwort

FÜR OPTIMISTEN UND NEUGIERIGE

Dieses Buch kann Sie glücklich machen. Es lässt sich in keine Schublade stecken. Da gehört es auch nicht hin. Es kann auf dem Wohnzimmertisch liegen, wo Sie ab und an in den Fotos blättern und sich inspirieren lassen. Es kann neben der Badewanne liegen, wo Sie sich gegenseitig die Witze und Glücksmomente vorlesen. Und es kann auf dem Schreibtisch liegen, denn dieses Buch ist auch ein Arbeitsbuch mit Übungen und Anregungen für den Alltag. Es ist halb und wird erst ganz, wenn Sie es vervollständigen, damit etwas anstellen und ruhig die Bastelbögen herausschneiden. Es ist ja keine Literatur. Auf mühselige Erklärungen wird verzichtet, denn was hilft einem die Philosophiegeschichte, wenn ich wissen möchte, wie ich im Alltag meinen Jammerlappen auswringen kann? Das Leben ist viel zu wichtig, um es ernst zu nehmen. Zum Glück wissen Sie das besser. Sonst wären Sie ja nicht Optimist und neugierig auf anwendbare Glücksforschung.

Sie werden mehr finden, als Sie für sich selbst brauchen – also geben Sie Ihr Glück an andere weiter. Und das Buch auch. Viel Spaß mit allem, was ich zusammengetragen habe. Und wenn nur eine positive Botschaft für Sie dabei ist, hat sich das Ganze doch schon gelohnt, oder?

Vorwort

FÜR PESSIMISTEN UND KRITIKER

Dieses Buch kann Sie enttäuschen. Es lässt sich in keine Schublade stecken. Es ist zwar wissenschaftlich fundiert, aber dafür viel zu leicht und zu persönlich geschrieben. Und dann noch diese ganzen Fotos, Zitate, Witze und Glücksmomente statt eines durchgehenden Textes mit Fußnoten. Das ist keine Literatur, nichts Halbes und nichts Ganzes. Sie werden bemerken, dass die Philosophiegeschichte, die Soziologie und die Grenzen der Begrifflichkeit unzureichend reflektiert werden. Und ständig tue ich so, als hätte das etwas mit Ihrem und meinem Leben zu tun. Und als sei die Welt kein Jammertal. Dabei wissen Sie es doch besser. Sonst wären Sie ja nicht Pessimist geworden. Das Thema Glück ist viel zu ernst, um es so albern abzutun. Es tut mir leid, ich kann nicht anders. Sie werden nicht finden, was Sie suchen. Aber behalten Sie das nicht für sich, erzählen Sie ruhig weiter, wie schlecht das Buch ist. Sonst erwischt es noch jemanden, der nicht ausreichend kritisch an die Sache herangeht. Und der würde womöglich Spaß daran haben. Und sollten Sie doch ein Licht am Ende des Tunnels erblicken, ist es wahrscheinlich ein entgegenkommender Zug. Ich hätte gerne eine positive Botschaft für Sie gehabt – aber vielleicht nehmen Sie auch zwei negative?

Lernen aus der Geographie:
Nach Sorgenfrei führt kein direkter Weg.

Gebrauchsanweisung: Glück kommt selten allein

Was du verstehst, setzt du für dich um. Was du nicht verstehst, gibst du als Ratschlag an andere weiter.
Alte Trainerweisheit

Stellen Sie sich vor, Sie selbst wären das Glück. Würden Sie dann gerne bei sich vorbeikommen?
Die Perspektive umzudrehen überrascht. Automatisch fällt uns vieles ein, was wir tun können, um dem Glück eine Freude zu machen, damit es eher zu uns kommt. Und in welchen Ecken unseres Lebens wir besser noch aufräumen, für den Fall, dass das Glück über Nacht bleiben will. Eigentlich wissen wir schon viel übers Glück. Gleichzeitig widersprechen die Ergebnisse der Glücksforscher oft unseren intuitiven Annahmen: Schönheit macht traurig und lange Ladenöffnungszeiten unzufrieden. Viele alte Freunde machen glücklicher als Familie und Kinder. Und die Jugend ist nicht die schönste Zeit. Das Beste, was dieses Buch erreichen kann: Sie ändern gar nichts in Ihrem Leben, fühlen sich aber besser damit. Doch das will ich Ihnen nicht versprechen.
Vielleicht haben Sie gute Gründe, genau so zu sein, wie Sie sind, von denen wir beide keine Ahnung haben. Mit Glückstipps ist es so ähnlich wie mit Diätratgebern. Wenn etwas

wirklich funktionieren würde, wäre der Markt nicht voll davon!

Glück kommt selten allein. Und wer glücklich ist, bleibt selten allein. Dabei kann uns auch Alleinsein sehr glücklich machen. Glück ist paradox. Je mehr wir es jagen, desto weiter entfernt kommt es uns vor. Im Ernst: Wie soll dich das Glück finden, wenn du ihm ständig hinterherrennst?

Dieses Buch ist auch paradox. Es ist das Resultat meiner jahrelangen Recherche und meines täglichen Scheiterns. Es enthält jede Menge wissenschaftlicher Studien und genauso viele persönliche Geschichten. Ich habe die meisten der Tipps, die ich brauchbar fand, an mir selbst ausprobiert. Und bleibe dabei – alle Rezepte, die einem das schnelle Glück versprechen, ganz schnell zu vergessen. Wenn es eine Glücksformel gibt, dann die, dass Glück sich nicht auf eine Formel bringen lässt. Es gibt schon sehr viele schlüssige Bücher übers Glück – und deshalb habe ich ein unschlüssiges geschrieben. Denn manchmal vergessen wir vor Gewissenhaftigkeit und Vollständigkeit, über die Widersprüche des Lebens zu lachen, besonders wir Deutschen.

Wer gerade eine Münze auf der Straße gefunden hat, antwortet auf die Frage «Wie glücklich sind Sie mit Ihrem Leben?» deutlich zufriedener. Glückliche Menschen sind gesünder. Eine der günstigsten Maßnahmen, viele Deutsche gesünder zu machen, wäre also, einen Teil der Krankenkassenbeiträge auf die Straße zu werfen statt aus dem Fenster. Die Crux: Sobald wir uns daran gewöhnen, jeden Tag eine Münze zu finden, lässt die beglückende Wirkung rasch nach. Wir gewöhnen uns daran, so wie wir uns an fast alles gewöhnen. Wir leben in einem der reichsten Länder der Welt, sind aber im Glück nie über das Mittelmaß hinausgekommen.

Ich habe viele Glücksbücher gelesen, wahrscheinlich zu viele. Und durch viele habe ich mich gequält. Ich dachte oft: Warum soll ausgerechnet die Beschäftigung mit freudigen Gefühlen so mühsam sein? Die Wissenschaftler haben tatsächlich viele spannende Dinge in den letzten Jahren herausgefunden –

und direkt oder zwischen den Zeilen werden Sie die großen Strömungen der Glücksforschung in diesem Buch in lauter kleinen Geschichten wiederfinden oder kennenlernen. Aber viele der Geschichten widersprechen sich, denn: Genau der Widerspruch, das Paradoxe, das Nicht-Verstehbare finde ich das Spannendste am Glück. Und Sie ja vielleicht auch. Unser Verstand hat die Dinge lieber eindeutig und sortiert. Der eleganteste Ausweg, über Widersprüchen nicht zu verzweifeln, ist, über sie zu lachen! Dieses Buch kann Sie erheitern und ernüchtern zugleich. Glück ist Erwartungsmanagement. Und der Weg dahin ist eine Enttäuschung über all die Irrwege, wo wir es nicht finden werden.

Sollte man besser gar nicht nach dem Glück fragen? Sind nur die Unwissenden, die Kinder, die geistig Armen glücklich? Das ist zum Glück auch Quatsch. Doch eins nach dem anderen. Wir haben ja noch ein paar Seiten Zeit. Aber nur wenn Sie wollen.

Was auch immer Sie von dieser Geschichten- und Ideensammlung halten, es stimmt nicht alles. Also zumindest nicht für Sie. Wären Sie mit allem, was ich geschrieben habe, einer Meinung, hätte es das Buch ja gar nicht gebraucht. Sie müssen es nicht von vorne nach hinten lesen. Sie müssen es überhaupt nicht lesen, sondern können sich einfach mit den Fotos vergnügen. Dieses Buch ist zum Ausprobieren. Lauter Glückspröbchen. Ein Gute-Laune-Lesebuch, was nicht automatisch gute Laune verspricht, aber Ihnen viele scheinbar gerechtfertigte Gründe für schlechte Laune nimmt. Und wenn Sie etwas finden, was nicht zu Ihnen passt, schauen Sie mal in Ihrer Umgebung – vielleicht passt es da jemandem. Bei den anderen sehen wir eh viel leichter, was ihnen wirklich noch zu ihrem Glück fehlt.

Ich bin Bühnenkünstler und da eher in meinem Element als im stillen Kämmerlein. Das sage ich nur, damit Sie sich nicht wundern, dass ich Sie direkt mit «SIE» anspreche, als würden Sie vor mir im Theater sitzen. Und wenn es manchmal so klingt, als würde ich von oben herab sprechen – das ist nur die Bühne. Wir treffen uns nach der Vorstellung im Foyer –

auf Augenhöhe. Und wenn das Buch in dieser Form Ihnen manchmal zu persönlich wird, dann rede ich nicht von Ihnen – dann meine ich Ihren Nachbarn. Oder mich selbst. O. k.? Einige werden sich tatsächlich in diesem Buch wiederfinden. Denn die Zuschauer meines Abendprogramms schreiben in der Pause immer viele Postkarten: «Ich war richtig glücklich, als …» Die Zitate in den Sprechblasen sind alle echt. Bessere hätte ich nicht erfinden können. Unfrisierte Gedanken aus über 500 000 Köpfen und Herzen. Zum Schmunzeln, zum Nachdenken, zum Nachmachen. Herzlichen Dank für alle, die auf diesem Weg persönliche Glücksmomente mit uns teilen.

Glück kommt selten allein. Aber erst recht nicht, wenn wir auf das Glück der anderen schielen. DAS Glück zu suchen ist Quatsch – DAS gibt es nicht. Aber wenn Sie IHREM Glück auf die Schliche kommen, ist das womöglich besser, als es klingt. Und wer weiß, vielleicht halten Sie einen Schlüssel dazu schon in der Hand.

Vorsicht, dieses ist kein Selbsthilfebuch. Denn ein Selbsthilfebuch hilft auch, ohne dass man es liest – von selbst. Dieses Buch ist eher Hilfe vor der Selbsthilfe.

Mir hat mal eine wohlmeinende Freundin ein Buch geschenkt: «Feng Shui gegen das Gerümpel des Alltags». Ich habe es in eine Ecke gelegt und geschaut, ob es von selbst hilft. Dann habe ich kurz geblättert und verstanden: Für das Buch ist es energetisch besser, in einer anderen Ecke zu liegen. Hat aber auch nichts gebracht. Später habe ich mir noch zwei andere Bücher gekauft, die hießen «Einfach aufräumen» und «Nie wieder suchen».

Wenn ich ehrlich bin: Momentan wüsste ich von keinem der drei Bücher, wo genau es sich befindet.

Klar muss sich etwas ändern, aber wer fängt damit an: ich oder die Welt?

Dazu einer meiner Lieblingswitze:

Ein Funkgespräch zwischen einem US-Marinefahrzeug und kanadischen Behörden vor der Küste Neufundlands.

Amerikaner: Bitte ändern Sie Ihren Kurs um 15 Grad nach Norden, um eine Kollision zu vermeiden.

Kanadier: Ich empfehle, Sie ändern IHREN Kurs 15 Grad nach Süden, um eine Kollision zu vermeiden.

Amerikaner: Dies ist der Kapitän eines Schiffs der US-Marine. Ich sage noch einmal: Ändern SIE IHREN Kurs.

Kanadier: Nein. Ich sage noch einmal: SIE ändern IHREN Kurs.

Amerikaner: Dies ist der Flugzeugträger «USS Lincoln», das zweitgrößte Schiff in der Atlantikflotte der Vereinigten Staaten. Ich verlange, dass Sie Ihren Kurs 15 Grad nach Norden ändern, oder es werden Gegenmaßnahmen ergriffen, um die Sicherheit dieses Schiffes zu gewährleisten.

Kanadier: WIR sind ein Leuchtturm.

DER GLÜCKSKOMPASS DURCHS BUCH UND DURCHS DICKICHT DES GLÜCKS

Glück ist eigentlich ein ziemlich unglücklicher Begriff. Obwohl wir sonst so eine präzise Sprache haben, verwirrt sie uns ausgerechnet beim höchsten der Gefühle. Im Englischen gibt es Luck, Pleasure und Happiness. Und so habe ich versucht, auch im Deutschen die verschiedenen Sorten des Glücks etwas auseinanderzuhalten. Es sind jetzt fünf geworden:
Das Glück des Zufalls, des Genusses und der Selbstüberwindung. Dazu kommen noch die Freuden der Gemeinschaft und das, was ich Boah-ey-Glück nenne, die erhabenen Momente. Und ein Kapitel mit den Grundlagen. Das klingt vielleicht kompliziert, macht aber auf dem Weg die Sache viel einfacher. Vertrauen Sie mir, ich bin Arzt. Eins nach dem anderen, die Dosis macht das Gift, und zu viel Glück ist auch nicht gut.
Der Kompass dient nur zur groben Orientierung, damit wir uns nicht zu rasch verrennen. Auf dem Kompass sind die Sorten des Glücks gleich groß, im wirklichen Leben nicht unbedingt. Die Landschaft ist ja auch etwas anderes als eine Landkarte. Und ich kenne Ihre Maßstäbe nicht!
In welche Richtung Sie anfangen zu gehen, ist dem Kompass egal. Glück gibt es in jeder Richtung, in einem und außerhalb. Rechts und links. Oben und unten. In diesem Buch fange ich mit den einfachen Freuden der Gemeinschaft an und höre mit den erhabenen Freuden des Alleinseins auf.

1. Glück der Gemeinschaft. Alles, was mit Liebe, Freundschaft und Familie zu tun hat. Es ist für die meisten das Herzstück des Glücks und das größte Tortenstück. Die wichtigste Quelle des Glücks – und des Unglücks.

2. Glück des Zufalls. Der Glücksfall ist im engeren Sinne keine dauerhafte Quelle, denn Lottogewinner sind nach zwei Jahren nicht besser drauf als vor dem Gewinn. Und alle, die nicht gewinnen, sind nach dem Lottospielen noch ärmer dran.

HIRSCHHAUSENS BUNTE BASTELBÖGEN
GLÜCKSKOMPASS
Glück gibt es in jeder Richtung!

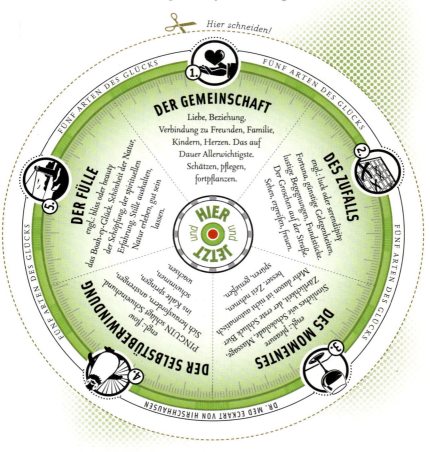

DER GEMEINSCHAFT
Liebe, Beziehung, Verbindung zu Freunden, Familie, Kindern, Herzen. Das auf Dauer Allerwichtigste. Schätzen, pflegen, fortpflanzen.

DES ZUFALLS
engl.: luck oder serendipity Fortuna, günstige Gelegenheiten, lustige Begegnungen, Fundstücke. Der Groschen auf der Straße. Sehen, ergreifen, freuen.

DES MOMENTES
engl.: pleasure Sinnliches wie Schokolade, Massage, Zärtlichkeit, der erste Schluck Bier, besser: Zeit genießen. Mehr davon, ist nicht automatisch spüren, genügen.

DER SELBSTÜBERWINDUNG
engl.: flow PINGUIN schlägt Schweinehund. Sich herausfordern, anstrengend, ins Kalte springen, schwimmen, wachsen.

DER FÜLLE
engl.: bliss oder beauty das Boah-ey-Glück. Schönheit der Natur, der Schöpfung, der spirituellen Erfahrung. Stille aushalten. Natur erleben, gut sein lassen.

HIER und JETZT

FÜNF ARTEN DES GLÜCKS

DR. MED ECKART VON HIRSCHHAUSEN

ANLEITUNG:

1.) *Kompass ausschneiden*
2.) *Eine leere Dose mittig lochen*
3.) *Mit einer Flügelklammer befestigen*
4.) *Finde dein Glück – in jeder Richtung!*

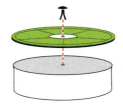

«… als mein Freund mir nach 4,5 Jahren das erste Mal sagte, dass er mich liebt.»

«… als ich vom Notarzt erfahren habe, dass mein Mann nicht sterben würde, sondern einfach zu viel getrunken hatte.»

«… als ich morgens aufwachte, mit meiner Frau tollen Sex hatte und sie danach mindestens genauso sehr liebte.»

«… als meine Frau trotz Schnarchens wieder ins Bett zurückgekehrt ist (nach Wochen!) – und das aus Liebe, wie ich einfach vermute!»

Der Einfluss äußerer Lebensumstände wird maßlos überschätzt.

3. Glück des Momentes. Der Genuss. Wer nicht genießt, wird ungenießbar. Aber wenn etwas gut ist, mehr davon ist nicht unbedingt besser. Genuss wird durch Intensität gesteigert, nicht durch Menge. Ein Glas Rotwein am Abend ist herrlich, drei Tetrapak über den Tag nicht. Ein Stück Schokolade genossen ist schöner als eine ganze Torte verschlungen. Ein Wellness-Wochenende ist besser als drei Wochen nur Massage. Nichts gegen Sex, aber 24 Stunden am Tag?

4. Glück der Selbstüberwindung. Anhaltende Zufriedenheit kommt nicht nur im Moment, sondern hinterher, zum Beispiel nach konzentriertem Tun, dem FLOW. Erfüllte statt totgeschlagene Zeit. Innerer Schweinehund überwunden, stolz drauf. Der Kaiserschmarrn schmeckt auf der Hütte besser als im Tal!

5. Glück der Fülle. Die überwältigenden Dinge des Lebens, über die man schwer schreibt, aber die das Leben erst vollständig machen. Stille, Natur, Musik. Glückseligkeit und Gänsehaut.

Natürlich überschneiden sich die Kompass-Kategorien in komplexen Fällen. Ein Beispiel, was es nicht einfacher macht, aber spielerischer: Das Liebesspiel kann Glück der Gemeinschaft stiften und zerstören, wenn eine Zufallsbekanntschaft dazwischenfunkt. Es kann genussreich sein oder Selbstüberwindung. Oft ist man währenddessen sehr glücklich, aber im glücklichsten Fall auch noch hinterher. Und wer aufhört zu rauchen, darf nach dem Sex auch einfach schweigen oder Musik hören. Alles klar? Los geht's.

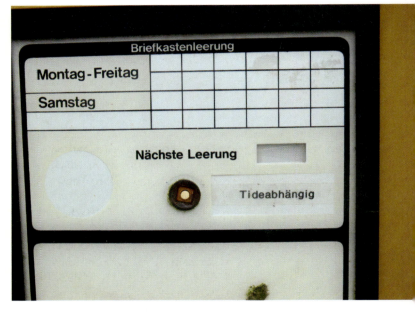

Glück hängt von vielen Faktoren ab.
Einige kennt man schon.

Fachinformation: Kann man Glück wissenschaftlich untersuchen?

MANFRED SPITZER ANTWORTET

95,8 Prozent aller Statistiken sind gefälscht.

Was genau ist Glück eigentlich? Wie kommt es, dass manche Menschen glücklicher zu sein scheinen als andere? Ist Glück genetisch verankert, kann man es kaufen oder – neuerdings – auf Rezept bekommen?
Die Wissenschaft vom Glück ist ein relativ zartes Pflänzchen, verglichen mit der Wissenschaft von der Angst, der Wut oder der Depressivität: Zwischen 1967 und 1994 erschienen hierzu etwa 90 000 Artikel in den einschlägigen wissenschaftlichen Zeitschriften, im gleichen Zeitraum nur 5000 über Glück, Freude und Zufriedenheit. Das Negative stand damit zum Positiven in einem überwältigenden Verhältnis von 18 : 1. Dies hat sich jedoch geändert: Es gibt mittlerweile nicht nur einen eigenen Wissenschaftszweig, die «Positive Psychologie», sondern seit dem Jahr 2000 sogar eine eigene Zeitschrift, das «Journal of Happiness Studies». Als der Kollege Hirschhausen dann die Wissenschaft vom Glück auf die Bühne brachte und damit in Theatern und zur Ärztefortbildung auftrat, lernten wir uns kennen und stehen seitdem in regem Austausch.
Die Messung des Glücks hat durchaus ihre Tücken. Die Frage «Wie glücklich ist Claudia?» scheint zunächst ganz einfach. Gewiss, wenn man weiß, dass Claudia ein ganz normaler

Mensch mit ganz normalen Bedürfnissen und Neigungen ist, dann weiß man auch, weil es die Wissenschaft festgestellt hat, dass sie durch die Gemeinschaft mit Freunden, ein gutes Essen, Trinken, Sex und beruflichen Erfolg Freude empfinden wird. Umgekehrt wissen wir, dass Schmerzen, der Verlust eines lieben nahestehenden Menschen, ein bitterer Geschmack oder unmittelbare Bedrohung Claudias Glück mindern.

«Wie glücklich ist Claudia?» ist eine unscharfe Frage. «Jetzt gerade?», «Heute?», «Diese Woche?» oder «Überhaupt?», «Am Arbeitsplatz oder zu Hause?», «Mit ihrem Freund oder mit ihren Eltern?» oder «Mit dem, was sie erreicht hat, oder insgesamt und überhaupt?». Man braucht nur alle Einflüsse auf positives und negatives Erleben zu kennen und eine Art Mittelwert zu bilden, um zu wissen, wie glücklich Claudia ist. Natürlich kann man erst einmal damit anfangen, Claudia einfach in bestimmten Zeitintervallen zu fragen und diese Daten als Messungen zu verwenden. Dann braucht man nur noch Mittelwerte zu bilden, und das Glück ist gemessen. Objektiv. Doch bei der Bewertung des Glücks gilt die Regel der Verzerrung: Man bestellte Studenten zu einer «psychologischen Untersuchung» ein und sorgte dafür, dass die Hälfte von ihnen kurz vor der Untersuchung in einem öffentlichen Telefon ein Zehn-Cent-Stück fand. Danach wurden die Studenten unter anderem nach der Zufriedenheit mit ihrem Leben befragt. Es zeigte sich, dass diejenigen Studenten, die kurz zuvor zehn Cent gefunden hatten, ihr gesamtes früheres Leben signifikant positiver beurteilten.

Unser Glückserleben kann uns heftige Streiche spielen. Es unterliegt Gewöhnungs- und Kontrasteffekten, übersieht die Dauer, bewertet Höhepunkt und Endpunkt zu stark, bewertet global anders als im Einzelnen und täuscht sich oft heftig im Hinblick darauf, was wirklich gut für uns ist. Wie können wir da glücklich werden?

Es ist höchste Zeit, dass wir nicht nur die Psychologie des Glücks betrachten, sondern auch dessen Neurobiologie. Diese hat eine bis in die 50er Jahre des letzten Jahrhunderts zurückreichende Geschichte; gerade in den vergangenen fünf Jahren jedoch wurden ganz besonders bedeutsame Fortschritte gemacht. Bereits Ende der 50er Jahre hatte man zufällig herausgefunden, dass Ratten die elektrische Stimulation eines ganz bestimmten Gehirnareals offensichtlich mögen. Die Tiere konnten per Knopfdruck ihre eigenen Neuronen selbst stimulieren. Sie drückten den Knopf immer wieder. Selbst wenn eine andere Quelle der Lust, wie zum Beispiel ein paarungsbereites Weibchen, anwesend war, konnte diese die Männchen nicht vom Drücken des Knopfes ablenken. Auch vergaßen die Tiere vor lauter Knopfdrücken ganz das Essen und Trinken. Manche starben, weil sie schlichtweg nichts weiter taten, als sich permanent ganz offensichtlich höchsten Lustgewinn durch Stimulation der hierfür zuständigen Gehirnzentren zu verschaffen.

Weitere Stimulationsexperimente wurden durchgeführt und legten den Schluss nahe, dass das Lustzentrum identisch war mit dem Suchtzentrum. Unklar war jedoch, weswegen es ein solches Zentrum geben sollte: Wir haben sicherlich im Verlauf der Evolution kein Gehirnzentrum entwickelt, dessen Aufgabe es ist, uns süchtig werden zu lassen! Jede derartige Mutation hätte sofort in einer Sackgasse geendet, denn wer süchtig ist, kümmert sich nicht mehr um Fortpflanzung und schon gar nicht um die Nachkommen. Was ist also die eigentliche Funktion eines solchen Zentrums?

Erst systematische Untersuchungen an Affen brachten den Durchbruch. Sehr tief im Gehirn, im sogenannten Mittelhirn, sitzt eine kleine Ansammlung von Neuronen, die den Neurotransmitter Dopamin produzieren und über zwei Faserverbindungen weiterleiten: zum einen in den Nucleus accumbens und zum anderen direkt ins Frontalhirn.

Was genau machen diese Neuronen? Wie man heute weiß, feuern sie dann, wenn ein Ereignis eintritt, das besser ist als erwartet. Dies hat zwei Konsequenzen: Neuronen im Nucleus accumbens, die ihrerseits opiumähnliche Eiweißkörper herstellen und als Neurotransmitter im Frontalhirn ausschütten, werden aktiviert. Unser Gehirn produziert selbst Opium, die Endorphine, und wenn diese im Frontalhirn ausgeschüttet werden, dann macht das – Spaß!

Von der Kokaininjektion bei einem Süchtigen im Entzug über Schokolade essen, Musik hören, schnelle Autos, beim Videospiel gewinnen bis hin zu einem netten Blick oder einem aufbauenden Wort – all dies aktiviert die Dopamin-Neuronen. Dies wiederum bewirkt, dass das Frontalhirn und der Arbeitsspeicher besser funktionieren. Auf gut Deutsch: Man kann besser denken, verarbeitet die gerade vorliegenden Informationen besser, was wiederum zur Folge hat, dass besser gelernt wird. Das beschriebene System löst damit eine ganz wesentliche und zugleich schwierige Aufgabe unseres Gehirns: In jeder Sekunde strömen unglaublich viele Informationen auf uns ein, die wir nicht alle verarbeiten können. Unser Gehirn hat also das Problem der Auswahl: Was von dem vielen soll weiter beachtet und verarbeitet werden, und was kann es getrost übergehen? Es braucht daher ein Modul, das bewertet und vergleicht. Solange alles nach Plan läuft, also nichts geschieht, was wir nicht schon wüssten, tut dieses Modul nichts. Geschieht jedoch etwas, das besser ist als erwartet, dann feuert das Modul. Dann werden wir wach, aufmerksam, wenden uns dem Erlebnis zu und verarbeiten die Informationen besser. Das Wichtigste: Wir lernen besser. Auf diese Weise lernen wir langfristig alles, was gut für uns ist.

Betrachten wir ein ganz einfaches Beispiel: Sie laufen durch den Wald und essen grüne, saure Beeren. Nun erwischen Sie eine rote, stecken sie in den Mund und sind ganz überrascht, dass sie so schön süß schmeckt. Von da an suchen Sie rote Beeren, denn Sie haben etwas gelernt. Es geht bei der Aktivierung des Moduls nicht nur um den Spaß, es geht vor allem um das Lernen von all dem, was gut für uns ist. Das Modul springt immer als Folge eines Vergleichs an, nur dann, wenn etwas besser ist als erwartet. So gesehen ist das Glücksempfinden nur ein Nebenprodukt (ich sage ausdrücklich nicht: Abfallprodukt) unseres Lernvermögens.

Man sieht auch sofort: Auf andauerndes Glücklichsein ist das Modul gar nicht ausgelegt. Vielmehr darauf, dass wir dauernd nach dem streben, was für uns gut ist! Beim Modul unseres Gehirns, das für Glückserlebnisse zuständig ist, geht es also nicht um dauerndes Glück, es geht vielmehr um dauerndes Streben. Das ist ein großer Unterschied! Dabei kann man eine Menge für sein Glück tun. Man muss nur wissen, was. Und was nicht. Glück hängt also durchaus mit Wissen zusammen, dem Wissen, was man tun kann, um glücklich zu sein. Man findet Antworten auf die Frage nach dem Glück also genau dort, wo man sie zunächst am wenigsten vermuten würde: in der Wissenschaft.

Und weil unser Gehirn Geschichten mehr liebt als reine Fakten, wünsche ich Ihnen viel Freude mit der unterhaltsamen Art meines geschätzten Kollegen. Aber erwarten Sie nicht zu viel – dann ist es vielleicht besser als erwartet.

In diesem Sinne viel Dopamin und viel Glück allen Lesern wünscht

Manfred Spitzer

Anmerkung des Autors: Sie finden Literaturhinweise, weiterführende Texte und Links, auch zum Thema Depression und seelische Gesundheit, auf der Seite www.glueck-kommt-selten-allein.de

*Wem das Wasser bis zum Hals steht,
sollte den Kopf nicht hängen lassen.*

Nebenwirkungen: Glück schützt vor Herzinfarkt und Depression

Das Leben ist voller Elend, Einsamkeit und Leiden – und dann ist es auch noch viel zu schnell vorbei.

Woody Allen

Glück ist kein Naturzustand, Gesundheit auch nicht. Nicht jeder, der gesund ist, ist glücklich. Und nicht jeder, der krank ist, ist unglücklich. Aber wer öfter glücklich ist, wird seltener krank und lebt länger. Deshalb schreibe ich dieses Buch. Und eigentlich müssten Ihnen die Krankenkassen das Geld dafür erstatten, denn sein Glück zu mehren ist die beste Prävention.
Ruut Veenhoven von der Erasmus-Universität in Rotterdam erforscht seit Jahren das Zusammenspiel von Glück und Gesundheit. Über 30 Einzelstudien bestätigen: Glücklichsein schützt konkret vor Herzinfarkten, Infekten und Diabetes – und natürlich auch vor Depression, dem Gegenteil von Glück. Auch deshalb schreibe ich dieses Buch, und in diesem Kapitel bin ich jetzt mehr Arzt als Komiker.
Wie positive Gefühle auf den Körper wirken und wie gleichzeitig chronische Krankheiten uns mürbemachen können, wird gerade erst als Forschungsthema entdeckt. Klar ist: Stress macht Unglück. Und Unglück macht Stress. Darunter leiden nicht nur die Laune und die Blutgefäße, sondern auch das

Immunsystem. Wenn man Versuchspersonen eine definierte Menge an Schnupfenerregern ins Gesicht pustet, werden diejenigen seltener krank, die zu dem Zeitpunkt gut gelaunt sind. Die anderen haben vorher und nachher die Nase voll.

Glückliche Menschen reagieren gelassener auf Belastungen. Außerdem haben sie einen gesünderen Lebensstil: Sie achten auf ihr Gewicht, sind sportlicher und gehen verantwortungsvoll mit Alkohol und Zigaretten um. Weiterhin aktivieren Freude und Glück den Körper und machen ihn fitter. Bei unglücklichen Personen beobachtet man das Gegenteil: Ihre körperliche Aktivität sinkt, und sie sind anfälliger für Krankheiten.

Wenn Menschen jedoch bereits schwer krank sind, verlängert ein positiver Gemütszustand nicht das Leben, wohl aber die Lebensqualität. So fordert auch Ruut Veenhoven eine Gesellschafts- und Gesundheitspolitik, bei der das Glücksempfinden des Einzelnen gestärkt wird. Dafür können Menschen informiert, trainiert und angeleitet werden, sich glücklich zu fühlen und auf einen Gutteil ihres Stresses zu verzichten. Auf diese Weise würden weniger Personen krank, und die Kosten einer Behandlung könnten somit für eine sinnvolle Vorsorge verwendet werden. Eine neue Forderung?

Freude stärken. Leiden mindern. Dieses brauchbare Lebensmotto findet sich im Buddhismus genauso wie im hippokratischen Eid. Und so verstehe ich auch dieses Buch: Sollte es Sie glücklich machen, freut mich das. Aber der größere Effekt könnte sein, dass Sie sich nicht mehr für unglücklicher halten, als Sie sind. Das ist so ähnlich wie beim Salatessen. Warum ist Salat so gesund? Weil man, während man Berge von Salat isst, sich den Magen nicht mit etwas Ungesundem vollschlägt. Deshalb nimmt man auch ab, wenn man viel lacht. Nicht etwa, weil man beim Lachen nennenswert Kalorien verbrennt, sondern weil man beim Lachen nicht essen kann. Oder etwas philosophischer: «Glück ist Unglück, was man nicht hat.» Aber keine Sorge, etwas optimistischer als Schopenhauer ist dieses Buch schon.

Der größte Trick, sein Leben zu verlängern, ist tatsächlich kein großes Geheimnis, sondern erschreckend banal: Lass einfach alles weg, was das Leben nachweislich verkürzt. Wer nicht raucht, nicht zu viel säuft und frisst und Spaß mit sich und anderen hat, lebt 14 Jahre länger als einer, der lieber Risikofaktoren sammelt und alles daransetzt, seine Sammlung auch zu vervollständigen. Brokkoli hat die größte Wirkung, vor Krebs zu schützen, bei den Menschen, die am wahrscheinlichsten Krebs bekommen, bei den Rauchern. Ob die anderen viel von Brokkoli profitieren, ist schwerer zu belegen. Aber das heißt nicht, dass sie jetzt mit Rauchen anfangen müssten oder mit Brokkoli aufhören sollten.

Ich mache mir keine große Illusion, wie viel dieses Buch zum Glück unserer Nation und zu Ihrem persönlichen beitragen kann, aber viele kleine. Wenn es ein bisschen mehr nützt als schadet, ist das doch auch was. Sind Sie überhaupt der richtige Leser für dieses Buch?

Als ich noch Kinderarzt in der Charité war, hatte ich die erste Begegnung mit dem «Gesetz der umgekehrten Bedürftigkeit». Welche Eltern bringen ihre Kinder pünktlich zu allen Untersuchungen? Die, die sich sowieso schon kümmern. Das sind nicht die Familien, die den Arzt am dringendsten bräuchten. Da dachte ich: Mensch, warte nicht im Krankenhaus, bis die Kranken zu dir kommen. Sorg dafür, dass sie gar nicht erst krank werden. Mach Prävention, bring medizinisches Wissen in die Öffentlichkeit, mach Gesundheitsfernsehen. Ich habe fünf Jahre in der ARD eine wöchentliche Gesundheitssendung moderiert. Jeden Donnerstag um 19 Uhr 30 fasste ich sinngemäß zusammen: nicht rauchen, bewegen, Gemüse essen. Jetzt frage ich Sie: Wer guckt so eine Sendung? Genau: alle, die das schon wissen. Die Raucher, die sich nie von der Fernsehcouch wegbewegen und Pommes für Gemüse halten, schauen selten ARD-Gesundheitsmagazine. Die gucken RTL 2.

Man predigt immer den Falschen. Das ist in der Kirche auch so. Die, die in die Kirche kommen, denen muss man kein schlechtes Gewissen machen. Das haben die schon. In der

Wirtschaft gilt genau das Gleiche. Wenn man Telefonmarketing für Hörgeräte macht – die, die rangehen, sind nicht die, die sie am dringendsten brauchen. So steht zu befürchten, dass Sie gar nicht so schlecht drauf sind.

Dieses Buch kann einen Besuch beim Arzt nicht ersetzen – aber vielleicht anregen. Und deshalb noch ein paar ernste Worte zum Thema Depression: Was ist das Gegenteil von Glück? Unglück? Könnte man denken. Glück geht vorbei. Unglück auch. Das Gegenstück zu Glücksgefühlen ist, wenn man gar nichts mehr fühlt. Depression ist die Krankheit der «-losigkeit». Alles ist sinnlos, hoffnungslos, emotionslos. Wer unter Depressionen leidet, ist schlaflos, antriebslos und wäre am liebsten sich selbst ganz los. Die Depression ist die häufigste seelische Störung überhaupt und auch die teuerste. Sie kostet vielen Menschen das Leben durch Suizid, sie kostet zusammengenommen viele Jahrhunderte an Lebensqualität, und sie kostet die Gesellschaft Milliarden, weil Depressive lange ausfallen als Eltern, Lehrer, Partner oder Steuerzahler. Fünf Millionen Menschen sollen in Deutschland depressiv sein, wobei strittig ist, ob die Krankheit zugenommen hat oder nur die Aufmerksamkeit für die Diagnose.

Der Biologe Lewis Wolpert, emeritierter Professor vom University College London, erfuhr am eigenen Leib, welches Stigma der Depression bis heute anhaftet. Eindringlich schildert er in seinem Buch «Anatomie der Schwermut» seine Scham und die seiner Angehörigen sowie seine Hoffnung, dass die Erkrankung biologisch bedingt sei und er sie somit nicht selbst verschuldet haben konnte. Wolpert meint, wer dieses schlimme Leiden mit Worten beschreiben könne, habe es nicht selbst durchlebt. Es sei die schmerzlichste Erfahrung seines Lebens.

Die Neurologen und Psychiater unterteilen Depression in verschiedene Schweregrade, je nachdem wie stark die Symptome ausgeprägt sind und wie lange sie schon anhalten. Eine Selbstdiagnose macht wenig Sinn: Manche Patienten neigen zur permanenten Selbstbeobachtung der Psyche und machen sich dadurch das Leben schwer. Die anderen ignorieren dagegen jede seelische Komponente und rennen jahrelang wegen Herz-, Rücken- oder Verdauungsproblemen zum Arzt, bis einer die richtige Diagnose stellt. Aber alles ist besser, als gar nicht zum Arzt zu gehen.

Was passiert bei einer Depression im Gehirn? Die komplizierten Gleichgewichte der verschiedenen Signalstoffe sind gestört. Maßgeblich fehlen Serotonin und Noradrenalin, das erste Hormon signalisiert normalerweise Freude, das zweite Antrieb. Beides fehlt dem Depressiven. Zudem fehlt es an Nervenwachstum. Genauso, wie sich der Depressive von seiner Außenwelt zurückzieht, haben auch die Nervenzellen im Hirn keine Lust mehr, sich anzustrengen und neue Kontakte zu knüpfen. Was zuerst kommt, der äußere oder der innere Rückzug, ist wie bei der Henne und dem Ei schwer zu klären. Aber das fehlende «Netzwerken» im Kopf erklärt sehr gut, warum eine Behandlung mit Medikamenten nie sofort anschlägt. Denn bis sich die Synapsen wieder berappelt haben und neugierig auf andere zugehen, vergehen gerne mal zwei bis vier Wochen.

Welchen «Sinn» macht eine Krankheit der Sinnlosigkeit? Am ehesten den einer Notbremse. Permanenter Stress und Überforderung führen zum Rückzug aus dem aktiven Leben, der Betroffene spart Energie und bringt andere dazu, ihn zu unterstützen. Wer einmal mit schwer Depressiven zu tun hatte, weiß, dass es ein Stadium gibt, in dem alle gutgemeinten Ratschläge wie «Raff dich doch einfach auf» nichts nützen und nur alle Beteiligten noch hilfloser machen und bisweilen auch wütend. Depression ist eine Krankheit, kein Versagen. Wenn Sie ausgebrannt sind, gilt das Gleiche, wie wenn Ihre Wohnung brennt: Holen Sie Hilfe! Am besten schon, wenn Sie die ersten Rauchzeichen wahrnehmen.

Depression kommt meist nicht aus heiterem Himmel, sondern entsteht aus trüben Gedanken, die einen in endlosen Spiralen abwärtsziehen. Ein eindrucksvolles Tierexperiment revolutionierte das Verständnis dieser Lernprozesse.

Martin Seligmans bahnbrechende Entdeckung war in den 60er Jahren die «gelernte Hilflosigkeit». Hunde, die in einem

Käfig saßen, bekamen Futter, Wasser und – kleine Stromstöße. Die waren nicht gefährlich, aber unangenehm. Ein paar Stromstöße verträgt jeder, aber wenn sie immer wieder ohne ersichtlichen Grund kommen und ich «armer Hund» nichts dagegen unternehmen kann, ergebe ich mich bald in mein Schicksal. Die Hunde legten sich apathisch hin und machten keinerlei Anstalten, sich aus der unangenehmen Situation zu befreien. So ähnlich fühlen sich viele Menschen, die sich sinnlos vom Schicksal mit Schlägen gebeutelt sehen, beispielsweise durch den Verlust des Arbeitsplatzes. Wer selbst kündigt, fühlt sich ganz anders als jemand, der sich angestrengt hat, aber trotzdem geht die Firma pleite, und er wird arbeitslos. Das macht depressiv.

Die eigentliche Erkenntnis kam, als Seligman den Käfig öffnete. Was geschah? Nichts. Die Hunde hätten abhauen können, aber sie taten es nicht. Sie hatten die Hilflosigkeit gelernt, sodass sie keinen Schritt mehr in die eigene Freiheit unternehmen wollten.

Depressive Menschen erschaffen sich ihren Käfig in Gedanken, und wenn Stöße und Erschütterungen dazukommen, können sie sich nicht mehr aus ihren Denkgittern und Endlosschleifen befreien: «Ich bin wertlos, meine Welt ist düster, meine Zukunft ist hoffnungslos.» Der Therapeut Aaron Beck entdeckte diese typischen Denkmuster und dass man nicht nur Hilflosigkeit lernen kann, sondern auch Optimismus, indem man lernt, die Denkmuster zu unterbrechen. Die Methode heißt «Kognitive Verhaltenstherapie» und ist nach heutigem Wissensstand eine der wirksamsten Methoden überhaupt, Depressionen zu behandeln.

Was hilft noch? Den Umgang mit sich und anderen achtsamer gestalten: Die sozialen Fähigkeiten übt die «Interpersonelle Therapie» (IPT), und die Achtsamkeitsmeditation unterstützt den gelasseneren Umgang mit sich selbst. Mehr darüber erfahren Sie im Kapitel «Stille halten».

Und welche Rolle spielen Medikamente? Bei leichter Depression braucht man sie nicht. Bei schwerer Depression ist ein Gespräch oft unmöglich, und somit können Medikamente helfen, eine psychotherapeutische Situation überhaupt erst möglich zu machen. In Amerika gehört es zum Lifestyle, das Antidepressivum «Prozac» zu nehmen, in Deutschland gehört es zum Lifestyle, Psychopharmaka in Bausch und Bogen zu verdammen. Beides ist meiner Ansicht nach nicht hilfreich: Wer nicht depressiv ist, hat wenige Vorteile von Antidepressiva. Wer aber schwer depressiv ist, tut sich keinen Gefallen, keine Medikamente zu nehmen. Sie wirken langsam, und auch in der Wahl des Mittels muss man geduldig sein. Sie machen nicht süchtig, denn sie geben keinen Kick, weil sie mehrere Wochen brauchen, um zu wirken. Somit durchlebt man keinen Entzug, wenn man sie nicht mehr nimmt. Niedrig dosiert verhindern sie auch Rückfälle.

Nur jeder fünfte Patient mit Depression in Deutschland wird richtig erkannt und behandelt. Dass jemand mit einer angeborenen Neigung zur Kurzsichtigkeit sich eine Brille verschreiben lässt, regt niemanden auf. Wenn jemand mit einer angeborenen Neigung zur Schwarzsichtigkeit und Freudlosigkeit ein Medikament verschrieben bekommt, das seine Hirnchemie korrigiert, erscheint uns das immer noch wie ein Frevel. Das kommt mir irgendwie kurzsichtig vor.

Das beste Mittel gegen die krankhafte Schwermut bleibt das Glück, in vielen kleinen Schritten. Seinen Weg zu ändern ist manchmal leicht. Meistens braucht es Wiederholungen, bis man etwas wirklich verstanden hat. So ähnlich wie beim Fernsehen, wenn man eine Wiederholung sieht und denkt: Mann, das kenn ich doch schon – aber nicht mehr genau weiß, wie es ausgeht, und dann doch zu Ende guckt. In unserem Leben schauen wir oft bis zum Ende zu, obwohl wir wissen, wie es ausgeht – weil uns eben der Weg interessiert und das Loch ...

Als ich das erste Mal folgenden Text hörte, dachte ich, er sei nur für mich geschrieben worden. Wenn Sie ihn mögen, sind wir schon zwei:

Umwege erhöhen die Ortskenntnis

Ich gehe die Straße entlang
Da ist ein tiefes Loch im Gehsteig
Ich falle hinein
Ich bin verloren ... Ich bin ohne Hoffnung
Es dauert endlos, wieder herauszukommen

Ich gehe dieselbe Straße entlang
Da ist ein tiefes Loch im Gehsteig
Ich tue so, als sähe ich es nicht
Ich falle wieder hinein
Ich kann nicht glauben, schon wieder am gleichen Ort zu sein
Aber es ist nicht meine Schuld
Immer noch dauert es sehr lange herauszukommen

Ich gehe dieselbe Straße entlang
Da ist ein tiefes Loch im Gehsteig
Ich sehe es
Ich falle immer noch hinein ... aus Gewohnheit
Meine Augen sind offen
Ich weiß, wo ich bin
Es ist meine eigene Schuld
Ich komme sofort heraus

Ich gehe dieselbe Straße entlang
Da ist ein tiefes Loch im Gehsteig
Ich gehe darum herum

Ich gehe eine andere Straße

ZEHN WARNSIGNALE
drohender Zufriedenheit

1. Die Neigung, spontan zu denken und zu handeln ohne Angst.

2. Die unverkennbare Fähigkeit, jeden Moment zu genießen.

3. Verlust des Interesses, andere zu beurteilen.

4. Verlust des Interesses an Konflikten.

5. Verlust des Interesses, sich selbst zu verurteilen.

6. Verlust der Gewohnheit, sich Sorgen zu machen.

7. Wiederkehrende Phasen der Wertschätzung und Würdigung allen Lebens.

8. Zufriedenmachende Gefühle der Verbundenheit mit anderen und der Natur.

9. Die zunehmende Neigung, den Überfluss des Lebens wahrzunehmen und anzunehmen.

10. Anfälle von herzlichem Lachen.

11. Dass es Ihnen egal ist, dass es 11 Warnsignale sind.

HIRSCHHAUSENS BUNTE BASTELBÖGEN
ANLEITUNG ZUM SICHEREN ERFOLG
Erst den Erfolg erzielen, dann das Ziel definieren.

Hier schneiden!

SO GEHT'S: *Pfeil werfen, Zielscheibe ausschneiden. Egal wo der Pfeil gelandet ist: Zielscheibe drumherum drapieren – dann erst anderen Bescheid sagen und Bewunderung einholen!*

Kapitel 0:
Glück kommt selten allein – es kommt mit Missverständnissen

Typisch – ein «Aha» wird angekündigt, aber der Wegweiser läuft nicht mit.

Sieben Dinge über das Glück, die Sie nie wissen wollten, aber eigentlich schon wissen

1. Menschen sind gerne unglücklich.
Davon kann jeder Arzt berichten: Hypochonder zum Beispiel – denen geht es nicht gut, wenn es ihnen gutgeht. Masochisten tut es weh, wenn es nicht weh tut. Singles fehlt der Partner. Wozu? Na, zum Glück! Offenbar lieben wir Schmerz, der nachlässt, mehr als neutrale Gefühle. Das erklärt auch, warum Frauen so gerne Schuhe kaufen, die einen Tick zu eng sind – für den kontrollierbaren Glücksmoment am Abend, wenn der Schmerz beim Ausziehen nachlässt.

2. Wir sind nicht auf der Erde, um glücklich zu sein.
Das Ziel der Evolution war immer: Überleben. Wenn Sie diesen Text hier lesen, hat Ihr Hirn seinen Job erfüllt! Glücksmomente sollen uns antreiben, unsere Überlebenschancen zu verbessern. Deshalb macht Essen Spaß. Deshalb macht Sex Spaß. (Einige erinnern sich.) Aber auf Dauer glücklich sein? Nein – das wäre der Tod! Die Urmenschen, die nach Mammutsteak und Orgie glücklich über die Wiese liefen, hat der Säbelzahntiger gefressen. Von denen stammen wir nicht ab. Wir überleben, weil Glück vorbeigeht und wir weiter dazulernen. Kein Mensch ist dazu verdammt, dauerhaft glücklich zu sein. Das ist eine frohe Botschaft.

3. Kein anderer Mensch ist dafür da, uns glücklich zu machen.

Die romantische Idee, dass es einen Richtigen gibt, den du nur finden musst, dann ist das Glück auf Dauer garantiert, macht seit Jahrhunderten die Menschen nur eins: unglücklich! Mal ehrlich: Wie wahrscheinlich ist es, unter sechs Milliarden Menschen den einzig richtigen zu finden – innerhalb der ersten 80 Lebensjahre? Weil es Perfektion nicht gibt, wir sie aber trotzdem erwarten, halten wir den Partner, den wir womöglich gerade haben, fest – und suchen heimlich weiter.

4. Shit happens.

Mal bist du die Taube, mal bist du das Denkmal. Glück kommt und geht. Unglück auch. Aber IM Unglück denken wir automatisch: Das bleibt jetzt für immer so. Eine der schönsten Nachrichten aus der Traumaforschung ist, dass über 80 Prozent der Menschen, die brutale Schicksalsschläge erleben, gut damit klarkommen. Es braucht eine Zeit, aber auch ohne therapeutische Intervention sind sie zwei Jahre später nicht dauerhaft beeinträchtigt, oft sogar noch gestärkt. Unfälle, Krankheit, Trennung und Tod sind Teil des Lebens. Es gibt «das Böse» auf der Welt – warum, weiß Gott oder der Geier. Und ich hoffe inständig, es sind zwei verschiedene Instanzen.

5. Go for bronze!

Wer ist Ihrer Meinung nach glücklicher, Silber- oder Bronzemedaillen-Gewinner? Richtig: Bronze gewinnt! Glückstechnisch. Nicht das Ergebnis macht uns glücklich oder unglücklich – es ist die Bewertung, vor allem die Frage: Mit wem vergleiche ich mich? Mit wem vergleicht sich Silber? Er schielt nach oben und flucht: Drei Hundertstel, und du hättest Gold! Bronze denkt: Drei Hundertstel, und du hättest gar keine Medaille! Bronze ist glücklich, denn er weiß: Richtig doof ist Vierter.

6. Wenn du wirklich was für dich tun willst, tu was für andere.

Wir können uns nicht selbst kitzeln. Denn bevor sich meine Finger an meinen Füßen bewegen, ist mein Hirn vorgewarnt. Es fehlt einfach die Überraschung. Das ist so ähnlich wie beim Sex. Immer nur allein – irgendwann denkst du: Okay – war schön, aber ich hab das jetzt auch kommen sehen. Sinnlichkeit miteinander zu teilen, macht mehr Spaß als allein. Glück auch. Glück kann man sogar weitergeben, ohne es selbst vorher gehabt zu haben! Und das ist nicht nur für Schwaben etwas sehr Attraktives. Glück ist ansteckend. Und jemand anderen glücklich zu machen und glücklich zu sehen, bringt dir viel mehr, als deinen eigenen Bauch zu pinseln. Dafür haben wir sogar Nervenzellen im Kopf, die Spiegelneuronen. Lachen steckt an, also umgib dich mit lebensfrohen Leuten. Lache – und die Welt lacht mit dir. Schnarche, und du schläfst allein!

7. Liebe dich selbst, dann können die anderen dich gernhaben.

Frauen fühlen sich nachweislich schlechter, nachdem sie eine Modezeitschrift durchgeblättert haben. Warum? Weil sie sich vergleichen: «Oh Gott, ich seh ja gar nicht so aus!» Was für eine Überraschung. Das Leben ist ungerecht, aber normal verteilt. Es ist normal, kein Supermodel zu sein. Und unter uns: Ich war schon mit solchen Top-Schönheiten in Talkshows eingeladen. Ich habe die vor und in der Maske gesehen. Und was dort mit denen gemacht wird – dafür kommt jeder Gebrauchtwagenhändler in den Knast! Männer vergleichen sich nicht automatisch mit den Typen aus «Fit for Fun». Wenn sie Zweifel an ihrem Körper haben, gehen sie in die Sauna, schauen sich um und denken: Ach, so schlimm ist es ja doch noch nicht. In der Sauna siehst du Menschen ungeschminkt, so wie Gott sie schuf und wie McDonald's sie formte. Es ist normal, über die Lebensspanne zuzunehmen: Ich habe mal drei Kilo gewogen!

Wie steht eine Frau vor dem Spiegel? Immer in Bewegung. Sie lässt nicht locker, bis sie etwas entdeckt, was nicht perfekt ist. Liebe Frauen, in dem einen Punkt könnt ihr etwas von uns Männern lernen. Wir zerfleischen uns nicht mit Selbstkritik. Wie steht ein Kerl vor dem Spiegel? Frontal, regungslos und kurz. Und nach zwei Sekunden ist er mit sich im Reinen – «passt schon». Mehr will er gar nicht wissen. Natürlich hat ein Mann irgendwann auch einen Bauchansatz. Aber kein Mann ist so doof und dreht sich vor dem Spiegel ins Profil!

«… als sich die Hundescheiße am Schuh doch nur als Dreck herausstellte.»

«… als ich nach vier Stunden Ballonfahrt endlich aufs Klo konnte.»

«… als ich auf der Heimreise einmal bei der Bahn Anschluss hatte.»

«… als ich in der Nase bohrte und fündig wurde.»

Manche Dinge stehen wirklich in den Sternen.

Das große Aber beim Aberglauben

Ich bin nicht abergläubisch.
Das bringt Unglück.

Der englische Psychologe und Zauberkünstler Richard Wiseman beschäftigt sich schon sehr lange mit dem Zusammenhang zwischen Aberglauben und tatsächlichem Glück. Sein überraschendes Fazit: Menschen, die sehr viele Glücksbringer zu Hause haben, erleben weniger Glück. Das leuchtet ein, denn wer zu sehr an die Macht von Glücksbringern glaubt, verpasst oft, das offensichtlich Notwendige zu seinem eigenen Glück beizutragen.
Ein konkretes Beispiel: Fällt ein abergläubischer Mensch dreimal durch eine Prüfung, könnte es daran liegen, dass er den Prüfungsstoff nicht ausreichend beherrsche. Aber an so etwas Absurdes glaubt der Abergläubische erst gar nicht. Für ihn ist klar: Das erste Mal lag es nicht an ihm, sondern an Saturn, der in einem ganz ungünstigen Winkel stand. Das zweite Mal stand der Schreibtisch über einer Wasserader, die zu spät entdeckt wurde. Das dritte Mal wäre er auch gerne angetreten. Er hatte sich sehr gut vorbereitet, zwar nicht hinsichtlich des Prüfungsstoffs, mehr so «feinstofflich» – energetisch war alles top. Nur dass er ein bisschen zu spät zur Bahn los ist. In letzter Sekunde sprang er noch hinein, aber sein Astralleib, der ist leider draußen geblieben. Keine Chance. Durchgefallen.
Die dunkle Seite des magischen Denkens ist das Gegenteil des Placebo-Effektes, der Nocebo-Effekt. Gegen Placebo habe ich

überhaupt nichts und auch nichts gegen ein bisschen «Zauber» zur Prüfung. Ich habe selbst versucht, meinen Lieblingsplatz bei den Klausuren zu ergattern, und habe mich mit vielen Süßigkeiten und kleinen Talismännern «gedopt». Es gab mir Sicherheit zu wissen, dass andere an mich dachten und mir die Daumen drückten. Der Glaube daran, sein Schicksal ein bisschen kontrollieren zu können, ist gesund und hilfreich. Aber wenn Kräfte, die nicht in unserer Macht stehen, es einmal nicht so gut mit uns meinen, kippt dieser psychologische Vorteil ins Gegenteil. Wer zum Beispiel meint, dass Sendemasten durch ihre Strahlung den Menschen schädigen, bekommt schon Kopfschmerzen, bevor der Sendemast überhaupt in Betrieb ist.

Irgendwie hängen unsere Vorstellungen vom Glück immer noch mental im Mittelalter und bräuchten dringend ein Update. Wann haben Sie das letzte Mal ein Hufeisen auf der Straße gefunden? Sind Sie also ein geborener Pechvogel, oder könnte es daran liegen, dass die Fortbewegungsmittel von heute keine Hufeisen, sondern Feinstaub verlieren? Der moderne abergläubische Mensch sollte sich also über die Tür eine Tüte Feinstaub hängen, stilecht, mit der Öffnung nach unten. Stattdessen wird in Zeiten der Kohlendioxid-Belastung und der globalen Erwärmung auch noch im Jahr 2009 ein Schornsteinfeger für einen Glücksbringer gehalten. Dabei symbolisiert der rußverschmierte schwarze Mann eigentlich das unvollständige Verheizen fossiler nichtregenerativer Brennstoffe. Und wenn er selten zu sehen ist und Sie lange keinen mehr angerührt haben, heißt das: Sie haben wahrscheinlich eine Zentralheizung in Ihrer Wohnung – ein Glück, um das Sie viele Menschen auf der Erde wirklich beneiden.

Wenn anstelle eines echten nostalgischen Schornsteinfegers ein moderner Installateurmeister mit Laptop und Messsonde ins Haus kommt, verspüren wir keinen Impuls mehr, ihn mit erwartungsvollem Blick an seinem grauen Overall zu berühren. Stattdessen betrachten wir das Glück selbst als Handwerker: Ständig muss man darauf warten. Und wenn es schließlich erscheint, sind wir nicht etwa glücklich, sondern sauer, weil es so lange auf sich hat warten lassen.

Was ist mit dem vierblättrigen Kleeblatt? Auf dem Titelfoto sieht man mich mit einem dreiblättrigen. Denn wer sagt, dass vier Blätter besser sind als drei? Vier Blätter sind vor allem eins: Sie sind seltener als drei. Und was machen wir? Wir binden unser Glück an Dinge, die selten vorkommen, und wundern uns, dass wir nur selten glücklich sind. Das haben wir uns selbst eingebrockt, das ist bescheuert. Ob vier Blätter besser sind als drei, ist nur eine Frage des Standortes. Zum Beispiel neben einem Atomkraftwerk: Wenn dort alle Kleeblätter plötzlich vier und mehr Blätter haben, dann ist das nicht unbedingt ein gutes Zeichen.

Schließlich bemühen wir die Tierwelt: Eine Hasenpfote soll Glück bringen. Der Hase hatte vier davon – was hat es ihm gebracht? Mich überzeugt das alles nicht. Und erwachsene Menschen sorgen sich ernsthaft bei einer schwarzen Katze, ob sie von rechts oder von links über die Straße rennt. In manchen Ländern gilt rechts als günstig, in anderen links. Aber jedes Mal auswandern, wegen einer Katze? Meine Meinung: Ob eine Katze für Ihr Leben etwas bedeutet, hängt nicht von ihrer Laufrichtung ab, sondern von einer zentralen Frage – sind Sie Mensch oder Maus?

Zu Silvester kann man sich aber auch als wissenschaftlich gebildeter Mensch sorglos an den Nobelpreisträger Niels Bohr halten, der ein Hufeisen über seiner Tür hängen hatte. Gefragt, warum er denn an so einen Unsinn glaube, antwortete der Physiker: «Ich habe gehört, es wirkt auch, wenn man nicht dran glaubt!»

HIRSCHHAUSENS BUNTE BASTELBÖGEN

STELLEN SIE SICH UNTER EINEN GUTEN STERN

Sternbilder

IN DREI SCHRITTEN ZUM NEUEN STERNZEICHEN

1. Verbinden Sie am Sternenhimmel willkürlich irgendwelche Sterne miteinander. Sie müssen kein schlechtes Gewissen dabei haben, genauso sind auch die «richtigen» Sternbilder entstanden.

2. Welche Eigenschaften wollten Sie schon immer mal haben? Ordnen Sie diese Ihrem neuen Sternbild zu. Es gibt nichts Negatives, maximal liebenswerte Marotten.

3. Ab sofort stehen Sie unter dem Einfluss und dem speziellen Schutz dieser ganz individuellen kosmischen Konstellation. Spüren Sie es schon? Die Sterne lügen nicht!

«Sternbilder» lässt sich auch tagsüber mit jemandem spielen, der zu Sommersprossen neigt. Bitte nur wasserlösliche Stifte verwenden.

BEISPIELE

Eichhörnchen
Neugierig, agil, gerne draußen. Liebenswerte Marotte: vergisst manchmal vor lauter Sammeln und Buddeln, was es schon alles hat (ähnelt darin dem Menschen).

Drilling
Das ideale Sternbild für multiple Persönlichkeiten. Immer gut drauf. Denn wenn zwei sich streiten, freut sich der Dritte!

Partymaus
Für alle, denen Jungfrau auf Dauer echt zu fad ist.

Haus vom Nikolaus
Das Sternbild der Bausparer und Ingenieure.

Die Welt ist nicht schwarz-weiß. Manchmal auch weiß-schwarz.

Das hat er von dir

Leben ist immer Genetik und Glück. Und wenn man genau überlegt – sind die Gene auch Glück.

George Carlin

Mit dem Glück ist es so ähnlich wie mit dem Körpergewicht. Es gibt eine Veranlagung. Und jede Menge Ausreden. Ein Teil lässt sich verändern, so viel ist klar. Wie viel, kann nur jeder für sich herausfinden. Die Gene geben einen Rahmen vor, innerhalb dessen etwas grundsätzlich möglich ist. Wer zwei große Eltern hat, wird mit großer Wahrscheinlichkeit auch größer werden als jemand mit zwei kleinen Eltern. Wenn sich aber in den letzten Jahren die Durchschnittskörpergröße um zwei Zentimeter verlängert hat, spricht das nicht für eine neue Mutation im Wachstumsgen, sondern dafür, dass sich die Bedingungen zum Wachsen verbessert haben. Und so ist es auch mit dem Glück: Vererbt wird ein Bereich unserer Stimmungsmöglichkeiten, ob wir diesen ausschöpfen, liegt nicht in uns, sondern an uns. Jeder Mensch ist eine Kombination aus Genetik und Umwelteinfluss. Sieht ein Kind seinem Vater ähnlich, ist es genetisch, sieht es dem Nachbarn ähnlich, ist es Umwelteinfluss.

Der schlagendste Beweis, dass Glück zu einem Gutteil in den Genen liegt: Studien mit Zwillingen, die bei der Geburt getrennt wurden und bei verschiedenen Eltern aufwuchsen. Wären die Beziehung zur Mutter, die Erfahrungen im Kindesalter oder die Ernährung entscheidend für unser Glück, müssten diese Zwillinge sich stark voneinander unterscheiden. Tun sie aber nicht. Im Gegenteil: Wenn man weiß, wie gut der eine als Erwachsener drauf ist, kann man sein Geld darauf wetten, dass der andere sich in einem ähnlichen Gemütszustand befindet.

Ob man das nun gut oder schlecht findet, es nimmt auf jeden Fall ein wenig den Druck von unseren Eltern, Lehrern und auch von uns selbst. Wenn man meint, die anderen hätten einen massiv verändert oder man selbst müsste sich stark ändern, sollte man vor allem eins ändern: seine Meinung. Denn auch unsere Persönlichkeit ist mindestens zur Hälfte genetisch festgelegt und ändert sich wenig über die Lebenszeit. Darüber können Sie sich aufregen oder nicht. Und ob Sie sich darüber aufregen oder nicht, ist wieder Teil Ihrer Persönlichkeit. Es gibt eben solche und solche. Der eine ist eher ein grundsätzlich genügsamer und geruhsamer Mensch, der andere ein unruhiger Geist, der es nicht lange an einem Ort aushält.

Besser als jeder Gentest im Labor ist ein Familientreffen. Dort bekommt man schnell ein Gefühl für die «Erblast» und die Bandbreite, die gleichzeitig möglich ist. Die Gene sind wie Spielkarten, die wir ausgeteilt bekommen haben. Wie wir damit spielen, liegt an uns. Und manchmal nützen einem auch vier Asse im Ärmel nichts – zum Beispiel beim Schach.

Genetik ist selten schwarz-weiß, sondern bunt. Die Gene für unsere Launen sind verteilt auf verschiedene Chromosomen – es gibt garantiert nicht EIN «Glücks-Gen». So wenig, wie es für Schönheit ein «Foto-Gen» gibt. Oder für Fettleibigkeit das «Zum-Kühlschrank-Gehen». Die Wissenschaftler reden gerne von «multifaktoriell». Das klingt einfach besser als: «Fragen Sie doch in 50 Jahren nach, wir sind gerade noch nicht so weit, wie wir gedacht haben.»

Dass Gene uns prägen, finde ich nicht belastend, sondern entlastend. Darum zu wissen, ist nützlich, und für einen Teil lohnt es sich dann auch, Verantwortung zu übernehmen. Denn wenn die eine Hälfte feststeht, muss das ja nicht die bessere Hälfte sein. Und deshalb lohnt die Beschäftigung mit der anderen, die wir beeinflussen können. Vielleicht ja sogar zum Guten.

Ganz praktisch heißt das, mal nachzufragen, wer in der Familie woran gestorben ist: Brustkrebs, Darmkrebs, Herzinfarkt? Oft ist es nicht leicht, aber wenn man bei den alten Tanten nachhakt, bekommt man vielleicht auch Hinweise auf die seelische Gesundheit mancher Familienmitglieder, ob jemand «ein Sonnenschein» war oder in «geistiger Umnachtung» starb oder sogar «freiwillig aus dem Leben schied».
Wer qua erblicher Vorbelastung weiß, dass er zur Schwermut neigt, kann durch seinen Lebensstil ganz konkret gegensteuern. Wer Psychotiker in der Familie hat, sollte extrem vorsichtig mit bewusstseinsverändernden Substanzen sein. Cannabis ist nicht so harmlos, wie Kiffer behaupten. Diese Behauptung ist schon Teil der Wirkung – dass einem eben viel egal wird. Im Ernst: Ich habe sehr viele Jugendliche in der Psychiatrie erlebt, die durch Haschisch in die Psychose gerutscht sind und kaum mehr herausfanden.
Wie anfällig sind Sie fürs Glück? Haben Sie schon einmal einen Persönlichkeitstest gemacht? Der sagt mehr über einen aus als chinesische Horoskope und Handlinienlesen zusammen. Es gibt viele verschiedene Modelle, menschliche Neigungen und Macken aufzudröseln, zum Beispiel in die folgenden fünf Kategorien, die sogenannten BIG FIVE: Extraversion, Gewissenhaftigkeit, Offenheit für Erfahrungen, Verträglichkeit und Neurotizismus. Darunter kann man sich erst mal wenig vorstellen, aber für unser Thema ist es spannend zu sehen, dass einige Merkmale mit unserer Glücksfähigkeit zusammenhängen, wenn auch anders, als man denkt.
Extrovertiert sein hängt deutlich mit dem Glück zusammen. Man bekommt auch einfach mehr von Extrovertierten mit als von Introvertierten. Extrovertierte lernen schneller andere Menschen kennen, und weil soziale Kontakte große Glücksbringer sind, tun sie sich damit leichter. Sie können aber auch schneller nerven, wenn sie nie bei sich sind. Extraversion zeigt sich an dem, was uns einen Kick geben kann. Ein «Intro» fährt im Urlaub gerne dorthin, wo er es schon einmal schön fand. Der «Extro» bucht Bungee-Jumping in Australien, wundert

sich, dass dort die Welt nicht auf dem Kopf steht, und fährt spontan noch ganz woanders hin. Wie kann so etwas angeboren sein?

Auf jeder Nervenzelle stehen Antennen, die die Signale der anderen Nervenzellen empfangen und weiterleiten. Vererbt wird die Empfindlichkeit der Antennen für Signale, die die Nervenzelle «reizen». Und aus dem Konzert von 100 Milliarden Nervenzellen resultiert, was uns als Mensch «reizt»: ob wir beispielsweise Streich- oder Rockmusik brauchen, um etwas zu spüren. So gibt es die ganze Bandbreite von Interessen, von Halma bis Surfen, von monogam bis polymorph (und wenn Sie jetzt googeln, was polymorph heißt, sind Sie auch schon ein bisschen neugieriger als andere).

Die «Extros» lieben außergewöhnliche Orte, Partner und Sexpraktiken. Sie sind schneller verheiratet – und schneller wieder woanders. Ihre Suche nach neuen Erfahrungen geht einher mit einer größeren Neigung zu Alkohol, Zigaretten und Süßigkeiten. Sie treffen mehr Leute und haben mehr Freunde, aber aufgrund ihrer Unruhe haben sie auch mehr Unfälle und Krankenhausaufenthalte. Es gibt nix im Leben umsonst.

Und wieder einmal hängt die Bewertung, was «besser» ist, von der jeweiligen Situation ab. Kinder, die viele Reize brauchen und suchen, haben es in einer konzentrierten und reizarmen Lernatmosphäre wie in der Schule schwer. Wer heute als hyperaktiv bezeichnet wird, war früher am Lagerfeuer der Erste, der mitbekam, wenn sich etwas im Gebüsch bewegte. Der «Aufmerksamkeitsgestörte» hatte seine Augen überall, haute rechtzeitig ab und wurde nicht vom Säbelzahntiger gefressen. Seit es keine Tiger mehr gibt, aber Schulpflicht, dreht sich der Vorteil zum Nachteil.

Gewissenhaftigkeit heißt, sich Dinge vorzunehmen und sie auch tatsächlich umzusetzen, was ein großes und verlässliches Glück bedeuten kann. Besonders für die Opfer der Extrovertierten.

Überraschenderweise nicht mit Glück korreliert Offenheit für Erfahrungen! Denn die positiven und die negativen Erfahrun-

HIRSCHHAUSENS BUNTE BASTELBÖGEN

LEBENSLOTTO

LEBENSLOTTO 46 aus 46

Das Leben ist ein Glücksspiel, dessen oberste Regel anscheinend lautet: Dies ist kein Spiel, es ist todernst!

Sie haben gewonnen!

Die Chance, geboren zu werden, ist sehr viel kleiner als ein Sechser im Lotto. Sie wurden sorgfältig durch die Eizelle aus einem Pool von 300 Millionen Mitbewerbern ausgewählt. Wenn Sie in diesem Leben noch einmal ein Vorstellungsgespräch haben, sind das «Peanuts» dagegen! Sie sind das Ergebnis des besten Spermiums in jener Nacht. Sie haben einen Chromosomensatz mit Zusatzzahl zugelost bekommen. Nur einen Bruchteil davon werden Sie brauchen und aktivieren. Und welche Gene aktiv werden, hängt zum Teil von der Art ab, wie Sie leben.

Sie sind ein Gewinner, so oder so.
Machen Sie das Beste draus!

HIRSCHHAUSENS BUNTE BASTELBÖGEN
LEBENSLOTTO

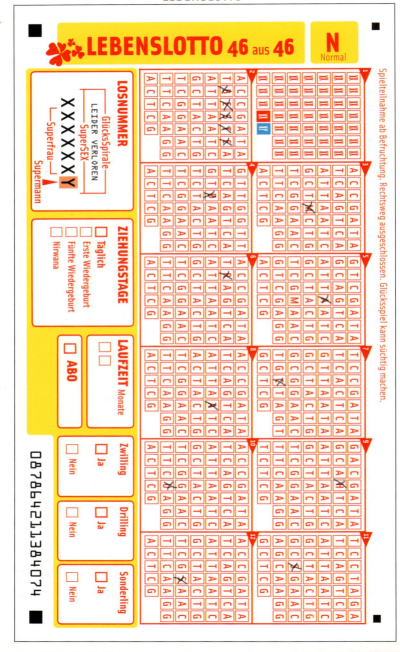

gen gleichen sich offenbar aus. Wer für alles offen ist, kann nicht ganz dicht sein.

Die Kategorie Verträglichkeit ist auf jeden Fall ein großer Schlüssel zum Glück: Menschen, die Freude haben, mit anderen Menschen zusammen zu sein und sich gegenseitig zu helfen.

Der letzte Faktor Neurotizismus heißt auf gut Deutsch: Wie schnell bin ich von etwas genervt? Mache ich mir oft Sorgen? Fühle ich mich häufig schlecht, ohne genau zu wissen, warum? Nehme ich mir viel zu Herzen und bin schnell verstimmt? Und grübele ich viel, wer an allem schuld sein könnte? Das Gegenteil von Neurotizismus ist ein «dickes Fell». Das ist auch nicht gleichbedeutend mit gut oder schlecht. Labile können sich besser in andere einfühlen, sind aber schnell aufgekratzt. Wen aber gar nichts kratzen kann, der hat deshalb nicht automatisch mehr vom Leben.

Neurotische Menschen sind für sich und ihre Umgebung anstrengend. Gleichzeitig bringen die Unzufriedenen die Welt voran und machen sie bunt und schrill. Die meisten kreativen und einflussreichen Geister in der Kunst und dem öffentlichen Leben sind von dem Wunsch besessen, etwas zu verändern. Das galt früher wie heute. Ein Blick in die aktuellen Charts zeigt das ganze Panorama der Psychopathologie – von Amy Winehouse über Robbie Williams bis Silvio Berlusconi, die allesamt sehr hohe Neurotizismuswerte haben dürften, sonst wären sie gar nicht so weit gekommen.

Die eigentliche Pointe dieses Textes hat nun lange genug auf sich warten lassen. Sie lautet: Ein Großteil dessen, von dem wir glauben, dass unser Glück davon abhinge, ist bei genauer Betrachtung kompletter Quatsch. Was habe ich mir alles für Gedanken gemacht: ob ich als Frau glücklicher wäre, ob ich mit 20 glücklicher war als heute, ob reicher oder dümmer oder verheirateter. Die wissenschaftliche Antwort lautet: ZERBRICH DIR DARÜBER NICHT DEN KOPF! Diese Faktoren machen einzeln zwischen ein und sechs Prozent des Glücks aus.

Viel spannender ist die Frage, wie ich aus dem, was ich an Persönlichkeit und Genen mit auf den Weg bekommen habe, das Beste machen kann. Sprich: herausfinden, was mir besonders guttut, und davon mehr tun. Zum Beispiel kann ich mich als introvertierter Mensch bemühen, gesellig zu werden oder, falls ich zum Dramatisieren neige, mehr Gelassenheit und Verträglichkeit zu üben.

Der aussagekräftigste psychologische Test, um vorherzusagen, wie glücklich Sie in zehn Jahren sein werden, ist, Sie heute zu fragen: Wie glücklich sind Sie jetzt?

Wann fangen Sie an?

Auf die Dauer der Zeit nimmt die Seele die Farbe der Gedanken an

Ist kleinkariert eigentlich auch eine Farbe?
Oder schon eine Struktur?

Sei einfach du selbst! Das ist der häufigste Satz in Ratgeberbüchern zum Thema Glück. Wie bitte? Sei einfach du selbst? Das kann man doch nicht jedem so einfach wünschen. Noch nicht mal sich selbst. Was ist mein wahres Selbst – das morgens, das mittags oder das abends? Das sind in meinem Fall ganz unterschiedliche Persönlichkeiten. Die haben praktisch nichts miteinander zu tun. Die begegnen sich auch nie. Wann kommt Ihr wahres Selbst zum Vorschein? Bei null, 0,5 oder drei Promille? Wann sind Sie sich persönlich am nächsten?
Die meisten Dinge, die in Selbsthilfebüchern stehen, kann man knicken. Mein schönstes Beispiel aus einem dieser Ratgeber: «Seien Sie nett zu sich selbst und gönnen Sie sich vor dem Aufstehen eine schöne Tasse Kakao im Bett.» Das ist wirklich wahr, ich denke mir so etwas nicht aus. Ich habe es ernst genommen und dachte, die haben das gedruckt, da wird was dran sein. Ich lag im Bett, sagte mir, Eckart, nicht aufstehen, das Buch hat gesagt, warte hier auf den Kakao. Am Nachmittag hatte ich so einen Hals. Immer noch kein Kakao in Sicht. Seither weiß ich, warum diese Bücher «Geschenkbücher» heißen. Weil man sich die schenken kann.

«Auf die Dauer der Zeit nimmt die Seele die Farbe der Gedanken an …», sagte Marc Aurel. Wenn ich diesen Satz vor Publikum spreche, spüre ich, wie die Zuschauer innehalten. Daher weiß ich, dass es ein Satz ist, über den man ein paar Sätze verlieren kann und der dadurch noch gewinnt.

Die «Farbe» der Gedanken sind die Neurotransmitter, biochemische Stoffe, die zwischen den Hirnzellen die Informationen austauschen. Sie sind wie eine Sauce, die den Geschmack der Gedanken bedingt, sie kann süß sein oder bitter. Je nachdem, welche Sauce jetzt gerade vorherrscht, Serotonin oder Dopamin, so wie an den Pommes frites Mayo oder Ketchup. Und damit wären wir ganz elegant wieder bei den Farben. Rot-Weiß oder Schwarz-Weiß. Fehlt Serotonin, wird es düster – dann werden wir depressiv. Wenn Dopamin zu viel wird, wird es uns zu bunt – dann bekommen wir Halluzinationen.

Männer sind gerne blau, die wenigsten beruflich.

Aber auch im grauen Alltag spielen die Farben eine entscheidende Rolle. Wie ich die Welt erlebe, hängt maßgeblich davon ab, wie ich gerade drauf bin. Die Farbe des aktuellen Gedankens bestimmt nicht nur unsere Gegenwart, sondern auch die Vergangenheit und die Zukunft. Unser Hirn hat keine festen Schubladen, in denen alles verdrahtet und gespeichert wird, sondern besteht aus lebendigen Netzwerken, die sich ständig umbauen und anpassen. Bin ich düster drauf, stelle ich mir die Zukunft genauso düster vor und finde für diese Annahme viel Bestätigung in der düsteren Vergangenheit. Denn Erinnerungen, die in der gleichen Stimmung abgelegt wurden wie unsere gegenwärtige, gelangen besonders leicht wieder ins Bewusstsein. Scheint gerade die Sonne in mein Zimmer, komme ich in Urlaubslaune, und – SCHWUPS – fallen mir lauter schöne Szenen aus dem letzten Urlaub ein. Ich bin noch besser drauf als durch die Sonne allein und male mir gleich aus, dass der nächste Urlaub noch schöner wird.

Dann segelt die Kreditkartenabrechnung auf den Tisch, mein Gemüt verdüstert sich, und ich erinnere mich, wie ich im letzten Urlaub in dem einen Restaurant um zwei Euro betrogen wurde, und beschließe deshalb, den nächsten Urlaub doch daheim zu verbringen, um es den Südländern mal so richtig zu zeigen.

Jetzt habe ich das Bild mit den Farben eine Weile verwendet und darf davon ausgehen, dass Sie es kennen. Was ist dabei in Ihrem Hirn passiert? Wenn Sie öfter bestimmte Wörter in einem Zusammenhang gelesen und vor Ihrem geistigen Ohr gehört haben, bringen Sie die in eine neue Verbindung. Vorher hätten Sie bei Gedanke nicht an Farbe gedacht – jetzt gerade schon wieder. Und wieder schleift sich das ein. Wieder etwas gelernt. Und so verändert sich nicht nur fortlaufend die Farbe in unserem Hirn, sondern auch die Verdrahtung. «Sei einfach du selbst» ist deshalb unzutreffend, weil Sie jetzt schon nicht mehr die- oder derselbe sind wie zu Beginn des Textes – Sie haben sich ein bisschen verändert.

Die Synapsen, die Kontaktflächen zwischen den Hirnzellen,

werden immer kontaktfreudiger, je öfter sie miteinander zu tun
haben. Nervenzellen, die gemeinsam agieren, bekommen einen
Draht zueinander – und irgendwann ist es eine Standleitung.
«Fire together – wire together», heißt das plastische Grund-
prinzip auf Englisch. Frei übersetzt: Mit wem ich zusammen
gut feiern kann, den ruf ich auch später nochmal an. Somit
kommen wir nicht unserem ominösen Selbst über die Lebenszeit näher, sondern wir werden immer mehr zu dem, was wir
oft tun und denken. Das Prinzip heißt Neuroplastizität und
bedeutet nichts weiter, als dass unsere Gedanken und Handlungen die Struktur, mit der wir denken und handeln, verändern können, plastisch und praktisch verformen. Das Wort
mag Ihnen neu sein, aber das Prinzip ist uralt: Etwas «schleift
sich ein», ein Gedankengang, den wir öfter gehen, wird zum
Trampelpfad, und aus lauter Bequemlichkeit nehmen wir irgendwann nur noch diesen Weg, auch wenn es einen besseren
gibt. Und weil das so wichtig ist, für das ganze Buch und das
ganze Leben, sag ich es – versprochen – nur noch einmal: Wir
sind das, was wir oft denken und tun! Ich sage es deshalb,
weil wir uns meistens für jemand ganz anderes halten. Warum
können so viele Menschen über Stunden praktisch regungslos
auf dem Sofa hocken? Die Antwort: weil sie es geübt haben!
Oft. Viele Abende lang. Unter Verzicht auf viele andere Dinge,
die sie jetzt nicht mehr so gut können wie Sofahocken. Aber
das läuft super.
Am augenfälligsten verändern sich Menschen durch ihre Be-
rufe. Einerseits sucht man sich einen Beruf, der den eigenen
Neigungen entspricht. Andererseits werden bestimmte Cha-
rakterzüge und Macken durch den Beruf erst offenbar und
massiv verstärkt. Die Zeit als Arzt hat mich natürlich verändert. Ich schaue anders auf die Welt, anders auf den menschlichen Körper. Wenn ich eine schöne Frau mit einem tiefen
Dekolleté sehe, wo schaue ich hin? Auf die Schilddrüse! Ich
kann gar nicht anders. Und dann schaue ich so lange, bis sie
schluckt – wegen der Größe. Das wird leider oft falsch verstanden. Aber gelernt ist gelernt. Seit nunmehr 15 Jahren habe

ich keinen Dienst mehr in der Klinik, sondern auf den Bühnen der Republik. Das bedeutet viel reisen und damit viele Nächte in Hotels. Auch das schleift sich ein bis ins Unterbewusste. Neulich stehe ich zu Hause vor meinem eigenen Bett in Berlin, starre auf mein Kopfkissen und wundere mich, dass da kein Schokoladentäfelchen liegt. Wenn Ihnen das auch passiert, seien Sie gewiss, dies ist ein ernstes Zeichen: Machen Sie Urlaub. Wo? Am besten zu Hause.

Meine Schwester ist Mathematiklehrerin. Sie hat ihr Hirn anders trainiert. Ich war einmal mit ihr einkaufen, da hörte ich, wie sie, ohne zu überlegen, zur Kassiererin im Supermarkt sagte: «Das haben Sie sehr schön zusammengerechnet. Aber jetzt die ganze Addition nochmal ohne den Hilfsapparat!»

Wer, glauben Sie, ist eine der reichsten und gleichzeitig miesepetrigsten Berufsgruppen auf diesem Planeten? – Juristen! Ein Jurist trainiert tagein, tagaus Pessimismus und Katastrophendenken. Vereinfacht gesagt: Bei jedem harmlosen Satz lernt das Juristenhirn, alles mit einer Frage im Hinterkopf zu lesen: «Wo ist der Haken?» Es strengt sich an, malt sich die schlimmste Gegenpartei aus, die unter Ausnutzung einer winzigen Lücke im Vertrag etwas ganz Furchtbares macht. Wer auf diese Weise 12 bis 14 Stunden am Tag denkt, verändert sich. Und mit diesem Hirn geht er auch nach Hause. Mit sehr viel Glück wartet dort noch jemand und sagt etwas Harmloses wie: «Schön, dass du da bist ...» Doch der Jurist freut sich nicht, er liegt nachts wach und kann nur an eins denken: Wo ist der Haken?

Frösche glauben nicht an Prinzen, aber an den Storch.

Sei kein Frosch

85 Prozent aller Frauen finden ihren Arsch zu dick.

*10 Prozent aller Frauen
finden ihren Arsch zu klein.*

*5 Prozent aller Frauen finden ihren Arsch
so, wie er ist, okay und sind froh,
dass sie ihn geheiratet haben.*

Haben Sie schon mal versucht, mit Ihrer Zunge eine Fliege in freiem Flug zu erwischen? Das ist ganz schön kompliziert. Ab und an gelingt mir das – beim Fahrradfahren. Glücklich macht mich das nicht, aber ich bin ja auch kein Frosch.
Der Frosch macht einmal Flupp-flupp-Zunge-raus-Zunge-rein und fängt die Fliege. Kein Wunder, die Frösche, die das nicht konnten, sind ausgestorben. So funktioniert die Evolution. Denn die Evolution hat nicht primär unser Glück im Visier, es geht ihr vor allen Dingen um eins: Überleben. Und so hat sich das Nervensystem der Frösche auf das Fliegenfangen spezialisiert.
Aber alles hat seinen Preis. Damit der Frosch die Fliege mit seinem Sehsinn richtig orten kann, muss er alle anderen visuellen Reize ausblenden. Alles, was sich nicht bewegt, wird auch nicht wahrgenommen und findet für ihn objektiv nicht statt. Der Frosch sitzt in einem herrlichen Tümpel mit wunderschönen Blumen, Bäumen und womöglich Bergen um ihn herum. Alles jedoch, was er sieht, ist die Fliege. Er kann in der traumhaftesten Landschaft sitzen und ist buchstäblich blind

für die ganze Schönheit, die ihn umgibt. Was lernen wir daraus? Willst du glücklich sein – sei kein Frosch!

Vorsicht, Kalauer mit großem metaphorösem Wert:

Kommt ein Mann zum Arzt mit einem Frosch auf dem Kopf. Fragt der Arzt den Mann: «Wo haben Sie den denn her?» Quakt der Frosch: «Den hab ich mir eingetreten.»

So funktioniert unser Bewusstsein. Unser Verstand ist wie der Frosch, der ständig quakt und antwortet, obwohl er nicht gefragt wurde und obwohl er die eigentliche Geschichte, wie er denn da oben hingekommen ist, gar nicht kennt. Damit unser Verstand nicht zu sehr von diesem Vergleich beleidigt ist und keine Lust mehr hat weiterzulesen, biete ich Ihnen für den Rest des Buches einen schöneren Vergleich an: Das Bewusstsein ist wie ein Reiter auf einem Elefanten. Der Dickhäuter ist das Unbewusste, unsere ganzen automatischen Handlungen und Assoziationen, von denen wir das wenigste mitbekommen, die aber sehr mächtig sind. Und wenn der Reiter in eine ganz andere Richtung will als der Elefant, zeigt sich schnell, wer der Stärkere von den beiden ist. Elefanten bringt man besser nicht mit Gewalt «zur Vernunft», sondern mit kleinen Belohnungen und indem man immer wieder übt, bis es auch dem Dicken in Fleisch und Blut übergegangen ist. Nur weil der Reiter zu Silvester einen guten Vorsatz gefasst hat, hat sich noch kein Elefant dauerhaft mehr bewegt oder weniger gegessen.

Den verborgenen Kräften unserer Psyche kommt man besser auf die Schliche, sonst geht man ihnen immer wieder auf den Leim. Ein Trick ist, sein eigenes Handeln zu beobachten. Wie viel Zeit verbringe ich mit dem, was ich mir vorgenommen habe, und wie viel mit anderen Dingen? Dann versteht man besser, wie oft nicht der Reiter, sondern der Elefant die Richtung vorgegeben hat, kann dem Elefanten zuhören und sich öfter gütlich einigen, bevor beide bockig werden.

Neuroanatomisch ist das Bild von dem Reiter und dem Elefanten übrigens ganz treffend, weil in der Evolution neue Hirnteile dazukamen, aber die alten geblieben sind und nur überlagert

wurden. So ist die Hirnrinde, der jüngste und dünnste Teil des Hirns, wie der Reiter ganz obendrauf, aber Mittelhirn und Stammhirn machen weiter Dienst nach Vorschrift und lassen sich vom neuen Chef nicht so einfach was erzählen. Meistens haben die alten Programme auch mal einen Sinn gehabt und wollten uns schützen. Nur wenn man dem Elefanten freien Lauf gewährt, kann der uns aus der Bahn werfen.
Ich habe mal am eigenen Leib und Hirn erfahren, wie leicht mein altes Angst- und Fluchtsystem anspringen kann. In Portugal spazierte ich durch hohes Gras und sah eine Schlange. In Millisekunden war mein Elefant auf 180. Ich sprang zur Seite, ohne dass ich mir das vorgenommen hätte. Mein Herz schlug mir bis zum Hals, und ich rannte um mein Leben. Es dauerte viele Minuten, bis ich mich wieder halbwegs beruhigt hatte. Der Reiter war durch den Sprung zur Seite abgeworfen worden und musste mühsam erneut den Elefanten besteigen. Als sich langsam mein Verstand wieder einschaltete, dämmerte mir – die Schlange hatte sich ja gar nicht gerührt. Und sie schien von meinem Erscheinen deutlich weniger beeindruckt gewesen zu sein als mein altes Angstzentrum von ihr. Weil meine Neugier überwog, ging ich zurück, und die Schlange war immer noch da, sie hatte sich nicht fortbewegt. Wie auch: Es war ein schwarzer Gartenschlauch. Da ich mich jedoch bewegt hatte, hatte ich nicht gesehen, dass der Schlauch ganz entspannt im Gras lag. Mein Reflex entschied, wie es fürs Überleben auch Sinn machte: Lieber einmal zu viel einer Gefahr ausweichen als einmal zu wenig. Würden wir erst einmal alle Argumente sammeln für und gegen eine Schutzhandlung, wären wir längst ausgestorben.
So sinnvoll das reflexartige Reagieren auf alles Bewegte in grauer Vorzeit war, so automatisch verfolgt es uns auch im Umgang mit modernen Gefahren und Ablenkungen. Da springen wir nicht nur weg, sondern an und drauf. Zum Beispiel beim Fernsehen. Das läuft meist auch auf Stammhirnniveau. Was kommt? Fliege! Und was tun wir automatisch? Wir schalten um. Wir sind ja kein Frosch. Und allein weil sich das Bild jetzt

schlagartig bewegt hat, finden wir es für Sekunden faszinierend. Immer und immer wieder. Das Stammhirn registriert: Es bewegt sich was, es ist also interessant. Zappen heißt nichts anderes als: Ich kann nicht ins Bett – es bewegt sich noch! Die Beute ist noch nicht tot. Wenn das Großhirn endlich fragt: «Brauch ich das?», sind drei Stunden locker vorbei.

Zappen – das ist eher ein Männerding. Aber Frauen haben auch so einen Bewegungsmelder-Reflex – beim Einkaufen. Da bewegt sich ein Preis. Wo? DA! Die Zunge schnellt raus und wieder rein – zack, gekauft. Und wenn das Großhirn fragt: «Brauch ich das?», ist die Umtauschfrist schon abgelaufen.

Ein anderes Beispiel: Männer am Strand. Er liegt neben seiner Frau auf dem Handtuch, sie ist schön, charmant, sie hat alles, was er will. Sie hat nur einen akuten Nachteil: Sie bewegt sich gerade nicht. Und wo sind seine Froschaugen? Bei allen anderen Frauen, die sich bewegen. Und da ist es schwer, die Zunge drin zu lassen. Ich spreche aus Erfahrung. Dabei ist es wie so oft: Das Gute liegt so nah, aber wir sehen es nicht.

Frauen hassen das! Die Frau nimmt den Mann mit seinem ganzen Froschgehabe und schleudert ihn gegen die Wand, weil sie als kleines Mädchen mal gehört hat, dann wird er ein Prinz. Die reifere Frau wirft nicht. Sie bleibt ruhig und wartet ab. Denn sie weiß: Er rennt ja auch von allein gegen die Wand. Und trotzdem – auch die schlauste Frau denkt mit ihrem reinen Mädchenherzen: «Ich muss ihn nur oft genug prügeln, irgendwann wird er ein Prinz.»

Liebe Prinzessinnen, haltet euch fest, es ist Zeit, dass ihr das erfahrt: Es war ein Märchen. Ihr lebt weiter mit einem Frosch – aber einem schwer traumatisierten.

Und so gefährden Verhaltensmuster, die eigentlich den Fortbestand und das Überleben der Art sichern sollten, den Fortbestand und das Überleben der Beziehung. Günstiger könnte es sein, seine Verhaltensmuster zu erkennen, zu unterbrechen und darüber zu lachen. Ich kenne ein Paar, das sehr glücklich miteinander verheiratet ist. Wenn die Frau eine andere schöne Frau sieht, fragt sie ihn, ob er sie auch schon gesehen hat und wie er sie findet. Und dann gaffen und lachen beide. Raffinierte Frau. Die wirft seinem Elefanten gezielt ein paar Erdnüsse hin, pfeift auf den Frosch und macht lieber aus Elefant UND Reiter ihren Prinzen!

Lachmöwen haben ihren eigenen Humor.

Shit happens:
Mal bist du die Taube,
mal das Denkmal

*Wer ein unbeschwertes Leben lebt,
hat Grund, sich zu beschweren.*

Stellen Sie sich vor, Sie werden bei einem Banküberfall durch einen Streifschuss am Hals verletzt. Sie überleben. Die Wunde verheilt. Was sagen Sie sich drei Monate später?
«Warum, warum, warum? Typisch, ich Pechvogel. Warum musste ich auch zu diesem Zeitpunkt in der Bank sein?»
Oder sagen Sie sich:
«Ich habe verdammt viel Glück gehabt. Ein paar Zentimeter weiter, und ich hätte gelähmt oder tot sein können. Ich bin froh, dass ich mir überhaupt noch Fragen stellen kann – also stelle ich mir bestimmte Fragen nicht.» Bevor Sie entscheiden, ob ein Glas halbvoll oder halbleer ist, lohnt es sich zu schauen, was sich im Glas befindet.
Jeder hat sein Päckchen zu tragen oder zumindest noch von der Post abzuholen. Wenn der Postbote klingelt, sind wir nämlich oft nicht da. Und auch, wenn das Glück vor der Tür steht, öffnen wir oft nicht im richtigen Moment. Aber auf eines können wir Gift nehmen: Sobald wir ohne Regenschirm aus dem Haus gehen, werden wir nass.
Das Leben ist nicht nur schön. Viele Sachen suchen wir uns nicht aus: das Wetter, die Gene, die Nachbarn und andere Ka-

tastrophen. Es gibt Unfälle, es gibt den Tod, es gibt Krankheiten, an denen kein Mensch persönlich Schuld hat. Kurzum: Shit happens. Mal bist du die Taube, mal bist du das Denkmal. Schicksalsschläge sind, schaut man genauer hin, eben nicht die Ausnahme, sondern die Regel. Auch wenn die meisten Menschen heute nicht mehr Opfer von Naturkatastrophen werden, haben die meisten persönliche Katastrophen schon erlebt oder sollten sich nicht zu sicher sein, dass so etwas nur den anderen passiert.

Jonathan Haidt zieht in seinem Buch «Die Glückshypothese» die Quintessenz aus altem Wissen und moderner Glücksforschung. Und er kommt zu dem überraschenden Schluss: Menschen brauchen Verletzungen und Schicksalsschläge, um ihre wahre Stärke zu finden, um erfüllt zu leben und um sich vollständig entwickeln zu können. Würde man alles Leid aus dem Leben eines Menschen verbannen, brächte man ihm damit kein Glück, man brächte ihn um das Beste, nämlich von den Widrigkeiten im Leben profitieren zu können. Starker Tobak? Und deshalb an dieser Stelle gleich die Einschränkung: Es gibt die posttraumatische Stressstörung, die zum Beispiel eintritt, nachdem ein Mensch akut vom Tod bedroht wurde, den gewaltsamen Tod von anderen ansehen oder über längere Zeit Folter erleiden musste. Viele Untersuchungen haben gezeigt: Durch Menschen verursachtes Leiden traumatisiert mehr als Naturkatastrophen. Das gilt im Großen wie im Kleinen. Uns erschüttert eher eine sadistische und «unmenschliche» Tat als ein tatsächlich unmenschliches Erdbeben. Genauso kann man messen, dass wir die Schmerzintensität stärker wahrnehmen, wenn uns jemand einen Stein auf den Fuß wirft, als wenn der Stein ohne menschliches Dazutun uns auf die Füße fällt.

50 Jahre Stressforschung belegen, dass gerade Schmerzen und Situationen unerträglich sind, die plötzlich und unvorhergesehen auftauchen, lange andauern, in denen wir uns als hilflos erleben und ein Ende nicht absehbar ist. Die posttraumatische Stressreaktion ist eine «normale» Reaktion auf ein unnormales Ereignis. Wer darunter leidet, hat oft wiederkehrende Ängste,

unheilvolle Bilder, die mitten im Alltag oder nachts auftauchen, und reagiert übertrieben schreckhaft auf Geräusche. Ein Fenster knallt zu, und der Traumatisierte zuckt zusammen und wird die Assoziationen an Schüsse oder andere tiefe negative Erfahrungen nicht los.
Es gibt drei ungeheuer frohe Botschaften aus der Traumaforschung:
1. Traumata sind behandelbar. Spezielle psychotherapeutische Verfahren können nachweislich dabei helfen, über schwere Schicksalsschläge hinwegzukommen.
2. Die meisten Menschen brauchen gar keine Therapie, da sie überhaupt keine Spätfolgen entwickeln. Therapeutische Bemühungen gleich nach einem Unfall sind mitunter sogar hinderlich!
3. Viele Betroffene betrachten im Nachhinein die Widrigkeiten, mit denen sie sich auseinandersetzen mussten, als etwas Nützliches und Positives. Sie sagen später: «Der Unfall ist das Beste, was mir im Leben passieren konnte, seitdem lebe ich bewusster, intensiver und glücklicher.»
Wer macht sich da etwas vor? In erster Linie die Psychologen des letzten Jahrhunderts, die immer meinten, der Mensch sei in seiner Seele ein sehr zartes Pflänzchen, das ständig beschützt werden müsse und viel therapeutische Hilfe brauche, um nicht völlig abzuknicken. Die Forschung der letzten zehn Jahre beweist genau das Gegenteil. Menschen haben eine schier unglaubliche Fähigkeit, Dinge zu ertragen, diese durchzustehen und sogar daran zu wachsen. Aus sich selbst und ihrem Freundes- und Familienkreis heraus – ohne professionelle Hilfe.
Die Anschläge des 11. September 2001 in New York erschütterten die Welt. Da kaum ein anderer Ort solch ein dichtes Netz an Psychotherapeuten besitzt, konnte man in den folgenden Jahren sehr gut untersuchen, wie Menschen bei einem vergleichbaren Trauma langfristig damit fertig wurden. So fand der Therapieforscher George Bonanno heraus, dass sich bei den meisten Betroffenen nach drei Monaten die akute Stressreaktion legte. Viele, die anfangs gar nicht darüber reden

wollten und erst später mit einem Freund oder einer Freundin ihre Erfahrungen teilten, fühlten sich besser als diejenigen, die sich ständig mit dem Erlebten aktiv und therapeutisch auseinandergesetzt hatten.

Warum hört man von diesen Forschungsergebnissen so wenig? Auch das ist sehr menschlich. Es war schwer genug, die Psychotherapie in unserem Versorgungssystem zu etablieren, und nur zwei Verfahren haben es geschafft, von der gesetzlichen Kasse bezahlt zu werden, die psychoanalytischen und die verhaltenstherapeutischen Methoden. Diejenigen, die an den großen Geldtöpfen sitzen, haben begreiflicherweise wenig Interesse daran, Methoden zu propagieren, die ihre eigene Leistung in Frage stellen. Die etablierte Psychotherapie hat den Schock, wie wenig Menschen dauerhaft zu schockieren sind, noch gar nicht zur Kenntnis genommen, geschweige denn verarbeitet. Oder sie verdrängt da was …

100 Jahre lang hat man sich mit den Nachteilen von Erkrankungen, einer schlechten Kindheit und des Verlusts eines geliebten Menschen beschäftigt. Erst seit gut zehn Jahren erforscht man den Nutzen und die Vorteile, die Menschen tatsächlich aus schlechten Erlebnissen ziehen können. Was weiß man schon über diese Widerstands- und «Wieder-aufstehen-Kraft», die «Resilienz» genannt wird? Wie genau funktioniert dieses wundersame «posttraumatische Wachstum»?

Niemand weiß, was er zu ertragen in der Lage ist, bis die Situation es erfordert. «Was dich nicht tötet, härtet dich ab.» Wie habe ich diesen Satz meines Sportlehrers gehasst! Aber tatsächlich habe ich mich sehr gewundert, wie viel länger ich beim Waldlauf aufgrund seiner Quälerei durchhalten konnte – länger, als ich mir jemals zugetraut hätte. Dieses banale Beispiel gilt auch im übertragenen Sinne für Traumata und Belastungen. Sie härten uns nicht nur ab, sie machen uns stärker und trainieren uns regelrecht. Wer einmal eine Katastrophe durchgestanden hat, ist bei der nächsten gelassener und erholt sich schneller wieder davon.

In Krisenzeiten wachsen Beziehungen. Trauernde lernen Menschen intensiver kennen und schätzen und werden toleranter und verständnisvoller in Bezug auf die Nöte anderer. Und sie werden oft liebevoller mit sich selbst. Die Schönwetterfreunde ist man schnell los, aber wenn man einen Knacks hat, öffnet man sich anderen leichter. Dann wird für uns und andere sichtbar, was unter der harten Schale schlummert und was wir anderen geben können. Leonard Cohen drückt es sehr poetisch aus: «There is a crack in everything, that's how the light gets in.» (In allem ist ein Knacks, durch den das Licht hereinscheint.)

Ein Trauma verschiebt Prioritäten. Das passiert nicht nur im Märchen: Aus einem Egomanen wird durch einen Schicksalsschlag ein besserer Mensch. So wie Charles Dickens in seiner Weihnachtsgeschichte den geizigen Scrooge beschreibt, der angesichts seines bevorstehenden Todes plötzlich genießt, anderen eine Freude machen zu können.

Ich hatte einmal einen Autounfall. Gerade als Beifahrer ist man doppelt hilflos, wenn bei Blitzeis und mit über 100 Stundenkilometern sich plötzlich der Wagen auf der Autobahn dreht und man weiß, auch der am Lenkrad kann jetzt nicht mehr steuern. Wie durch ein Wunder sind wir nicht auf ein Hindernis geprallt, sondern auf dem Seitenstreifen stehen geblieben, sodass keiner in uns hineinbretterte. Die ersten Tage danach stand ich unter Schock, habe alle Termine abgesagt und war extrem schreckhaft. Dann kam eine Phase des Hochgefühls, in der ich jeden neuen Tag wie ein unverdientes Geschenk dankbar annahm. Es wäre gelogen, wenn ich heute immer noch überschwänglich dankbar wäre, obwohl ich natürlich allen Grund dazu hätte. Aber in einer Hinsicht hat mich das Erlebnis doch dauerhaft verändert: Ich fahre nicht mehr gerne Auto und nehme, wann immer es geht, die Bahn.

Ich war damals Ende 20, das beste Alter für ein Trauma. Die Forscher des posttraumatischen Wachstums machen eine wichtige Einschränkung: Man hat nur dann etwas von seinem Schicksalsschlag, wenn man überhaupt die Ressourcen und die Chance hat, etwas daraus zu lernen. Kleine Kinder sind von plötzlichen Umbrüchen schwerer betroffen, weil ihnen die intellektuellen Möglichkeiten fehlen, sich in Gedanken neben sich zu stellen und zu fragen: Wo ist die andere Seite der Medaille? Ebenso sind alte Menschen oft damit überfordert, in einem späteren Lebensabschnitt noch umzudenken und ihr Leben neu auszuloten.

Wir sollten uns davor hüten, Leiden zu glorifizieren und unser Schicksal unnötig herauszufordern. Ein paar Risiken lassen sich durchaus minimieren: Wir müssen nicht rauchen, wir müssen nicht wie die Besengten Auto fahren, und Banküberfälle sind statistisch sehr selten – vor allem beim Onlinebanking.

Das gemischte Fazit: Wir sollten uns nicht wünschen, nie vom Schicksal gebeutelt zu werden. Alles kann man sich nicht aussuchen – aber wenn wir es uns aussuchen könnten, träfe uns Hartes am günstigsten zwischen 15 und 35.

«... als meine Uroma mir erzählte, was für ein besonderer Mensch ich sei, nachdem sie mir mit einer Küchenschere die Haare abgeschnitten hatte.»

«... als ich nur fünf Richtige im Lotto hatte und in Zukunft nicht so stinkreich sein muss.»

«... als mein Schnuffi mich fragte, wie ich heiße, und ich nur ‹Wieso?› herausbekam.»

«... als ich mein Handy aus dem Klo gezogen habe und feststellte, dass es tauchen kann.»

Hedonimeter

(MUND)WINKELMESSER
Wenn man nicht weiß, wie es einem geht, einfach mal nachmessen.

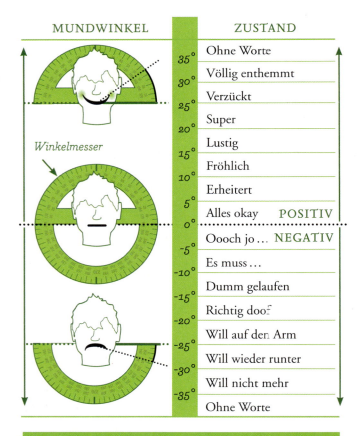

MUNDWINKEL		ZUSTAND
	35°	Ohne Worte
	30°	Völlig enthemmt
	25°	Verzückt
	20°	Super
	15°	Lustig
	10°	Fröhlich
	5°	Erheitert
	0°	Alles okay POSITIV
	-5°	Oooch jo… NEGATIV
	-10°	Es muss…
	-15°	Dumm gelaufen
	-20°	Richtig doof
	-25°	Will auf den Arm
	-30°	Will wieder runter
	-35°	Will nicht mehr
		Ohne Worte

FAZIT:
Wenn es Ihnen gutgeht – informieren Sie Ihr Gesicht darüber!

HIRSCHHAUSENS BUNTE BASTELBÖGEN
HEDONIMETER / SMILE ON A STICK
Besser ein vorgehaltenes Lächeln als ein aufgesetztes.

ANLEITUNG

1. Kaufen Sie sich ein Magnum-Eis. Entfernen Sie das Eis.
2. Schneiden Sie die Abbildung aus, falzen Sie sie in der Mitte. Kleben Sie den Eisstiel mittig ein.
3. Messen Sie vor einem Spiegel Ihre eigenen Hedons (Maßeinheit für Glück): Über null dürfen Sie sich auf die Menschheit loslassen!
4. Bei Werten unter null spricht man auch von gefrorenem Lächeln. Schützen Sie Ihre Umwelt vor Ansteckung mit dem «smile on a stick».
5. Beobachten Sie die Mundwinkelveränderung bei den anderen. Worauf wird mehr reagiert? Auf Ihre Laune oder Ihre Vorhaltung?

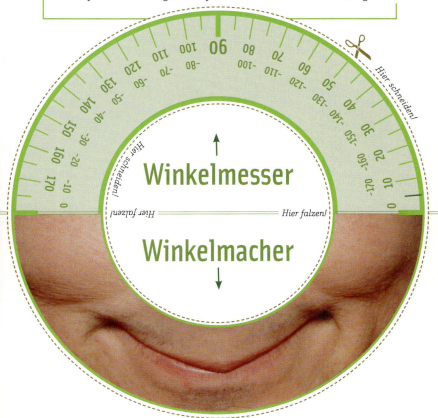

82 GLÜCK KOMMT MIT ...

Wer jammert, ist nie allein.

Anatomie des Jammerlappens

Zwei Dinge stehen in unseren Breiten hoch im Kurs: Jammern und über das Gejammere anderer zu klagen.

Christoph Quarch

Eine gewagte These: Wir Deutschen sind deshalb so besonders, weil wir ein eigenes Hirnteil besitzen. Nicht nur den Stirnlappen, der plant, und den Seitenlappen, der vernetzt. Wir Deutschen haben auch noch den Jammerlappen, der verhindert.

Bisher wurde der deutsche Jammerlappen von den Neuroanatomen noch nicht beschrieben, weil er sich gut versteckt hält und keine Verbindung zu anderen Hirnteilen unterhält. Zum Beispiel hat er keinen Draht zum Sehnerv, hat aber trotzdem immer alles kommen sehen. Auch nicht zum Gedächtnis, ist sich aber sicher, dass früher alles besser war. Der Jammerlappen ist auf der Party der Persönlichkeits- und Hirnteile der Typ, der immer demonstrativ neben der Tanzfläche vor den Boxen steht. Und dessen stiller Vorwurf lauter ist als die Musik. Das ist das Gemeine an Partys: Einer allein hat es schwer, alle mit hochzureißen, Runterreißen dagegen ist viel einfacher. Das Negative hat so eine blöde Tendenz zur Verstärkung. So ist das auch mit dem Jammerlappen: Er will nix sehen, nix wissen und auch nicht mitfeiern – hat aber eine Standleitung zur inneren Stimme.

Warum jammern wir so gerne? Wer jammert, ist nie allein!

Denn sobald einer anfängt, gibt es garantiert jemanden, dem noch etwas viel Schlimmeres passiert ist. Und wenn es mal gar nichts zu heulen gibt, heult man einfach aus Solidarität mit. Das machen sogar schon Babys. Lange bevor sie sprechen können, bilden sie auf Säuglingsstationen und in Kinderkrippen kleine Selbsthilfegruppen. Wenn einer plärrt, plärren alle mit. Im vorauseilenden Geworfensein ins Jammertal. Und was die alles bis zum Erwachsenenalter noch dazulernen: Ich kenne Leute, die können mit ihrem Jammern sogar Zwiebeln zum Weinen bringen!

«German Jammer» ist ein Exportschlager! Unser Leid-Kulturgut. Zum Beispiel die Idee, dass Arbeiten immer mit Unterdrückung verbunden ist und man ohnehin nie den gerechten Lohn bekommt. Lange bevor wir giftiges Spielzeug von den Chinesen eingeführt haben, waren wir Ideologie-Export-Weltmeister. Hätte China nicht die Ideen von unserem Karl Marx bei sich eingeführt, wäre es schon heute mächtiger als die USA und Europa zusammen! Da können wir dem Kommunismus im Nachhinein noch dankbar sein für 50 Jahre Aufschub der gelben Gefahr. Vom deutschen Wesen müssen Kuba, Korea und Mecklenburg-Vorpommern bis heute genesen.

Lebensfreude ist anders. Für Sangria gibt es nur ein Reinheitsgebot: Hauptsache, rein damit, egal was drin ist. Franzosen sind bekannt fürs Süßholzraspeln und Deutsche fürs Sauerkrautstampfen. In Amerika ist erlaubt, was nicht verboten ist. Wir leben im Land der vorab begrenzten Möglichkeiten. Das ist der lähmende Unterschied zwischen «Es muss» und «Yes, we can». In Deutschland ist es ein Ausweis von Intelligenz, etwas zu meckern zu finden. Und sei es nur über die Mentalität der Deutschen. Dummerweise sind wir zudem besonders autoritätsgläubig und halten das, was uns der Jammerlappen sagt, auch noch für höhere Weisheit!

Unser Hirn hat viele Sendezentren. Der Jammerlappen ist wie ein Dauerstörfeuer, aber keiner zwingt uns, seine Frequenz einzustellen. Dass wir widersprüchliche und gemeine Stimmen im Kopf haben, ist völlig normal. Verrückt sind wir nur, wenn wir sie zu ernst nehmen und ihnen glauben. Die Jammerstimmen können einen genauso fertigmachen wie ein Ohrgeräusch, das hatte ich mal. Und da hilft es auch nicht, wenn man gesagt bekommt: Hör einfach nicht hin! Ich habe damals bei der Tinnitus-Selbsthilfegruppe angerufen. Dort ging aber nur der Anrufbeantworter dran: «Bitte sprechen Sie nach dem Piepton!»

Wirksamer ist es tatsächlich, nicht wegzuhören, sondern den Ton kennenzulernen, um ihn dann gezielt zu «überhören».

Jammerlappen-auswring-Training

1. Inspizieren: Hören Sie sich selbst zu und schreiben Sie Ihre typischen Jammersätze auf.
2. Katalogisieren: Ordnen Sie die Jammersätze nach Häufigkeit, so bekommen Sie Ihre persönliche Hitliste.
3. Ignorieren: Wenn ein störender Gedanke kommt, einfach Hallo sagen, wie zu einem Bekannten, den man nicht besonders mag, auf der Straße aber grüßt, ohne sich weiter mit ihm zu beschäftigen.
4. Moderieren: Werden Sie zum Dieter Thomas Heck in Ihrem eigenen Hinterkopf! Moderieren Sie Ihre Jammer-Hitparade, wie damals im ZDF: Auf Platz 1 diese Woche: Heute ist nicht mein Tag. Platz 2: Immer ich! Platz 3: Immer die andern! Platz 4: Die Welt ist ungerecht. Und auf Platz 5 ein Evergreen: Meine Eltern sind an allem schuld!
5. Ausschleichen: Was passiert? Man wird seiner eigenen Schlager irgendwann überdrüssig. Und dann heißt es von ganz allein: «Heute ist nicht mein Tag – zum dritten Mal dabei – müssen Sie nicht mehr wählen!»

DENKANSTÖSSE FÜR PESSIMISTEN

1. Ist das Jammertal womöglich nur die Spitze eines Eisberges? Ist nur ein schlechtes Gewissen ein gutes?
2. Ist Jammern auf hohem Niveau nicht eigentlich unter Ihrem?
3. Wenn ich gerade nichts zu jammern habe – könnte es sein, dass ich etwas verdränge?

Als Autor gibt es auch immer viel zu jammern, so habe ich tatsächlich den Abgabetermin für dieses Buch mehrfach verschoben und damit gehadert. Wie immer hat alles sein Gutes. Meine Sternstunde kam, als mich in der zweiten Verlängerungszeit ein Artikel erreichte, zu dem mir der Psychologe Rolf Degen schrieb: «Ich fasse es nicht, die haben den Jammerlappen im Gehirn entdeckt. Er heißt ‹Habenula lateralis› und bremst den Dopaminausstoß. Er geht an, wenn wir innerlich sagen: ‹Bringt nichts›, und ist bei Depressiven überaktiv.»
Ich rief, mir der historischen Dimension dieses Augenblickes sehr wohl bewusst: HEUREKA, HABEMUS HABENULAM! Lang lebe der Jammerlappen! Doch dann fiel mir die Schattenseite dieses Fundes wie Schuppen von den Augen. Mein Lieblingsgag stimmte jetzt nicht mehr: Den Jammerlappen haben nicht nur Deutsche, sondern auch Ratten. Ach, wäre er doch nie entdeckt worden …

SCHLECHTE-LAUNE-KURZCHECK

Eine Hand – fünf Finger – fünf Fragen.

 1. Wann habe ich zuletzt was gegessen?

 2. Wann habe ich mich zuletzt unter freiem Himmel bewegt und durchgeatmet?

 3. Wann habe ich zuletzt geschlafen?

 4. Mit wem?

5. Und warum?

So haben Sie die fünf größten Stimmungskiller an einer Hand abgehakt. Und dann können Sie gucken, ob die anderen schuld sind. Das ist die basale Physiologie der guten Laune.

*Treffen sich zwei Säue am Trog. Fragt die eine:
Was gibt es heute zum Mittag?
Sagt die andere: Ach – schon wieder Perlen.*

Gibt es ein glückliches Leben im Faulen?

Was ist weiß und stört beim Essen?
Eine Lawine.

«Und wenn ich wüsste, dass morgen die Welt unterginge, würde ich heute ein Apfelbäumchen pflanzen.» Würde es nicht mehr Sinn ergeben, Apfelkuchen zu essen? Martin Luther glaubte an die Kraft des Guten, an die Hoffnung, die keimt und die zuletzt stirbt. Aber die Erfahrung spricht dagegen: Das Böse hat eine große Kraft. Legt man einen faulen Apfel in eine Kiste guter Äpfel, passiert Folgendes: Alle guten Äpfel werden faul. Legt man hingegen in diese Kiste verdorbener Äpfel einen guten, werden mitnichten die faulen wieder gut, sondern der einzige gute auch noch faul!
In meiner friedensbewegten Zeit hatte ich einen Button: Eine Atombombe kann einem den ganzen Tag versauen. Aber so dramatisch muss es gar nicht kommen. Ein paar winzige Schnupfenviren können mir auch schon den Tag versauen. Ein kleines Loch in meinem Fahrradschlauch ebenfalls. Und einmal ist es mir passiert, dass Leitungswasser im Werte von 0,03 Cent in 0,3 Sekunden einen Wert von 3000 Euro vernichtet hat! Sie fragen sich, wie das geht? Einfach ein Glas Wasser in die Laptoptastatur kippen!
Es gibt viele Arztserien, die in der Notaufnahme spielen. «Emergency Room» packt jeden. Keine Chance auf hohe Einschaltquoten hätte dagegen eine Sendung, die heißt: «Aufwachraum – alles gutgegangen!» Das interessiert höchstens die paar Angehörigen.

Wir fürchten das Böse – und gucken dennoch gerne hin. Mein Fahrlehrer war weiß Gott kein großer Psychologe. Aber eine wichtige Lektion hat er mir fürs Leben mitgegeben: Wenn auf der Autobahn vor dir plötzlich ein Hindernis auftaucht, schau nicht hin! Die meisten Menschen fixieren es. Wie magisch angezogen rasen sie genau dahinein, wo sie nicht hinwollen. Was ist das Gegenteil der selbsterfüllenden Prophezeiung? – Die selbsterfüllende Katastrophe.

Es ist vor dem Unfall zwar für den Moment langweiliger, auf den Seitenstreifen zu schauen. Doch genau dazu müssen wir uns zwingen, wenn wir nicht in unser Unglück brettern wollen. Das tut uns auf Dauer gut, aber wer kann das Gute schon auf Dauer gut ertragen?

Das Böse fasziniert, das Gute langweilt. Was wäre Dr. Jekyll ohne Mr. Hyde, Batman ohne den Joker, Marianne ohne Michael? Wir lesen Krimis lieber als erbauliche Geschichten. Wir hören lieber, wer sich blutig getrennt hat, anstatt darüber zu reden, wer nach vielen Jahren immer noch zusammen ist. Wir fragen: «Wie geht es?» Und wenn die Antwort «gut» lautet, ist das Gespräch schlagartig zu Ende. «Gut»-Menschen sollen weiterziehen. Spannender sind die Gespräche, wenn es «nicht gut» geht.

In meinen ersten Bühnenjahren war ich Moderator im Varieté. Die Shows waren oft grandios, allerdings haben sie nie im Fernsehen funktioniert. Warum? Im Varieté zittert das Publikum live mit, wenn die junge Frau am Trapez ihr Leben riskiert! Vor der Glotze langweilt es, weil einem intuitiv klar ist: Die wird schon nicht runterfallen, sonst würden sie es ja nicht zeigen.

Aus dem gleichen Grund gucken wir Formel 1 am liebsten live – doch nicht, um Männer im Kreis rasen zu sehen. Uns interessiert nicht der Regelfall, sondern der Unfall! Wir hoffen über Stunden, einen dieser raren Momente zu erwischen, in dem es einen von ihnen erwischt. Darauf lauern wir wie die Geier. Das klingt böse, ist aber so. Staus entstehen auf der Gegenfahrbahn des Unfalls, weil alle gaffen. Nicht um zu helfen, sondern um sich daran wohlig schaudernd zu erbauen, dass sie selbst nicht betroffen sind.

Wenn es mir schlechtgeht, schaue ich nachmittags Talkshows. Denn dann weiß ich sofort: Es gibt ein paar Probleme, die ich NICHT habe! Und im Vergleich wird mir plötzlich wieder klar: Eigentlich habe ich doch eine intakte Familie!

Bei jeder Gelegenheit wünschen wir Gott und der Welt viel Erfolg, viel Glück und vor allem Gesundheit. Aber worüber würden wir reden, wenn es dazu käme? Die Welt ist schlecht, zum Glück!

Treffen sich zwei Planeten im Weltall.
Sagt die Venus zur Erde: «Mann, du siehst aber schlecht aus.»
Darauf die Erde: «Ich hab Homo sapiens.»
Venus: «Ach – das geht vorbei!»

DES GLÜCKS — FÜNF ARTEN

1. DER GEMEINSCHAFT

Liebe, Beziehung, Verbindung zu Freunden, Familie, Kindern, Herzen. Das auf Dauer Allerwichtigste. Schätzen, pflegen, fortpflanzen.

Kapitel 1:
Glück kommt selten allein – es kommt mit anderen

«Geh noch zwei Schritte zurück, du bist nicht scharf.»
*Die Digitalfotografie hat viel Positives,
gerade weil sie ohne Negative auskommt.*

Fotounrealismus

Leben ist wie Zeichnen ohne Radiergummi.

Frisch getrennt? Schauen Sie sich jetzt auf keinen Fall die gemeinsamen Fotos an! Sie machen sich unglücklich! Ich spreche aus Erfahrung. Auch wenn man denkt, Fotos würden die Wirklichkeit abbilden, trügen sie uns auf eine ganz perfide Art: durch die selektive Wahrnehmung. Wenn man die schönen Urlaube, Geburtstagspartys und großen Feste mit Bildern noch einmal vor das geistige Auge holt, kann man nur melancholisch werden: Eigentlich war doch alles schön!
Es war eben nicht alles schön! Nur in den unschönen Momenten hat man keine Fotos gemacht! Wer traut sich schon, mitten im heftigsten Streit seinem Partner zu sagen: «Stopp! Halt bitte diesen Gesichtsausdruck noch einen Moment – ich hole schnell die Kamera. Ich will dich genau so in Erinnerung behalten!»? Das tut keiner. Deshalb sind Fotos so unrealistisch – Sonnenuntergänge statt Sonnenbrände, Jubiläen statt Alltag, Geschenke statt Verluste. Keine verzerrten Gesichter, nur eine verzerrte Erinnerung.
Die Foto-Verzerrung habe ich sogar schon bei den Kindern meiner Freunde beobachtet. Die waren gerade am Nölen, aber in dem Moment, als eine Digitalkamera auf sie gerichtet wurde, setzten sie sofort ihr schönstes Lächeln auf. Klassische Konditionierung. Im wahrsten Sinne ein Lächeln auf Knopfdruck. Erziehung im Medienzeitalter bedeutet intuitive Imagepflege schon im Vorschulalter. Den Kindern war klar: Mit dem Gesicht möchte ich nicht für die Ewigkeit festgehalten werden, noch nicht mal für den Augenblick.

Die Digitalkamera hat unseren Umgang mit Gegenwart, Erinnerung und Glück wirklich revolutioniert. Vor 100 Jahren war Fotografieren ein Staatsakt. Alle mussten unbewegt gucken, bis die Mimik auf die Silberplatte gebrannt war. Aus dieser Zeit sind deshalb kaum Fotos mit lachenden Menschen überliefert – ein methodisches Artefakt.

In meiner Kindheit waren Fotos noch Luxus. Der Film wurde erst zum Entwickeln gegeben, wenn er voll war. Und bei 24 Bildern konnte das schon mal mehrere Weihnachtsfeste dauern. Später gab es immer mehr Passbildautomaten. Die hatten zwar keine Silberplatte, aber für den Pass durfte ebenfalls auf keinen Fall gelacht werden. Die Humorfreiheit der Behörden überdauert bis heute die Erfindung des Blitzlichtes. Hatte man aber einen gültigen Ausweis und noch Geld übrig, bestand der wahre Freundschafts- und Liebesbeweis darin, sich gemeinsam in die Kabine zu quetschen. Die Freude daran kam der Digitalfotografie schon nahe, denn von der Grimasse bis zum Abzug dauerte es nur fünf Minuten, in denen einen das Föhngebläse auf die Folter spannte.

Und heute im Zeitalter der Digitalfotografie dauert es keine 0,5 Sekunden mehr, und es kostet nix. Jeder schnappt sich eine Kamera, und kollektiv schnappen alle über. Das Leben wird zu einer Aneinanderreihung von Schnappschüssen. Alles festhalten. Nur keinen Moment verpassen. Und ohne es richtig zu merken, verpassen wir genau dadurch ganz viele Momente. Denn die Kamera schiebt sich zwischen uns und die Gegenwart. Der Suchende hinter dem Sucher ist eben nicht im Moment, sondern momentan anderweitig beschäftigt, um den Moment festzuhalten, den er selbst gerade verpasst. Und um doch noch selbst Teil des Momentes zu werden, streckt der Kamerahalter den Arm aus, und die gute Laune verhungert am ausgestreckten Arm, weil nie die richtige Anzahl von Köpfen und Körperteilen auf dem Bild landet.

Papierfotos kommen aus der Vergangenheit, und dass man früher doof aussah, ist verzeihlich. Digitalfotos sind gerade ein paar Sekunden alt, und da hilft kein Beschönigen – nur ein Flehen: «Bitte lösch mich sofort!» Oder wenigstens Bildbearbeitung. Ihre Kunst lässt jeden plastischen Chirurgen alt aussehen. Im Notfall helfen immer die Programme «Schwarz-Weiß» oder «Sepia», um das Elend der geröteten Augen und Hautpartien zu vertuschen. Und «Aquarell» macht selbst aus Pickeln Pointillismus. Digitale Schönfärberei, bis wir uns selbst wieder glauben.

Ist Ihnen schon einmal aufgefallen: Je älter die Aufnahmen, desto jünger sieht man darauf aus. Und mit etwas zeitlichem Abstand kann man auch wieder drüber lachen. So wie damals beim Abholen der Papierbilder. Die wichtigste Bildbearbeitungssoftware bleibt unsere Erinnerung. Man muss ihr nur Zeit lassen für die Entwicklung. Dann experimentiert sie in der Dunkelkammer unseres Gedächtnisses so lange mit dem Weichzeichner, bis wir uns wieder überzeugen können: Eigentlich war früher doch alles schön!

98 GLÜCK KOMMT MIT ...

Marmor, Stein und Eisen bricht. Aber Tesa?

Partnerwahl im Restaurant

Ich wollte ein Okapiposter.
Und was schenkst du mir?
Das ist kein Okapi –
das ist ein Schabrackentapir!
Funny van Dannen

Der schönste Mann der Welt ist Single. Woran könnte das liegen? George Clooney sagte in einem Interview: «Die ideale Frau ist eine Mischung aus verschiedenen – sie sollte Nicole Kidmans Lachen, die Persönlichkeit von Julia Roberts, Michelle Pfeiffers Schönheit und den Ehrgeiz von Jennifer Lopez besitzen.» Komisch, dass er diese Frau noch nicht gefunden hat. Und noch viel komischer, dass immer noch viele Frauen denken, sie könnten mit Clooney glücklich werden.

Wie haben Sie Ihren letzten oder derzeitigen Partner kennengelernt? Durch Zufall? Oder durch gezielte Auswahl und Entscheidung? Immerhin ist es eine der schwierigsten und wichtigsten Aufgaben im Leben. Vielleicht auch nicht.

Das erste praktische Auswahlkriterium: Humor. Deshalb bin ich gerne mit Frauen, die ich interessant fand, ins Kabarett oder Kino gegangen. Denn ich wusste aus der Erfahrung meiner früheren Beziehungsversuche: Wenn man nicht ähnliche Dinge komisch findet, hat in der Zweisamkeit keiner etwas zu lachen.

Frauen gehen dagegen gerne essen, denn dabei erkennen sie gleich, was für ein Entscheidungstyp er ist. Kennen Sie Leute, die sich nicht entscheiden können? Die die Speisekarte von vorne bis hinten studieren und selbst im Urlaub nicht entspannt irgendetwas bestellen – nein, die lesen noch die anderen aufgeführten Sprachen, ob sich dort irgendein Detail versteckt, welches uns auf Deutsch vorenthalten werden sollte! Und dann fangen sie an zu feilschen: Könnte man Menü eins mit Menü drei kombinieren? Das Tagesgericht von gestern – was würde das kosten, aber ohne Zwiebeln? Wenn der entnervte Kellner aus der Küche zurückkommt, bestellen sie noch dreimal um. Sie wollen das Beste aus diesem Restaurantbesuch herausholen. Egal was kommt, sie können gar nicht zufrieden sein. Weil es Perfektion in dieser Welt nicht gibt! Und je mehr Zeit sie mit der Auswahl zubringen, desto besser muss das Produkt sein, um die vergeudete Zeit im Nachhinein zu rechtfertigen.

Die Zeit, in der ich eine Entscheidung NICHT treffe, lässt die Erwartung steigen. Wenn ich den Moment verpasst habe, in dem Zeitinvestition und Resultat in einem guten Verhältnis standen, steigt die Erwartung weiter, und egal, was danach kommt, sooo gut kann es nicht mehr sein.

Genügsame Menschen blättern die Karte durch, verschaffen sich einen Überblick, und nach einem Drittel der Speisekarte wissen sie, was es gibt, und das Nächste, was sie anlacht, wird genommen – fertig. Die machen die Karte zu und wollen gar nicht wissen, was es noch gegeben hätte, was sie eventuell verpassen.

Warum erzähle ich das so ausführlich? Das gilt nicht nur im Restaurant. Das gilt auch für die Partnerwahl. Nach einem Drittel des Lebens hat man einen Überblick, man weiß, was es ungefähr gibt, besser wird's nicht. Das Nächste, was dich anlacht, wird genommen – fertig. Machen Sie die Karte zu. Fragen Sie sich nicht, was es noch gegeben hätte, was Sie eventuell verpassen. Und wenn Sie das hinkriegen, sagen Sie mir bitte, wie das geht …

Glückstipps zur Partnerwahl:

Nehmen Sie mal alle realen Partner aus Ihrem Leben zusammen – nein, Jennifer Lopez und Brad Pitt gelten nicht als realer Partner –, also alle, die Sie schon einmal hatten oder mehrmals hatten, und alle, die Sie hätten haben können. Wenn Ihr gegenwärtiger Partner im Vergleich besser ist als der Durchschnitt, sind Sie schon ziemlich gut! Sollte er gar im gefühlten oberen Drittel anzusiedeln sein, dann hören Sie auf, nach etwas Besserem zu suchen! Und das, was Sie haben, schlechter zu machen, als es ist. Viel wichtiger, als jemanden zu finden, der perfekt zu einem passt, ist, jemanden zu finden, der mit unserer Form von Liebe und Zuneigung etwas anfangen kann und will. Für das eigene Glück ist lieben zu können viel wichtiger, als geliebt zu werden. Und das kann man auch auf viele Menschen verteilen. Wenn Sie gerade keinen Partner haben: Gute Freunde sind unterm Strich viel wichtiger für das Glücksempfinden. Also, Singles – entspannt euch. Gute Freundschaften halten im Schnitt viel länger als Ehen!

102 GLÜCK KOMMT MIT ...

*Rotwein macht Grüne nicht blau,
sondern schwarz.*

Politische Einstellung zwischen Glück und Gluck

*Der Sozialist glaubt an den Fortschritt.
Der Konservative glaubt an handgenähte
Schuhe.*

Harald Martenstein

Die Welt ist ungerecht! Und eine der größten Ungerechtigkeiten ist: Linke sind überall auf der Welt schlechter gelaunt als Rechte. Vor allem, weil sie sich maßlos über Ungleichheit und ungerechte Verhältnisse grämen.
Der erste Hinweis kam bereits 2006 ans Tageslicht, durch eine repräsentative Umfrage unter amerikanischen Bürgern. Danach bezeichneten sich 47 Prozent aller Konservativen als «sehr glücklich», während nur 28 Prozent der Anhänger des linken Lagers diese rosige Selbsteinschätzung teilten. 2008 wies der dänische Ökonom Christian Bjørnskov nach, dass dieses Rechtslinks-Glücksgefälle über alle Staatsgrenzen hinweg gilt. In der «World Value Survey» wurden Angaben von 90 000 Testpersonen aus über 70 Ländern ausgewertet, darunter den USA, Deutschland, der Schweiz und Österreich. Und es gab keine Ausnahme: Je weiter links eine Person politisch steht, desto unglücklicher ist sie, und umgekehrt. Die Wahrnehmung von Ungleichheit macht Europäer übrigens noch unglücklicher als die Menschen in den USA, vermutlich, weil Amerikaner aus Tradition mehr darauf pochen, dass jeder es zu etwas bringen und man auf dem Weg vom Tellerwäscher zum Millionär auch mit einer Spülmaschine zufrieden sein kann.

Woran liegt das? Konservative finden den Status quo gut und wollen ungern an den Verhältnissen wackeln. Linke sind vor allem deshalb unglücklicher, weil sie viel stärker mit der Welt, wie sie ist, hadern, sie als unfair und ungerecht betrachten. Auch wenn man es der Toskana-Fraktion der SPD nicht automatisch an den Autos, den Wohnungen und den Anzügen ansieht: Innerlich leiden sie sehr! Und wer einmal die Villa der sozialen Gerechtigkeit von Oskar Lafontaine gesehen hat, weiß: Reichtum drückt auf Gemüt und Geschmack.

Aber auch Ihr Weltbild könnte durch eine neue Studie ins Wanken geraten. Denn dass eine entscheidende Variable der politischen Überzeugungen die Blutalkoholkonzentration (BAK) sein könnte, darauf muss man erst mal kommen.

Wer nüchtern noch die Welt verändern wollte, wird mit jedem Promille konservativer. Das ist keine Stammtischparole, sondern eine wissenschaftliche Erkenntnis. Scott Eidelman, Psychologe der University of Arkansas, und sein Kollege ließen 70 Kneipengänger in unterschiedlichen Graden der Trunkenheit ihre politischen Grundeinstellungen bekennen – gefragt wurde nicht nach Vorliebe für eine konkrete Partei, sondern ob man bestimmten Positionen wie «Wenn man versucht, Dinge zu ändern, wird es meistens schlimmer als vorher» oder «Die Welt ist geteilt in bessere und schlechtere Menschen» zustimmt – und anschließend in einen Alkoholtester pusten. Ihr ernüchterndes Ergebnis: Wenn mit steigendem Alkoholgehalt das Denken langsamer und anstrengender wird, findet man die Welt, wie sie ist, immer besser. Die Überzeugungen werden praktisch automatisch konservativer.

Der Psychologe Rolf Degen interpretiert die Ergebnisse so: «Konservative akzeptieren den Status quo eher, weil das weniger Denken erfordert, keine Veränderung verlangt und ein gutes Gefühl erzeugt. Und das ist genau der Zustand, in den uns der Alkohol versetzt.» Man kann sich also nicht nur die Umstehenden in der Kneipe, sondern auch die Umstände in der Gesellschaft schön trinken. John T. Jost von der New York University erklärt: «Es ist leichter, einen Linken konservativ handeln zu lassen, als umgekehrt.» Endlich ist es wissenschaftlich abgesichert: Alkohol konserviert.

Die Untersuchung wirft nicht nur ein neues Licht auf Politiker und Promille, sondern auch auf Wahlen und Prozente. Wahlergebnisse schwanken mit dem Wähler, je nachdem ob er erst ins Wahllokal geht oder erst ins Stammlokal. Sollte Allensbach zukünftig bei der Sonntagsumfrage auch pusten lassen? Und gelten Angaben über der Fünf-Promille-Hürde?

Wie schnell wird da aus einem «SPIEGEL-Trinker» ein FOCUS-Leser!

Es stimmt zwar: Das Herz schlägt links, aber die Leber wächst rechts.

Und wer hätte das gedacht: Grüne werden durch Rotwein nicht blau, sondern schwarz.

PROST!

Schön, wenn man den Partner fürs Leben gefunden hat. Besser, man kennt ein paar mehr.

Wer geht zuerst: Henne oder Hahn?

Liebe geht durch den Magen.
Aber was wird aus der Liebe,
wenn sie durch den Magen durch ist?

Einmal wollte ich einer Engländerin gegenüber schlagfertig sein und sagte: «Franzosen haben Sex, die Engländer Wärmflaschen.» Ohne mit der Wimper zu zucken, antwortete sie: «Und die Deutschen tun es, weil es gut für den Blutdruck ist.» – Nein, Sex braucht keine Ausrede. Die Sache an sich ist Grund genug, und das ist gut so. Aber wie immer, wenn etwas gut ist, denken wir, mehr davon wäre besser. Und so kommt es zu einem der schlimmsten Glückskiller: der Gewöhnung und damit der Langeweile. Diese Falle unseres evolutionären Bauplans schnappt gerade bei der Leidenschaft zu. Und darüber sind wir frustriert, ohne genau zu wissen, woran es liegt. Wenn Sie wissen wollen, wie aus Lust Frust wird, lesen Sie weiter. Wenn Sie den Lustverlust nicht lustig finden können, blättern Sie schnell weiter.

Zu spät. Jetzt lernen Sie den uncoolen Coolidge-Effekt kennen, benannt nach dem amerikanischen Präsidenten Calvin Coolidge (1872–1933). Der Anekdote nach besuchte er einst mit seiner Gattin einen Bauernhof. Frau Coolidge staunte nicht schlecht, als sie erfuhr, dass es dort nur einen einzigen Hahn gab, der den Paarungsakt bis zu zwölf Mal am Tag vollzog. Sie raunte dem Bauern zu: «Sagen Sie das mal meinem Mann.» Als der Präsident später davon erfuhr, hakte er nach:

«Jedes Mal dieselbe Henne?» – «Nein, jedes Mal eine andere.»
Darauf Coolidge: «Sagen Sie das mal meiner Frau.»
Bekanntlich betrifft dieser Coolidge-Effekt nicht nur amerikanische Präsidenten. Er ist keine gockelhafte Männerphantasie, sondern auch bei anderen Tieren nachweisbar. Und evolutionsbiologisch macht er sogar Sinn. Wenn es das höchste Ziel ist, seine Gene irgendwie in die nächste Generation zu katapultieren, dann muss der wiederholte Geschlechtsverkehr mit der gleichen Partnerin den sexuellen Appetit des Männchens dämpfen, sobald diese schwanger ist. Denn durch noch mehr Sex wird sie nicht schwängerer.

Das ist bei Affen, Hühnern und Kühen so. Und auch beim Bauern. Seine Libido sucht nach einer Weile produktivere Alternativen. Nicht nur das Gras ist grüner auf der anderen Seite des Zaunes. Aus der Ferne sieht auch die fremde Bäuerin verlockender aus. «Was hat sie, was ich nicht habe?» ist also die falsche Frage. Es reicht, dass sie anders ist.

Was ist aber an dem Männertraum, viele Frauen zu haben, in der Praxis dran? Sind polygame Gesellschaften glücklicher? Ein klares Nein. Und zwar weder die Frauen noch die Männer. Eine Studie aus dem «International Journal of Social Psychiatry» bestätigt, dass in modernen und freien Gesellschaften die Frauen eindeutig zufriedener und gesünder sind als in patriarchalisch-polygamen. Für einen polygamen Mann ist es anstrengend, viele und gleichzeitig unzufriedene Frauen um sich zu haben. Hinzu kommt: Da es ja ungefähr gleich viel Frauen wie Männer gibt, können nur einige wenige Männer eine Vielzahl von Frauen «haben» und eine Vielzahl von Männern somit gar keine. Polygamie ist bei genauer Betrachtung nicht frauenfeindlich, sondern männerfeindlich!

Menschen sind aber nicht nur passive Opfer ihrer Biologie. Sie sind auch aktive Gewohnheitstiere. Was hat man sich in der «heißen» Phase der Partnerwerbung nicht für Mühe gegeben. Kennen Sie jemanden, der in Jogginghose zur ersten Verabredung ging? Aber kaum macht man es sich miteinander gemütlich, darf man auf die ausgeleierten Klamotten zurückgreifen. Gemütlichkeit macht warm, aber nicht heiß. Erst kommt keine Leidenschaft auf, und dann kühlt sie auch noch ab. Hat man zu Beginn der gegenseitigen «Werbung» selbstverständlich Kaffee ans Bett gebracht, heißt es nach ein paar Monaten bereits: «Wenn du im Bett frühstücken willst, schlaf doch in der Küche.»

Für mich unvergesslich ist eine Filmszene, in der nach der Hochzeit die Braut vor der Kirche steht, ihren Brautstrauß wirft und ruft: «Nie wieder Diät!» Und dabei heißt es doch: «Wir wollen nie mehr auseinandergehen.» Statistisch nehmen Verheiratete mehr zu als Singles, die sich noch «attraktiv» halten wollen. Aber wenn der Fisch erst an der Angel ist, werden Schmetterlinge im Bauch schnell durch heiße Luft ersetzt.

Und was raten die Sexualtherapeuten? Die meisten sagen, man muss darüber reden. Der Washingtoner Psychologieprofessor John Gottman, der seit 20 Jahren mit minuziösen Beobachtungen das Geheimnis glücklicher Ehen erforscht, steht dem Aufruf zur bedingungslosen Kommunikation skeptisch gegenüber. «Viele lebenslange Beziehungen überleben glücklich, obwohl das Paar dazu neigt, Dinge unter den Teppich zu kehren. Die Ausweitung der Kommunikation leistet oft schmerzhaften und zerstörerischen Gesprächen Vorschub.» «Mehr Reden» ist trotzdem oft genau das, was Frauen wünschen, während wir Männer davor Panik haben. Es stimmt übrigens nicht, dass Frauen immer das letzte Wort haben müssen. Manchmal reicht ihnen auch eine Geste. In der Beziehung gilt bisweilen: Reden ist Silber, Schweigen ist Gold.

Ich habe einmal bei einer Konferenz den sehr unterhaltsamen amerikanischen Paartherapeuten John Gray erlebt, der die Metapher von «Mars» und «Venus» geprägt hat. Er erzählte, wie demütigend es für den einen Partner ist, wenn er Lust auf den anderen hat, aber zurückgewiesen wird. Das kann man nicht oft ertragen. Spätestens nach dem dritten Mal, bei dem der eine etwas auf die Finger bekommen hat, schwört er Rache, und bei nächster Gelegenheit wird auch der andere mit Liebemachen-Entzug bestraft. Eine klassische Verlierer-Verlierer-Strategie. Gray rät: Kerzen kaufen. Von der verletzenden verbalen auf die dezente nonverbale Kommunikation umsteigen: Wer nach Hause kommt und kuscheln will, macht «seine» Kerze an. Wenn der andere kommt, kann er entweder «seine» Kerze auslassen oder sie ebenfalls anmachen oder am besten gleich den Partner. Laut Grays Erfahrung erleichtert diese Methode, sich über den Akt zu verständigen. Seit ich davon gehört habe, achte ich bei anderen immer auf die Kerzen, wie gleichmäßig sie so abgebrannt sind.

Wird man glücklicher, wenn man sich trennt? Mit dieser «gordischen» Lösung des Knotens schneidet man sich meist nur ins eigene Fleisch. Selbst wenn ein neuer Lover mit frischer Fleischeslust an Land gezogen werden kann, fängt das ganze traurige Theater früher oder später wieder von vorne an. Dann steht man da, wo man vorher war, und hat sich vielleicht sogar die beste Beziehung seines Lebens verscherzt. Im schlimmsten Fall findet man nichts Passendes mehr, gute Beziehungen sind nun einmal rar.

Die landläufige Meinung, Untreue erwachse immer aus Beziehungsstress, ist psychologisch und biologisch Quatsch. Selbst Partner, die sich menschlich gut verstehen, gehen nachweislich genauso oft fremd wie andere. Wer sich ständig austobt, ist wahrscheinlich auf Dauer nicht glücklicher, sondern erschöpft. Verrückterweise scheinen die meisten Religionen zu befürchten, dass die Welt in einem Abgrund aus sexuellen Exzessen versinkt, wenn sie nicht tüchtig den Daumen daraufhalten. Wie jeder Mensch mit halbwegs intaktem Realitätssinn weiß, ist Ekstase im wirklichen Leben immer die Ausnahme. Womit die Kirche recht hat: Die Erfüllung nimmt zu, wenn die Zahl der Liebespartner zurückgeht. Offensichtlich lohnt es sich in Bezug auf die emotionale Zufriedenheit doch eher, einen einzigen Geschlechtspartner zu haben als mehrere, besonders wenn dieser ein Ehepartner ist.

Die perfekte Methode, der Gewöhnung ein Schnippchen zu schlagen, wäre, den anderen jedes Mal mit «neuen» Augen zu betrachten. Man müsste sich begegnen, als hätte man noch nie Sex mit ihm gehabt. Fernbeziehungen funktionieren nach diesem Prinzip, dass man sich zwischendurch kurz vergessen kann und man sich dann wieder zusammen vergisst, wenn man aufeinandertrifft. Aber beim ständigen Zusammenleben müsste man in einem übermenschlichen Akt alle Spuren der gemeinsamen Erinnerung löschen, würde dabei allerdings auch die gesamte, über Jahre gewonnene Intimität verlieren. Alles geht eben nicht.

Man will ja gar nicht jemand anderen, nur etwas anderes. Dass es grundsätzlich funktionieren kann, zeigt der Karneval. Man zieht getrennt los, setzt sich unter Alkohol und baggert dann wie aus Versehen im Halbdunkel seinen eigenen verkleideten Partner an. Vielleicht ist das der Grund, warum Frauen sich das ganze Jahr über so gerne «verkleiden». Sie haben deutlich mehr Kleider, Stile und Schuhe als Männer, um für den einen Mann immer wieder «eine andere» zu sein.

Die nächstliegende Lösung bleibt, mental fremdzugehen und beim Naheliegen einfach an einen anderen zu denken. Das tun laut anonymen Befragungen ohnehin die meisten Frauen. Ein echtes Problem mit dem Selbstwert bekommt man als moderner Mann erst, wenn man sich auch selbst ständig vorstellt, jemand anderes zu sein.

Und vielleicht sind die Frauen auch gerade dabei, den Spieß umzudrehen und den Spießer mit seiner ganzen Doppelmoral und seinem schlecht kanalisierten Fortpflanzungsdrang zum Aussterben zu bringen. Je selbstbewusster und finanziell unabhängiger Frauen werden, desto mehr achten sie auf den Typen selbst und nicht mehr auf sein Geld. Je reicher die Frau, desto attraktiver muss der Mann sein. Vielleicht ist der Trend der Männer, sich mehr um Körper und Aussehen zu kümmern, keine, wie so oft interpretiert, neue Form der Eitelkeit – es könnte Notwehr sein.

Über Glück redet jeder gerne – überall

GLÜCK IN ANDEREN SPRACHEN

Sprache	Glück haben	Glücksmoment erleben	Dauerhaft im Glück leben
Deutsch	Glück	Glück	Glück
Afrikaans	geluk	gelukig	geluk
Altgriechisch	eutychia	hèdonè	eudaimonia
Dänisch	at vaere heldig	lykkelige ojeblikke	altid lykkelig
Englisch	luck	pleasure	happiness
Esperanto	bonshanco	plezuro	felicho
Estnisch	ônn	rôômustama	ônnelikult elama
Farsi	shanc	khosheqbali	khoshbachti
Finnisch	onni	tyytyväisyys/ ilo	hyväntuulisuus/ tyytyväisyys
Französisch	fortune/chance	plaisir	bonheur
Hebräisch	mazal	–	osher
Isländisch	gæfa	sæla	hamingja
Italienisch	fortuna	piacere	felicità
Japanisch	tsuki *(Zufallsglück)*/ ko-un *(gutes Schicksal)*	yorokobi/ureshisa/ tanoshimi	shiawase/ko-fuku
Katalanisch	sort	plaer/pler	felicitat
Kroatisch	sreća	radost	sreća
Lateinisch	fortuna	felicitas	beatitudo
Lettisch	laime	laime	laime
Luxemburgisch	chance	plëséier	gléck
Nepalesisch	bhãgya	khusī/sukha	ārāma

Sprache	Glück haben	Glücksmoment erleben	Dauerhaft im Glück leben
Niederländisch	geluk	plezier	geluk
Norwegisch	flaks	lykke	lykke
Polnisch	szczęście/fart	szczęście	szczęście
Portugiesisch	sorte	prazer	felicidade
Rätoromanisch	fortüna	felicited	beadentscha
Romani	bast	bastalipe	bastalipe
Rumänisch	noroc	placere	fericire
Russisch	удача	счастье	счастье
Schwedisch	tur	glädje/lyck	belatenhet
Slowakisch	šťastie	mať radosť	byť šťastný
Slowenisch	sreča/imeti srečo	sreča/srečo doživeti	sreča/biti srečen
Spanisch	fortuna/suerte	placer	felicidad
Tschechisch	mít štěstí	radovat se	být šťastný
Türkisch	sans	mutluluk	mutluluk
Ukrainisch	успіх	щастя	благополуччя
Ungarisch	szerencse	szerencse/boldog	pillanatok

114 GLÜCK KOMMT MIT ...

Irgendwann hat man nur noch Kinder im Kopf.

Kinder, Kinder

Jesus sagte: Lasset die Kinder zu mir kommen. Aber der hatte auch zu Hause keine Lautsprecherboxen für 2000 Euro.

Dieter Nuhr

«Die Geburt meines Kindes»: Das ist der mit Abstand am häufigsten genannte Glücksmoment meiner Zuschauer.
Nun habe ich das als Vater noch nicht erlebt, als Mutter erst recht nicht, aber als Arzt war ich oft bei Geburten dabei. Und das ist mit das Bewegendste, was man so erleben kann. Ich weiß noch genau, wie ich als Austauschstudent in England das erste Mal assistieren durfte. Und bei aller Romantik: Es ist nicht alles schön bei einer Geburt. Und es ist auch nicht alles Kind, was dabei herauskommt. Vor allem sind sie nicht so hübsch sauber und rosig wie im Kino. Als ich das Köpfchen sah, dachte ich sofort: Oh Mann, da ist jetzt aber auch alles schiefgegangen. Gequetschte Knochen übereinander, blau angelaufen mit weißer Schmiere überall. Aber dann, dieser magische Moment, der erste Atemzug, der erste Schrei, und im Gesicht wird aus dem Blau ein zartes Rosa, übrigens bei Jungen und Mädchen gleichermaßen. Ich musste mir auf die Zunge beißen, um nicht zu heulen, und mich selbst daran erinnern, dass ich ja nicht der Vater, sondern der anwesende Medizinstudent war.
Vor einer Generation war es noch etwas Besonderes, wenn der Vater bei der Geburt seines Kindes anwesend war. Heute ist es etwas Besonderes, wenn der Vater bei der Zeugung seines Kindes anwesend ist. So ändern sich die Zeiten.

Über die Glücksmomente in der Zeit nach der Geburt wird wenig aufgeschrieben. Nicht, dass es die nicht gäbe: das erste Stillen, das erste Lächeln, der erste Stuhlgang. Das sind alles große Momente, die aber im Gegensatz zur Geburt einer gewissen Gewöhnung unterliegen. So wird der 300. Stuhlgang selten noch vom gleichen Enthusiasmus begleitet, zumindest nicht von Elternseite.

Dass Kinder glücklich machen, ist eine mächtige Idee. Würden nicht weite Teile der Menschheit so denken, wären wir längst ausgestorben. Würde nicht ein Großteil der Menschen glauben, dass Geld glücklich macht, sähe die Welt auch anders aus. Aber kurioserweise sinkt mit steigendem Einkommen und höherer Bildung die Kinderzahl. Die Statistiken sind eindeutig: Jede Frau hat heute im Schnitt 1,3 Kinder, aber jedes Kind hat im Schnitt 1,0 Mütter. Die Kinder sind bei der Geburt immer gleich alt, aber die Mütter werden immer älter. Dafür werden die Kinder heutzutage auch immer älter, aber eben ohne Kinder. Und wenn die Eltern schon keine Kinder haben, sieht es für die Enkelgeneration ganz schlecht aus. Ein echter Milchmädchen-Komplott.

Wenn heute eine ganze Generation keine Kinder mehr will, dann setzt sie eigentlich nur um, was ihr ihre Eltern immer gesagt haben: «Ihr sollt es doch einmal besser haben als wir.» Eine ganze Generation hat in der «Bravo» alles über Verhütung gelernt und wendet es auch noch an! Das hatte sich die Evolution anders vorgestellt.

Wo bleibt da das Glück? Laut Studien gibt es im Glück der Paare keinen Pillen-, sondern im Gegenteil einen Säuglings- und Pubertätsknick. Während das Kind in den Windeln liegt, liegt die Beziehung meist im Argen. Und wenn die Kinder flügge werden und drohen, das Haus zu verlassen, versuchen viele Ehepartner, ihnen dabei zuvorzukommen.

Frauen würden laut anonymen Befragungen lieber einkaufen, telefonieren oder Zwiebeln schneiden, als auf ihre kleinen Glücksbringer aufzupassen. Aber untereinander bestätigt man sich immer, wie toll es ist und wie viel man ja von den

Kindern «zurückbekommt». «Die Pflicht, uns um unsere Kinder zu kümmern, ist vor langer Zeit in unsere Gene geschrieben worden», sagt Daniel Gilbert, der Autor von «Ins Glück stolpern». «Also plagen wir uns, verlieren Schlaf und Haare, spielen Krankenschwester, Chauffeur und Koch, weil die Natur es von uns verlangt.» Gilbert vergleicht Eltern mit Junkies, die auch für ihr «Glück» auf vieles verzichten: Arbeit, Freunde und vor allem Sex. Und wenn wir so einen hohen Preis zahlen, macht es Sinn, wenigstens so zu tun, als hätte sich die «Anschaffung» gelohnt. Und so reden wir uns gerne ein, unsere Kinder würden uns mit Glück belohnen. Ist das also alles nur eine große Illusion?

Kinder bringen den Eltern wirklich messbare Vorteile: Kinderlose leben sehr viel ungesünder, konsumieren mehr Alkohol und Nikotin und sterben entsprechend öfter an Krebs und Infarkten. Kinder erziehen ihre Eltern offenbar zu einem gesünderen Lebensstil. Weil man ja plötzlich Vorbild ist und die Antwort auf die Frage kennt: «Von wem hat Ihr Kind das eigentlich?»

Kinder strukturieren den Alltag, sie bringen einen zwar zum Wahnsinn, aber nehmen einem auch genau die Zeit, die man bräuchte, um sich erstens darüber klar und anschließend darüber trübsinnig zu werden. Plötzlich sind die eigenen Befindlichkeiten nicht mehr das zentrale Thema, sondern die Befindlichkeit des Balges. Und das erleben viele als echte Befreiung: Unter dem eigenen Nabel ist etwas herangewachsen, das den Blick vom eigenen Nabel weglenkt, das mit der Fruchtblase auch das Ego platzen lässt. Dieser Altruismus lässt einen vielleicht schneller ergrauen, aber auf eine Art auch jünger bleiben als die ewig jugendlichen Kinderlosen, die immer versuchen, in zwei Generationen gleichzeitig zu leben und mit schütter werdendem Haar und Turnschuhen ihren eigenen Nachwuchs darzustellen.

In der Kabarett- und Comedyszene beobachte ich immer wieder, wie lange über nervige Kinder und ihre stillblöden Mütter und verzärtelten Väter gelästert wird – bis die Kollegen selbst

Kinder bekommen und plötzlich kein anderes Thema mehr kennen. Und auf ihrem coolen iPhone den Touchscreen küssen, weil darauf gerade ein Clip läuft, wie ihr süßer Fratz das Laufen lernt. Atze Schröder bringt es in «Mutterschutz» auf den Punkt: «Ich kann noch so einen geilen Porsche haben, er wird nie an einem Sonntagmorgen an meinem Bett stehen und sagen: ‹Papa, ich liebe dich.›» Und da würde mir auch das Herz schmelzen, aber vielleicht nicht um 6 Uhr 30.

Für ein weiteres, möglicherweise unterbewertetes Glücksgefühl von Eltern gibt es sogar ein eigenes jiddisches Wort: «Nachas». Ein kultur- und generationenübergreifendes Gefühl von Stolz auf den eigenen Nachwuchs, ein Erleben, dass einem die Kinder nicht allein gehören, dass sie ein Geschenk, ein Segen sind, für uns und für die Welt. Was man selbst nicht geschafft hat, wird als Aufgabe weitergegeben, ein Teil von einem lebt weiter und im günstigen Fall sogar der bessere. Und diese Freude ist schwer zu messen, zu beschreiben, geschweige denn nachzuempfinden. Eine Mutter wird gefragt: «Wie alt sind denn Ihre Kinder?» – «Der Arzt wird jetzt drei, und der Jurist geht schon in die erste Klasse.»

«… als die neue Wohnung eingerichtet und ich wieder Single war.»

«… als die Knitterfalte im Gesicht verschwunden war (nach nur drei Stunden im Bad).»

«… als ich mich gegen die anderen Spermien durchgesetzt habe.»

«… als ich gestern Morgen feststellte, dass meine Freundin mir noch einen Kaffeefilter übrig gelassen hatte.»

*Mit richtig guten Freunden kann man offen reden.
Muss man aber nicht.*

Rote Kringel und Bekanntenkreise

Bevor man versucht, seine Feinde zu lieben, kann man versuchen, seine Freunde besser zu behandeln.

Mark Twain

Wenn ich nur eine Idee aus der ganzen Recherche über Glück auf eine einsame Insel mitnehmen dürfte: Ich würde die Idee zu Hause lassen und einen Freund mitnehmen. Freunde sind die größten Glücksbringer! Wenige Befunde sind so universell richtig, so interkulturell gültig und immer wieder in Studien bestätigt wie dieser. Gute Freunde sind das Wichtigste für ein gutes Leben. Es hat noch nie jemand am Ende seiner Tage gesagt: Ich hätte mehr Zeit im Büro verbringen sollen. Alle sind sich, wenn es hart auf hart kommt, einig: Was zählt, sind die Beziehungen, die Menschen, die Herzen.

Das mag banal klingen, aber mal ehrlich – die meiste Zeit am Tag verbringen wir mit Menschen, die wir uns nicht selbst aussuchen. Das fängt schon ganz früh an: Die Eltern können wir uns nicht aussuchen, die Geschwister auch nicht. Später werden uns Kollegen vor die Nase gesetzt. Und wer den ganzen Tag befremdet entfremdeter Arbeit unter Fremden nachgeht, kommt irgendwann nach Hause und weiß gar nicht mehr: Hab ich mir das eigentlich selbst ausgesucht?

Freunde werden uns nicht in die Wiege gelegt, aber in den Sand gesetzt. Haben Sie noch «Sandkastenfreundschaften»? Oder haben die sich im Sande verlaufen? Zum Schwarm meiner frühesten Jugend habe ich leider keinen Kontakt mehr.

Ach, damals hatte baggern noch eine ganz andere Bedeutung!

Verrückterweise sind Freundschaften oft zufällig, was eine Studie an der Uni Leipzig zeigte. Den neuen Studenten wurden Sitzplätze in einem Raum zugewiesen. Nach einem Jahr wurden sie nach ihren Freunden befragt – und es zeigte sich: Diejenigen, die zufällig nebeneinandergesetzt wurden oder auch nur in der gleichen Reihe gesessen hatten, waren auch stärker miteinander befreundet. «In gewisser Weise lässt sich die Wahl unserer Freunde also tatsächlich per Los bestimmen», erklärte die Studienleiterin. Manchmal entstand natürlich per Los auch nur eine lose Bekanntschaft.

Mein heute immer noch bester Freund setzte sich vor 20 Jahren im Sezierkurs neben mich. Und seitdem sind wir unzertrennlich. Das ist kein Einzelfall. Unser Anatomieprofessor erzählte gerne und ganz stolz, dass er seine Frau im Präparierkurs kennengelernt hat. Ich fragte mich immer: Sind viele Leichen im gekühlten Keller ein solides Fundament für eine Beziehung? Offenbar ist das weniger abwegig, als es klingt. Denn siehe da: Mitten im Tod sind wir vom Leben umfangen! Gemeinsame positive Erlebnisse, aber besonders gemeinsame Anstrengungen, Bedrohungen und Stresssituationen schweißen einen zusammen. Ob man sich im Studium oder auf einer Fahrradtour gemeinsam abstrampelt, Schweiß ist ein guter Kitt, wenn Freundschaften halten sollen. Notfalls tut es auch der Saunaclub.

Bewiesen wurde dies mit einem klassischen Experiment der Sozialpsychologie: Wer sich auf einer Hängebrücke kennenlernt, bleibt deutlich häufiger in Verbindung, als wer sich auf dem Parkplatz neben der Hängebrücke kennenlernt. Das gemeinsam durchstandene Wackeln ist eine solide Grundlage. Wenn noch gemeinsame Interessen dazukommen, ist das umso besser.

Feste Freunde sind nicht alles, auch die losen Bekannten ziehen verblüffende Kreise. Fragen Sie doch mal den Besitzer Ihrer Pommesbude: «Sind (beziehungsweise waren) Sie auch

mit Marlon Brando befreundet?» Genau das taten Redakteure der «ZEIT» 1999 und überprüften eine Theorie des amerikanischen Sozialpsychologen Stanley Milgram. Der hatte bereits in den 60er Jahren behauptet, dass jeder Mensch mit jedem anderen über nur sechs Zwischenstationen in Kontakt steht. Damals war seine «Small world»-Idee schwer zu überprüfen, aber dank der globalisierten Kommunikation bestätigte sich: Die Welt ist ein Dorf. Und indirekt war der Frittenbrater auch mit Marlon Brando befreundet, eben nicht direkt, aber über sechs Ecken.
Im Internetzeitalter funktioniert «Networking» noch viel leichter. Eine Studie überprüfte die Milgram-Idee vor kurzem. Die Teilnehmer der Studie sollten eine E-Mail versenden und so oft weiterleiten, bis diese bei einer bestimmten – zuvor festgelegten – Person landete. Eine dieser E-Mail-Ketten nahm ihren Ursprung in Eastbourne (Großbritannien) und sollte an Olga aus Nowosibirsk gelangen. Ein britischer Offizier sandte die Nachricht zu einem Onkel im ugandischen Kampala, von wo aus sie zu dessen Internetfreundin Karina nach Moskau gelangte. Karina war mit Zinerva aus Nowosibirsk zur Schule gegangen, wohin sie die E-Mail weiterleitete. Zinerva wiederum hatte mit dem «Zielobjekt» Olga studiert, die ebenfalls in Nowosibirsk wohnte, und beendete die Kette, indem sie die Nachricht zum letzten Mal weiterschickte. Die Studienergebnisse bestätigten Milgrams Pioniertat und wurden im Fachblatt «Science» veröffentlicht: Im Durchschnitt waren in der Tat nur sechs Weiterleitungen nötig, um den Empfänger zu erreichen.
Nicht jeder kennt jeden. Aber jeder kennt einen, der jemanden kennt. Ein echter Freundeskreis ist natürlich etwas anderes als ein virtueller. Heutzutage fallen uns die Menschen ohne Netzanschluss noch leichter durch die Maschen, aber das Internet hat den revolutionären Vorteil: Geistige Nähe hat räumliche Nähe als Kriterium abgelöst.
Ich wurde einmal für ein Schwulenmagazin zum Thema Glück interviewt. Der Reporter wollte wissen, ob ich es nicht

Glück ist ansteckend*
und breitet sich in Netzwerken aus

WIE VERSPONNEN IST IHR GLÜCKSNETZ?

1. Nähe: Tragen Sie die Namen Ihrer Familienmitglieder, Freunde und Bekannten in gefühlter Nähe zu sich ein.

2. Energie: Wer strahlt was aus? Markieren Sie mit den Symbolen, wer die Glückskinder, die Sonnenscheine, die Spaßbremsen sind. Wo gibt es in Ihrem Umfeld ansteckend glückliche Menschen?

3. Beziehungsgeflecht: Wer kennt wen? Machen Sie mit dicken oder dünnen Linien die Wirkung untereinander deutlich. Wie verbreiten sich Launen und Lächeln? Wo fangen Sie sich Ihr Glück ein? Wen stecken Sie an? Welchen Kontakt möchten Sie intensivieren?

ICH

◉ ... *Sonnenschein*　　● ... *Spaßbremse*
● ... *Glücksbringer*　　◉ ... *Schwarzes Loch*

*Hochwissenschaftlich publiziert: BMJ 2008; 337; a2338, James H. Fowler and Nicholas A. Christakis: Dynamic spread of happiness in a large social network: longitudinal analysis over 20 years in the Framingham Heart Study Aber kein Stress! Tragen Sie erst mal Ihr eigenes Netzwerk ein und untersuchen Sie, wie Ihr Glück sich ausbreitet!

auch schlimm fände, dass Schwule nicht in ihrem Heimatdorf bleiben könnten, sondern in die Städte gingen und dort «ghettoisiert» würden. Da konnte ich mir den Kommentar nicht verkneifen, dass dies kein spezielles Problem der sexuellen Orientierung sei. «Wenn Sie sich für Oper interessieren, Wolkenkratzer mögen oder einen IQ über 130 haben, müssen Sie auch vom Dorf in die Stadt und werden ‹ghettoisiert›.» Komisch, dieser Teil des Interviews wurde nie gedruckt.
Im globalen Dorf kann jeder wieder bleiben, wo er ist. Die Communitys bilden sich virtuell. Für jedes noch so spezielle Interesse kann ich jetzt interaktiv aktiv werden. Das ist genial und eine der größten sozialen Veränderungen in unserer Entwicklungsgeschichte. Nur dürfen wir vor dem Bildschirm nicht blind werden für das, was räumliche Nähe eben doch charmant macht.
Ein echter Kumpel, ein Kum-Pane, ist der, mit dem ich nicht nur Interessen, sondern auch das Brot (lat. panis) teile. Weil ich ihn so gut kenne, dass ich ihm vertraue und weiß: Wenn ich ihm heute Brot gebe, wird er mir Brot geben, wenn ich mal keins habe. Männerfreundschaften werden bis heute mit Brot besiegelt, in seiner flüssigen Form, was noch einen anderen, tieferen Sinn hat. Wer ein Arschloch ist, kann sich nüchtern noch verstellen, aber wenn der Alkohol die Zunge löst, kommt die Wahrheit zutage. Die scheinbar belanglosen Unterhaltungen vertiefen Vertrauen und Gruppenzusammenhalt. Das gilt in der Kneipe wie im Netz. Keiner gibt gerne zu, zu tratschen oder zu lästern, aber nichts läuft so schnell um die Welt wie Gerüchte. Doch geht es mir wirklich besser, wenn ich weiß, wie Madonna sich um ihre Kinder kümmert oder mit wem Boris jetzt gesichtet wurde? Darüber wird gechattet und gebloggt, als handelte es sich wirklich um unsere Nachbarn und Bekannten.
Die spannendste Frage ist: Wem kann ich vertrauen? Wir formen Gruppen aus einem tiefen evolutionären Grund: Wir überleben besser in Gemeinschaft als allein. Das gilt vor allem für Kleinkinder und Männer, die auf sich gestellt hilflos sind.

Es gibt Gruppen, die sich für eine konkrete Aufgabe zusammentun oder geformt werden. Zum Übernachten in der winterlichen Höhle damals wie heute oder um einen Karren aus dem Dreck zu ziehen. Bei einem großen Wirbelsturm blieb mein Zug einmal stehen, mitten in der Pampa – und es stand auch fest, dass es über mehrere Stunden nicht weitergehen würde. Weder aussteigen noch meckern half, das war jedem klar. Plötzlich ergaben sich zwischen lauter Fremden im Abteil Gespräche, Essen wurde geteilt – und es wurde viel gelacht. Aber zu keinem habe ich heute noch Kontakt. Mit dem Problem löst sich auch die Gruppe auf.

Freunde fürs Leben zu finden wird schwieriger, je länger man lebt. Der große Wert besteht ja gerade in der Geschichte, die man gemeinsam erlebt hat, Zeit, die man zusammen verbracht hat, und im gegenseitigen Erinnern an die Höhen und Tiefen. Freunde kennen uns im besten Fall besser als wir uns selbst. Und sie glauben noch an uns, wenn wir es schon längst nicht mehr tun. Ein Hauch Poesiealbumssentimentalität darf in diesem Kapitel sein. Achtung, festhalten:

«Ein Freund ist einer, der die Melodie in deinem Herzen kennt. Und sie dir vorspielt, wenn du sie selbst vergessen hast.»

Das Leben ist eine Schicksalsgemeinschaft. Und wenn ich Einfluss darauf habe, gilt die goldene Regel: Umgib dich mit Menschen, die dir Gutes wollen und guttun. Ob Sandkasten, Faustkeil oder Blackberry, vielleicht ist das ja eine Idee: Pflege im elektronischen Zeitalter die Freundschaften, mit denen du auch ohne Internet Kontakt halten würdest und die du schon mal gesehen hast.

Die Freunde, die man von früher kennt, würde man heute nicht mehr kennenlernen. Das macht sie so kostbar. Weil sie uns von früher kennen und nicht auf alles reinfallen, was wir uns selbst heute vormachen. Dafür erzählen wir uns untereinander auch mal Dinge, auf die wir nicht stolz sind. Wer solche Menschen hat, darf darauf schon mal stolz sein.

Richard Tunney befragte 1760 Menschen in England nach ihren Freunden und ihrer Zufriedenheit mit dem Leben. Je mehr alte Freunde jemand hatte, desto zufriedener war er. Diejenigen, die sehr glücklich mit ihrem Leben waren, hatten doppelt so viele Freunde wie die sehr Unzufriedenen. Es ist doch schön, wenn man wissenschaftlich beweisen kann, was man schon lange wusste. Freunde sind Menschen, die dich mögen, obwohl sie dich kennen. Und wenn Sie nicht wissen, wo Sie anfangen sollen: Mit sich selbst befreundet zu sein ist ein guter Start.

> ### Rote-Kringel-Übung
> 1. Machen Sie Ihr Adressbuch auf, notfalls auch in Gedanken. Wer sind Ihre besten Freunde? Mit wem können Sie gemeinsam lachen, weinen und auch schweigen?
> 2. Machen Sie einen roten Kringel um diese Namen. Das müssen gar nicht viele sein. Wenn Sie unsicher sind, wer einen Kringel verdient hat, stellen Sie sich vor, Sie würden dort anrufen. Würde Ihnen auch der Anrufbeantworter reichen? Dann ist das schnell klar …
> 3. Diese roten Kringel sind Ihre größten Glücksbringer und Schätze. Wie oft treffen Sie diese Menschen eigentlich? Oft sind es dummerweise genau diejenigen, die einem verzeihen, wenn man kurzfristig Treffen absagt oder verschiebt. Deshalb trifft man so oft die anderen aus dem Adressbuch, die ohne roten Kringel, bei denen das Absagen sich wirklich lohnen würde, aber man sich nicht traut. Das geht bis hin zu sogenannten Pflichtbesuchen und Pflichteinladungen, wo man sich am Abend fragt, warum haben wir diese Leute eingeladen?

Und denken Sie daran: Es gibt Naturtalente, die verbreiten gute Laune, egal wo sie hinkommen. Und es gibt andere Naturtalente, die verbreiten gute Laune, egal wo sie weggehen.

Glück in der Liebe

Er: Was wünschst du dir zu Weihnachten?
Sie: Wenn ich ehrlich bin – die Scheidung!
Er: Wenn ich ehrlich bin – so viel wollte ich
nicht ausgeben.

Verheiratete Menschen sind glücklicher als unverheiratete. Aber jetzt wird es unromantisch: Das liegt an einer statistischen Verzerrung. Erstens will die durchweg Unglücklichen ja auch keiner heiraten. Zweitens geht die gehobene Stimmungslage nach zwei Jahren vorbei, beginnt dafür aber schon ein Jahr VOR der Ehe. Aber das ist nur Statistik. Das eigene Leben kennt keinen Mittelwert, sondern Hochs und Tiefs. So ist auch innerhalb einer Ehe das Glück unterschiedlich verteilt: Viele Frauen sind neidisch auf ihren Mann, weil der so glücklich verheiratet ist!
«Heirate oder heirate nicht – du wirst es bereuen!» Das hat Sokrates gesagt. Oder war es Franz Beckenbauer? Die meisten großen Denker waren höchst skeptisch, was die Ehe anging: von den Griechen, die sich lieber von Knaben inspirieren ließen, über Nietzsches Diktum «Gehst du zum Weibe, vergiss die Peitsche nicht» bis zu Schopenhauer: «Glück ist Unglück, das man nicht hat.» Das ist so lebensbejahend, wie zu sagen: Ich hab zwar keine Freunde, aber dafür kenne ich auch noch nicht alle, die ich nicht leiden kann. Schaut man sich die konkreten Leben der großen Denker an, fragt man sich, warum ausgerechnet diese frustrierten, neurotischen und beziehungsunfähigen alten Säcke für das gute Leben als Vor-Denker taugen sollen, wo sie als Vor-Bilder komplett versagt

haben. Freud meinte, «dass der Mensch glücklich sei, ist im Plan der Schöpfung nicht vorgesehen». Er schrieb dies im Erschöpfungszustand seiner Kokainabhängigkeit. Schopenhauer war zerfressen von Ehrgeiz. Nietzsche wiederum hatte sich beim Weibe eine fiese Infektion geholt und hätte besser statt der Peitsche ein Kondom dabeigehabt.

Philosophen haben das gleiche Problem wie Journalisten: Wer schreibt: «Das Leben ist im Großen und Ganzen eigentlich gar nicht so schlecht», gewinnt damit weder Blumentöpfe noch Lehrstühle. Deshalb halten sich Denker wie Blattmacher an die fünf großen journalistischen «W»: «Wow!», «Wumm!», «Wahnsinn!», «Warum nicht?» und «Was soll's!».

Sosehr die Philosophen das Problematische der Liebe überbetonen, vertonen Schlagersänger und Dichter bevorzugt eine Idee: Es gibt den einen Partner, die große Liebe. Wir müssen sie nur finden, ihr einmal in die Augen schauen, und den Rest des Lebens sind wir unvermeidlich glücklich. Aber finde mal den EINEN unter sechs Milliarden Menschen. Am besten noch innerhalb der ersten 80 Jahre, damit man ein bisschen was voneinander hat. Was machen die meisten daraus? Festhalten, was man hat, und heimlich weitersuchen. Keine echte Glücksstrategie.

Als ideales Liebespaar gelten Romeo und Julia – weil sie es so schwer hatten und für die große Liebe in den Tod gingen. Böse Zungen könnten behaupten: Sie hatten es leicht, sie mussten es ja nie ernsthaft miteinander versuchen. Tristan und Isolde setzten die falschen Signale und Segel. Ewig schmachtend, stets unterwegs, bekamen sie sich nie und konnten sich erst im Tode vereinen. Nennen Sie mich unromantisch – aber ich vereine mich auch ganz gerne lebendig.

Dramatisch verliebt sein ist schön. Aber nur für die Leute, die es gerade selbst sind. Für alle anderen drum herum ist es eher anstrengend. Pardon, aber Verliebtsein ist nicht Glück! Zu viele Menschen sind verliebt in das Gefühl des Verliebtseins, in den Rausch, in die Ekstase, wobei das Gegenüber eine verschwindende Rolle spielt. Manche sind auch schon sooo was von verliebt in sich, dass man von Glück reden kann, dass sie sich überhaupt selbst begegnet sind. Nicht auszudenken, sie wären jemand anderes! Hölle, Hölle, Hölle.

Das Hirn bei Frischverliebten ähnelt in der Röntgenröhre dem von Zwangsgestörten. Alle Gedanken werden wahnhaft mit dem Objekt der Begierde verknüpft. Verliebte sagen Sätze wie: «Schau mal, hier fährt ein rotes Auto, mein Schatz fährt auch ein rotes Auto, und wenn eins vorbeikommt, dann soll mir das sagen, dass er gerade an mich denkt!» Dafür kann man in der Klinik schon mal fünf Milligramm Haldol bekommen, um das Denken wieder geradezurücken. Aber das macht weder in noch außerhalb der Klinik jemand, denn jeder Arzt und Laie weiß: Es dauert nicht lange und geht auch von ganz allein vorbei.

Ein Freund von mir schickte plötzlich total verknallt seiner So-was-wie-du-ist-noch-nie-Dagewesenen 500 SMS an einem Tag. Alle auf ein Handy! Das erinnert an das Mengenverhältnis von Samenzellen zu Eizelle. Da braucht es auch eigentlich nur eine, die sagt: «Ich liebe dich, ich will ein Kind mit dir» – aber sicherheitshalber schwimmen mal ein paar mehr mit, für den Fall, dass der erste Botschafter es nicht so bringt. Die beiden haben tatsächlich sofort ein Kind bekommen, leben zusammen, und heute muss er mehrere Tage sammeln, um genug Zeichen für eine neue SMS zusammenzubekommen. Denn das meiste ist schon gesagt. Wahrscheinlich wissen Mobilfunkanbieter viel mehr über den zeitlichen Verlauf von Verliebtheitsphasen als Psychologen.

Andererseits: Würde man immer mit der Fortpflanzung warten, bis man sich gut kennt, wären wir schon längst ausgestorben. Nach einem Jahr denkt der Mann heimlich: «Ist das wirklich das Gesicht, neben dem ich den Rest meiner Tage aufwachen will? Dieses eine Kinn, auch wenn es nicht mehr nur eins ist?» Und die Frau denkt: «Ist das wirklich der Typ, der später mal meine Kinder jedes zweite Wochenende sehen darf?»

90 Prozent der Boulevardnachrichten berichten, wer sich ver-

liebt und wer sich getrennt hat. Das ist doch schrecklich banal. Warum soll mich das interessieren? Warum gibt es kein «People»-Magazin über Leute, die noch zusammen sind? In dem nur Geschichten erzählt werden, die zeigen, wie man es schaffen kann, der Romantikfalle zu entfliehen, ohne gleich das ganze Porzellan zu zerschmeißen? Ich plädiere für einen Grand Prix, bei dem nur Lieder über stabile Beziehungen zugelassen sind. Statt «Wo bist du?» ein «Alltag heute», statt «Yesterday» ein «Everyday», statt «Als ich dich das erste Mal sah!» ein «Was guckst du so?».

Das fände ich wirklich romantisch. Denn zwischen Verliebtheit und Ernüchterung gibt es noch etwas – die kameradschaftliche Liebe. Sie ist an den Augenbewegungen zu erkennen. Sich nicht wie die Verliebten nur in die Augen sehen. Auch nicht wie die Ernüchterten nach allen anderen Seiten umsehen, sondern gemeinsam in eine Richtung sehen. Am besten parallel. Denn Parallelen schneiden sich bekanntlich im Unendlichen, manchmal auch schon vorher.

Im wirklichen Leben gibt es kaum etwas Schöneres, als Dinge miteinander zu teilen. Wenn man als Mann nicht mehr alles weiß, was man schon mal Blödes gesagt oder getan hat, weiß man nach der Hochzeit immer, wen man danach fragen kann.

Und Freunde bleiben kann man auch, ohne sich zu trennen! Nichts gegen Leidenschaft, gerne als Starthilfe, aber doch nicht als Fundament einer Beziehung. Wenn man sich immer noch leiden kann nach vier Stunden im Stau, in den 15 Minuten VOR dem Aufstehen und die erste halbe Stunde nach einem 14-Stunden-Arbeitstag – dann kommt das der wahren Liebe, wie ich sie mir wünsche, schon ziemlich nah.

Was haben das verflixte siebte Jahr und Freitag, der 13., gemeinsam? Viele fürchten sich vor diesen magischen Daten, aber die Statistik und die eigene Erfahrung beweisen, dass das unnötig ist. Paare trennen sich viel häufiger im vierten Jahr als im siebten. In der heutigen Zeit gelten andere Rhythmen. Das moderne Fernbeziehungspaar, das sich nur einen Tag am

Wochenende sieht, erreicht das verflixte siebte Jahr rein rechnerisch also erst nach 49 Jahren.

Ich habe mal ein Ehepaar gefragt, wie sie 30 Jahre lang glücklich verheiratet bleiben konnten: «Wir pflegen gezielt kleine Rituale. Wir gehen regelmäßig in das Restaurant, in dem wir uns kennengelernt haben. Dort gibt es gutes Essen, Kerzenlicht, Pianomusik … Ich gehe immer dienstags, er geht donnerstags.»

Robbie Williams hat neulich in einem Interview zugegeben, wie ihn das belastet, dieses ganze Geld, die ganzen Frauen. Er hat es wirklich schwer. Welcher Mann möchte da schon mit ihm tauschen? Ich glaube – jeder.

Tauschen

Manchmal möchte ich ganz einfach tauschen
Popstar, für einen Tag
Auf der Bühne ein Tier
Girlies kreischen nach mir
Aber was, wenn ich Fanpost nicht mag?

Manchmal möchte ich ganz
    einfach tauschen
Postbote, für einen Tag
Flanieren im Hellen
Jede Einfahrt – zustellen
Aber was, wenn ich Hunde nicht mag?

Manchmal möchte ich ganz einfach tauschen
Hund sein, für einen Tag
Markier das Gemäuer
Herrchen zahlt Steuer
Aber was, wenn ich Frauchen nicht mag?

Manchmal möchte ich ganz einfach tauschen
Frau sein, für einen Tag
Orgiastisch zu lieben
Kinder zu kriegen
Aber was, wenn ich Männer nicht mag?

Manchmal möchte ich ganz einfach tauschen
Ich selbst sein, für einen Tag
Niemand anders sein wollen
Hier und jetzt, aus dem Vollen
Aber was, wenn ich mich dann nicht mag?

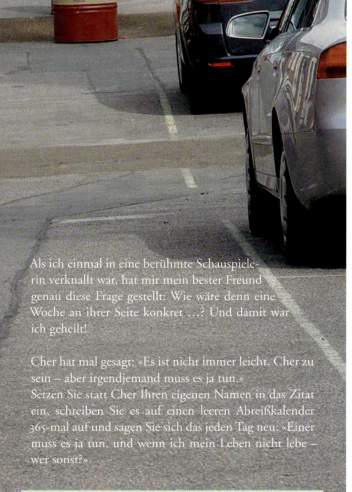

Als ich einmal in eine berühmte Schauspielerin verknallt war, hat mir mein bester Freund genau diese Frage gestellt: Wie wäre denn eine Woche an ihrer Seite konkret …? Und damit war ich geheilt!

Cher hat mal gesagt: «Es ist nicht immer leicht, Cher zu sein – aber irgendjemand muss es ja tun.» Setzen Sie statt Cher Ihren eigenen Namen in das Zitat ein, schreiben Sie es auf einen leeren Abreißkalender 365-mal auf und sagen Sie sich das jeden Tag neu: «Einer muss es ja tun, und wenn ich mein Leben nicht lebe – wer sonst?»

> ÜBUNG: Statt es sich zu verbieten, spielen Sie wirklich einmal konkret durch, mit wem Sie gerne tauschen würden. Wie Ihr Leben dann Tag für Tag aussähe, welche Freuden, welche Probleme, welche Erwartungen, welche Enttäuschungen, welche Chancen und welche Gefahren das bedeuten würde. Und ohne Ihnen das Ergebnis vorwegnehmen zu wollen, mich macht diese Übung immer wieder auf eine seltsame Art zufrieden.

DES ZUFALLS

engl.: luck oder serendipity
Fortuna, günstige Gelegenheiten,
lustige Begegnungen, Fundstücke.
Der Groschen auf der Straße.
Sehen, ergreifen, freuen.

Kapitel 2:
Glück kommt selten allein –
es kommt mit dem Zufall

Schnappschuss: drei Fliegen mit einer Klappe. Können Insekten lesen? Oder ist es wirklich Zufall, dass die Fliege auf genau diesem Namensschild landete?

Die Glücksgöttin mit der verunglückten Frisur

Eine Antwort steht beim Quiz schon fest:
Wer wird Millionär? Günther Jauch!
Hagen Rether

Kennen Sie jemanden, der am selben Tag Geburtstag hat wie Sie? Was für ein Zufall! Na ja, ob das ein großer Zufall ist, hängt stark davon ab, wie viele Leute Sie kennen. Auf einer Party, auf der über 22 Menschen sind, ist die Chance, dass davon zwei Menschen am gleichen Tag geboren sind, schon höher als die, dass es kein Geburtstagspärchen gibt. Gefühlt hätten wir bei 365 Tagen im Jahr gedacht, dass man für eine 50-50-Chance 182,5 Menschen braucht. Wenn Sie das genauer wissen wollen, fragen Sie meine Schwester, die Mathelehrerin. Die meisten Menschen finden Wahrscheinlichkeitsrechnung unwahrscheinlich unlogisch. Unser Hirn auch, es hat dafür keinen Sinn. Hauptsache, Party!

Auf einem Kreuzfahrtschiff beobachtete ich ein faszinierendes Ritual. Es gab einen großen Speisesaal mit Livemusik. Immer wenn jemand Geburtstag hatte, spielte die Band dem Geburtstagskind an seinem Esstisch ein Ständchen. Eine schöne Geste, und alle freuten sich. Was daran am meisten beeindruckte, war, mit welcher Ernsthaftigkeit die Band das Gefühl verbreitete, es handele sich um etwas ganz Spezielles nur für das Geburtstagskind. Aber, wenn auf einem Schiff deutlich mehr als 365 Menschen mitfahren, wie erstaunlich ist es wirklich, dass jeden Tag irgendjemand davon Geburtstag hat?

Hat Sie schon einmal eine Taube mit ihrem Darminhalt getroffen? Ja? Jetzt würde ich Sie gerne mit einem therapeutischen einfühlsamen Ton fragen: Und – wie fühlten Sie sich dabei? Der Glückscoach könnte auch sagen: Gut, dass Sie in dem Moment nicht hochgeschaut haben, so was kann auch mal ins Auge gehen. Aber zu solcher Selbstironie wäre ich als Betroffener nicht fähig. Ich würde mich im wahrsten Sinne «beschissen» fühlen, und zwar nicht nur von der Taube, sondern von der ganzen Welt. Wir unterstellen der Taube und der ganzen Welt eine böse Absicht. Dabei ist weder die Taube noch die Welt grundsätzlich gut – oder bösartig. Der Darminhalt der Taube und die Wahrscheinlichkeit, dass dieser uns trifft, folgen einfach dem natürlichen Lauf der Dinge. Tauben haben ein Spatzenhirn und zielen nicht beim Entleeren. Es ist purer Zufall, wen es trifft. Wenn Sie davon verschont bleiben wollen, nehmen Sie am besten auch bei Sonnenschein einen Regenschirm mit, falls Sie in Venedig auf den Markusplatz gehen.

Die alten Römer hatten für den Zufall die Göttin Fortuna. Sie hatte eine seltsame Frisur, ihr Hinterhaupt war kahl. Ihre Haare waren nach vorne gerichtet. Was für ein schönes Bild für den Zufall: Wenn eine günstige Gelegenheit auftaucht, dann müssen wir sie «am Schopfe packen», sonst ist sie vorbei. Und wenn wir sie nicht ergreifen und die Gelegenheit und Fortuna an uns vorbei sind, dann greifen wir ins Leere. Ältere Männer erinnern sich offenbar oft an das Bild von Fortuna. Sie kämmen ihre letzten Haare von hinten nach vorn und denken: So sieht das Glück aus!

Der Name der Glücksgöttin spielt im Englischen und Französischen noch eine Rolle. «To make a fortune» heißt sehr viel Geld machen, so unanständig viel, dass klar ist, es hat nicht nur mit Leistung, sondern mit viel Glück zu tun. «La fortune» ist für die Franzosen eine günstige Fügung. Sie bekommen zum Beispiel in der Pariser U-Bahn einen Sitzplatz. Das Gegenteil von Fortune ist, wenn ein Pariser nicht sitzt oder platzt.

GLÜCKSTIPPS FÜR DEN UMGANG MIT DEM ZUFALL

«Zufall» klingt schnell nach Glück- oder Pechhaben. Beim Roulettespiel machen wir uns gerne vor, wir könnten den Lauf der Kugel durch unsere Gedanken beeinflussen, und sind enttäuscht, wenn die Kugel sich doch anders «entscheidet». Dann tröstet es uns, zu wissen, dass es Zufall war. Wenn jemand bei Günther Jauch eine Million gewinnt, sehen wir das auch gerne als Zufall und sagen uns neidvoll: Der hatte nur Glück, dass er so leichte Fragen bekam. Aber kaum wären wir der Kandidat bei «Wer wird Millionär?», hätten wir garantiert schon in der ersten Runde Pech und bekämen eine Frage, deren Antwort man gar nicht wissen kann! Beim Zufall stellen wir oft die falsche Frage. Es ist klar, wer beim Roulette gewinnt – die Bank. Wenn wir Menschen um ihr «unverdientes Glück» und ihren Verdienst beneiden, lohnt sich ein zweiter Blick: Wie ist es wirklich dazu gekommen?

Wenn Bekannte in eine tolle Wohnung umziehen und man sie fragt: «Wie habt ihr die denn gefunden?», heißt es gerne: «Purer Zufall.» Glauben Sie denen nicht, die haben danach gesucht. Und das auch nicht allein. Sie haben jedem, den sie im letzten halben Jahr gesprochen haben, davon erzählt. Und dass irgendjemand irgendetwas hört, ist dann kein purer Zufall mehr.

Wir können Fortuna Arbeit abnehmen und sie gnädig stimmen. Wenn wir einen Herzenswunsch haben, lernen wir schon als Kinder beim Anblick einer Sternschnuppe genau das Falsche. Wir dürfen nicht darüber reden, sonst geht es nicht in Erfüllung. Wenn ein Wunsch, zu dem andere etwas beitragen können, in Erfüllung gehen soll, dann ist das Beste, was man tun kann, allen davon zu erzählen! Das gilt auch für Gespräche mit dem Weihnachtsmann und dem Partner. Wenn man eine Sternschnuppe sehen will, hilft es außerdem, in den Himmel zu schauen. Am besten, wenn es dunkel ist und sternenklar und im August!

Und wenn der Zufall wie ein Stern vom Himmel fällt, muss er gar nicht direkt in meiner Nähe landen. Es kann gerne Zufall sein, wo er genau landet, wenn es nur in meinem Glücksnetzwerk ist. So wie eine Spinne auch nicht wissen muss, wo genau die Fliege landen wird, spinnt sie ihr Netz. Je mehr Knoten und Anknüpfungspunkte mit allem Drumherum sie bildet, desto größer wird die Wahrscheinlichkeit, das zu bekommen, was sie will.

Wir können das Glück nicht zwingen, aber wir müssen es ihm und uns auch nicht unnötig schwer machen. Wenn Sie einen Partner suchen, müssen Sie nicht auf jede Party rennen – aber es könnte helfen, ab und an die Wohnung zu verlassen. Es sei denn, Sie stehen auf Postboten und Zeugen Jehovas.

Dazu der schönste jüdische Witz, den ich kenne:

Moshe hadert mit Gott, der Welt und dem Schicksal. Er geht zum Beten in die Wüste und klagt Gott sein Leid: «Herr, warum bist du so grausam? Ich war dir immer ein guter Diener. Alles hast du mir genommen. Wenn es dich gibt, zeig mir, dass du ein guter Gott bist, und lass mich einmal in der Lotterie gewinnen!»

Nichts passiert.

Am nächsten Tag betet Moshe wieder: «Herr, gib mir eine Chance, lass mich wenigstens einmal im Lotto gewinnen.»

Nichts passiert.

Er betet immer weiter, eine Woche, einen Monat, ein ganzes Jahr.

Als er nach einem Jahr wieder anfängt zu klagen: «Herr, gib mir eine Chance, lass mich im Lotto gewinnen», passiert ein Wunder: Der Himmel über ihm öffnet sich, und eine tiefe Stimme spricht: «Moshe, ich hab dein Klagelied ein Jahr lang anhören müssen. Jetzt, bitte, gib du mir eine Chance – und kauf dir endlich ein Los!»

«... als ich beim Suchtpräventionsquiz den 1. Preis gewonnen hatte, worauf ich auf der Wiesn mit 'ner frischen Maß angestoßen habe.»

«... als ich der 1 000 001. Kunde an der Kasse von Hugendubel war (der 1 000 000. gewann einen Audi TT und einen 10 000-Euro-Einkaufsgutschein). Dafür bin ich gesund.»

«... als ich um halb sechs Uhr morgens den Orion betrachtete und merkte, dass mein Hund das auch tat.»

Lerne Waldhorn

*Leben kann man nur vorwärts.
Verstehen kann man es nur rückwärts.
Søren Kierkegaard*

Mein Großvater hatte Humor. Die Wissenschaft weiß bisher wenig darüber, auf welchem Chromosom der Witz weitergegeben wird, aber zumindest auf mündlichem Wege wurde mir eine Geschichte von ihm «vererbt».
Mein Großvater und sein Wort galten in der Familie etwas. Und so suchte ihn mein Onkel kurz nach seinem Abitur auf, in der Hoffnung, von dem klugen Mann eine richtungsweisende Entscheidung für sein Leben zu erhalten. Lang und breit erläuterte mein Onkel meinem Großvater, welche Neigungen und Optionen er für sich sah: «Einerseits könnte ich der väterlichen Linie folgen und Forstwirtschaft studieren, aber andererseits reizt mich das Künstlerische, ich könnte auch Musik studieren etc. pp.» Geduldig hörte mein Großvater zu und antwortete augenzwinkernd: «Forst oder Musik? Lerne Waldhorn!»
Das muss auf meinen Onkel wie eine verbale Ohrfeige gewirkt haben, all die langgehegten Gedanken so schnöde abgetan. Doch langsam wurde ihm klar, dass in den zwei Worten vier Botschaften steckten: 1. Mach nicht so viele Worte. 2. Nimm dich nicht so ernst. 3. Ich werde dir die Entscheidung nicht abnehmen. 4. Wenn man Entscheidungen auf ein Entweder-oder reduziert, übersieht man häufig, was einen im Kern an den Möglichkeiten reizt. Schau, ob es nicht einen dritten Weg gibt, der beide Aspekte miteinander verbindet.
Unser Verstand will klare Entscheidungen, konsequent und logisch. Aber die meisten Dinge im Leben sind nicht so ein-

deutig, so logisch, so konsequent. Und fast nie können wir absehen, was auf lange Sicht aus dem einen oder dem anderen Weg alles werden könnte. Darüber kann man verzweifeln oder lachen! In asiatischen Sprachen gibt es einen Ausdruck für «weder das eine noch das andere» – das «Mu».

So wird auch der Zen-Schüler bei anscheinend unlösbaren Rätseln mit dem Verstand in die Sackgasse geführt, bis er sich mit einer Lösung auf einer neuen Ebene aus dem Widerspruch befreit. «Wie klingt das Klatschen einer Hand?» Darüber kann man lange grübeln oder sich die eine Hand an die Stirn hauen, dass es nur so klatscht.

Sich nicht entscheiden können macht zuverlässig unglücklich. Wir klammern uns an jeden Strohhalm, anstatt beherzt den Kürzeren zu ziehen. Glücklicher macht: «Ich will mich momentan nicht entscheiden» oder «Ich freue mich, dass ich mehrere gute Möglichkeiten habe, es ist gar nicht so wichtig, welche es wird» oder «Weil ich selbst gar nicht alle Möglichkeiten überblicke, ist eine zufällige Entscheidung besser als keine!». Manchmal sollte man einfach mal Sching-Schang-Schong mit sich selbst spielen.

So oder so sitzt man zwischen zwei Stühlen auf Dauer unbequem, es sei denn, man legt ein Brett darüber. Es gibt immer einen dritten Weg, der aber nicht der Mittelweg sein muss.

Wir brauchen neue Sprichwörter. Mein Vorschlag: Wer die Wahl hat, hat die Wahl! Vielleicht täten wir uns in Deutschland tatsächlich leichter, wenn wir in unsere so scharf unterscheidende Sprache auch ein Wörtchen der Einsicht in die Widersprüchlichkeit der Welt aufnehmen würden – ein deutsches Wort für «Mu». Das sächsische «Nu» kommt dem ja schon nahe.

Mein Onkel studierte übrigens Politik und arbeitete als Friedensforscher daran mit, den Kalten Krieg zu beenden. Deutschland hat sehr davon profitiert, dass die Supermächte aus ihrem Entweder-oder, Pershing-Raketen oder SS 20, Erstschlag oder Zweitschlag, herauskamen. Das ist doch eine gute Lösung: In einem Deutschland gibt es wieder zwei Frankfurts. Oder?

Entscheidungshilfe

SCHING-SCHANG-SCHONG MIT SICH SELBST

Zufallsentscheidungen sind nicht schlecht, spielen Sie rechte gegen linke Hand – aber nicht schummeln!

ANLEITUNG

 Der Stein schleift die Schere = Stein gewinnt

 Die Schere schneidet das Papier = Schere gewinnt

 Das Papier kann den Stein einwickeln = Papier gewinnt

Linke Hand gewinnt: «Ja.»
Rechte Hand gewinnt: «Nein.»
Unentschieden: «Ich will mich nicht entscheiden.»

Volkskrankheit Zuvielitis

*Dieses Gerät nimmt Ihnen die Hälfte
der Arbeit ab. – Dann nehme ich zwei.*

Immer mehr Menschen sind unglücklich, weil sie sich an der Misere der deutschen Wirtschaft schuldig fühlen: Neulich erst sagte eine Frau: «Herr Doktor, ich will ja gar nicht sparen – ich möchte etwas kaufen, aber was?»

Das ist kein Einzelfall. Die Diagnose lautet: psychogene Shopping-Hemmung, Volle-Regal-Neurose, Buy-out–Burn-out. Oder auf Deutsch: Zuvielitis! Eine Volkskrankheit. Der typische Zuvielitiker leidet darunter, dass er gerne Geld ausgeben möchte, aber schlichtweg von dem Zuviel an Auswahl gelähmt wird. Die Qual der Wahl führt bis zur Depression und zum kompletten Konsumverzicht.

Der Grund dafür liegt im Gehirn. Es kann sich kurzfristig nie mehr als sieben Sachen merken. Das glaubt man gar nicht, aber probieren Sie es aus. Lesen Sie sich einmal folgende Zahlenreihe laut vor und versuchen Sie sie dann mit geschlossenen Augen zu wiederholen: 64521. Konnten Sie sie problemlos wiederholen? Und jetzt diese: 473827921689. Na? Das liegt nicht an Ihnen – das ist der Engpass im Hirn. Nach sieben Ziffern steigen wir aus. Wer verdient damit viel Geld? 11 833!

Das Schimpansenhirn hat im Arbeitsgedächtnis fünf Speicherplätze, wir Menschen sieben, wenn wir trainieren. In dem Punkt sind wir evolutionär nicht wirklich viel weitergekommen. Peinlicherweise sind Schimpansen bei einigen Merkaufgaben sogar besser als Studenten. Dies ergab eine Studie an der Universität Kioto zum Zahlengedächtnis bei Schimpansen, die vorab Ziffern gelernt hatten. Die Probanden sahen auf einem Bildschirm ungeordnete Zahlenfolgen zwischen eins und neun, die nach kurzer Zeit verdeckt wurden. Mittels eines Touchscreens mussten die Teilnehmer anschließend aus dem Gedächtnis die korrekte Reihenfolge der Ziffern benennen. Hierbei schnitten die Schimpansenkinder nicht nur wesentlich besser ab als ihre Mütter, sondern auch als die Studenten. Zudem waren ihre Reaktionen schneller als die der menschlichen Probanden.

Jeden Computer mit einem so kleinen Arbeitsspeicher würden wir im Regal liegen lassen. Und gleichzeitig ist unser kleines Kurzzeitgedächtnis der Grund, warum wir so affig lange vor einem Kühlregal im Supermarkt stehen. Eigentlich wollten wir nur schnell eine Erdbeermarmelade kaufen, dummerweise stehen aber mehr als sieben im Regal. Schon sind wir überfordert und versuchen natürlich die beste Entscheidung zu treffen: «Die Marke kenne ich. Ist die vielleicht besser? Die hat nur Erdbeer, die Erdbeer-Mango. Die hält noch zwei Monate, die sogar acht! Ist das jetzt gut oder schlecht? Hält die Marmelade mit Konservierung länger, oder halte ich länger, wenn ich eine ohne Konservierungsstoffe esse? Und warum sehen dann die Leute im Ökoladen oft so unkonserviert aus? Aber jetzt nicht ablenken lassen – der Preis soll es entscheiden: Sind 50 Gramm mehr wirklich zwölf Cent wert? Jetzt müsste man den Dreisatz können – egal. Augenmaß geht auch: Nehme ich gleich das große Glas und esse es aber nur zur Hälfte auf, ist es dann nicht gleich günstiger, das kleine, teure Glas zu nehmen, aber STOPP – das ist ja gar keine Marmelade, das ist Gelee – wie wichtig sind mir jetzt die Stückchen …?» Was kauft man am Ende? Nutella!

Konsumforscher haben Folgendes herausgefunden: Wenn mehr als zehn Produkte der gewünschten Kategorie im Regal stehen, gehen wir in 40 Prozent der Fälle, ohne ein einziges zu kaufen, nach Hause. Und zwar mit schlechtester Laune – weil wir nicht bekommen haben, was wir wollten! Zuvielitis!

Da helfen auch keine längeren Öffnungszeiten – im Gegenteil. Wenn wir bis 22 Uhr Zeit haben, dann stehen wir eben zwei Stunden länger vor dem Regal und gehen dann frustriert nach Hause. Mein Tipp: Wer die Wirtschaft ankurbeln will, muss die Läden schließen! Immer nur zur vollen Stunde für fünf Minuten auf, dann wieder eine Stunde zu. Das würde die Kaufentscheidungen enorm beflügeln! Die meisten warten doch mit Absicht, bis alle Läden endlich geschlossen sind, um guten Gewissens zur Tankstelle gehen zu dürfen. Da gibt es keine Auswahl! Wir nehmen, was da ist, ärgern uns kurz über die Preise und gehen dann zufrieden nach Hause.

Deswegen baut die Industrie nicht nur Arbeitsplätze ab, sondern auch Vielfalt. Heute gibt es nur noch halb so viele Automarken wie vor zehn Jahren. In weiteren zehn Jahren gibt es vielleicht nur noch einen einzigen Megafusions-Automobilhersteller, nur noch zwei Modelle, und wer ein Auto will, muss sich sieben Jahre vorher anmelden. Ist das der Sieg des Kapitalismus? Zum Glück gibt es ein Amt, das darüber wacht, dass keine Monopole entstehen – das Kartellamt. Aber wenn es ernsthaft Monopole verhindern soll – warum gibt es nur EIN Kartellamt?

Und sind die angeblich freien Märkte so viel verbraucherfreundlicher? Mobil telefonieren hieß in den 80ern für meine Mutter, dass der Apparat der Post nicht mehr an der Wand angeschraubt war, sondern sie mit dem langen Kabel in die Küche gehen und die Tür zumachen konnte. Das war ein riesiger Fortschritt damals. Heute heißt mobil telefonieren, dass du bei jedem Gespräch ein schlechtes Gewissen hast. Denn für diese Entfernung, dieses Netz, diese Tageszeit hätte es irgendwer billiger angeboten. Wenn ich das jedes Mal recherchiere, habe ich am Ende des Tages sicherlich 50 Cent gespart, aber auch 'ne halbe Stunde Lebenszeit für immer verdödelt. Ich gehe lieber eine halbe Stunde täglich spazieren und finde 50 Cent auf dem Weg. Warum? Weil ich die gestern dorthin geworfen habe! Und alle mit ihren optimierten Handytarifen daran vorbeigelatscht sind!

Glückskeksrezept

DAS REZEPT FÜR TAGE, AN DENEN SIE SONST NICHTS GEBACKEN BEKOMMEN

Für alle, die eigentlich einen Ratgeber erwartet haben, hier noch rasch ein paar Lebensregeln für den Rest des Tages und zum Weitersagen an Leute, die es nicht hören wollen. Weil geballte Ratschläge auch Schläge sind, kommt es sehr auf die Verpackung an. Am schönsten also einzeln ausschneiden, in einen Glückskeks einbacken und sich freuen, wenn man liest, was man hören wollte.

150 g Weizenmehl
50 g gemahlene Mandeln
3 große Eier, davon das Eiweiß
3 Tropfen Bittermandelöl

1 Prise Salz
250 g Zucker
100 g weiche Butter

Die kleinen Glückszettel ausschneiden.

Ofen auf 175 Grad Celsius vorheizen, alle Zutaten zu einem Teig vermengen.

Backpapier auf ein Backblech legen und je einen Löffel Teig im Abstand von zehn Zentimetern daraufgeben.
Kekse zehn bis 15 Minuten backen – dann muss alles ganz schnell gehen: Solange die Kekse noch warm sind, Glückszettel in die Mitte legen und den Keks falten. Den typischen Knick erhält der Glückskeks, wenn man ihn auf einen Glasrand legt und die Enden nach unten drückt.

Auskühlen lassen und am besten gleich verzehren.

HIRSCHHAUSENS BUNTE BASTELBÖGEN
GLÜCKSZETTEL
zum Ausschneiden und Einbacken

WILLST DU GLÜCKLICH SEIN, SEI KEIN FROSCH.

WIRF GELD AUF DIE STRASSE! JA, DIR WIRD'S NICHT FEHLEN, UND JEMAND, DER ES FINDET FREUT SICH DEN GANZEN TAG DRÜBER. ES IST NICHT WEG, NUR WOANDERS.

Alle Menschen sind klug, die einen vorher, die anderen nachher.

IDEALISMUS IST DIE FÄHIGKEIT, DIE MENSCHEN SO ZU SEHEN, WIE SIE SEIN KÖNNTEN, WENN SIE NICHT SO WÄREN, WIE SIE SIND. CURT GOETZ

Zu Risiken und Nebenwirkungen lesen Sie die Packungsbeilage und fragen Sie Ihren Arzt oder Apotheker.

BITTE WENDEN!

HARTE SCHALE, WEICHER KERN.

Ratschlag-Starschnitt #1 | *Ratschlag-Starschnitt #2* | *Ratschlag-Starschnitt #3* | *Glück-Starschnitt #4*

SINGE LAUT, JEDEN TAG!

ES WIRD NICHT IMMER EIN WEG DRAUS, WENN SICH MAL WER MIT DER PLANIERRAUPE VERFÄHRT. *Thomas C. Breuer*

WAS DU KAPIERST, SETZ FÜR DICH UM! UND WAS DU NICHT KAPIERST, KANNST DU IMMER NOCH IN FORM VON RATSCHLÄGEN AN ANDERE WEITERGEBEN.

Vorsicht: Dauerglück geht auf den Keks.

SCHMEISS ALLE DIÄTBÜCHER WEG! ES IST NORMAL, ÜBER DIE LEBENSZEIT ZUZUNEHMEN. JEDER VON UNS HAT MAL DREI KILO GEWOGEN!

Machen Sie ein Backup Ihrer Daten vom Laptop, Server und Handy – heute noch!

UMWEGE ERHÖHEN DIE ORTSKENNTNIS!

Geh zur Darmspiegelung!

GENIESS DEIN LEBEN! ES KÖNNTE DEIN LETZTES SEIN.

ALKOHOL SCHÜTZT VOR HERZINFARKT, ABER DENK DRAN: DIE LEBER WÄCHST MIT IHREN AUFGABEN!

Lachen ist die beste Medizin! Kinder lachen 400-mal am Tag, Erwachsene 20-mal, Tote gar nicht.

TIPP: Sie können auch weitere Lebensregeln erfinden!

hier falzen

Glück hat *immer* 2 Seiten »

Ist «Jammern auf hohem Niveau» nicht eigentlich unter Ihrem?

HIRSCHHAUSENS BUNTE BASTELBÖGEN
GLÜCKSZETTEL

REICH IST, WER WEISS, DASS ER GENUG HAT.

BEWAHREN SIE RINGE UND ANDERE KLEINE, WERTVOLLE GEGENSTÄNDE NICHT IM BAD OBERHALB VON WASCHBECKEN MIT ABFLUSS AUF!

Vergib deinen Feinden, denn sie werden es hassen!

Lies keine Modezeitschriften, du fühlst dich danach nur hässlich. Wenn du wissen willst, wie Menschen aussehen, geh in die Sauna.

GLÜCK HAT IMMER ZWEI SEITEN.

Alle Verallgemeinerungen sind falsch.

Glück-Starschnitt #4 | *Ratschlag-Starschnitt #3* | *Ratschlag-Starschnitt #2* | *Ratschlag-Starschnitt #1*

ICH WURDE TRÜBSELIG, ALS ICH AN DIE *Zukunft* DACHTE. UND SO LIESS ICH ES BLEIBEN UND GING **ORANGENMARMELADE** KOCHEN. ES IST ERSTAUNLICH, WIE ES EINEN AUFMUNTERT, WENN MAN ORANGEN *zerschneidet* UND DEN FUSSBODEN *schrubbt*.

D.H. LAWRENCE

Kauf keine **ELEKTRONISCHE GERÄTE** *von Leuten auf der Straße, die außer Atem sind!*

Schon seltsam, wie leicht man vergisst, dass alles, was man tut, für immer ist. Wiglaf Droste

Hier falzen

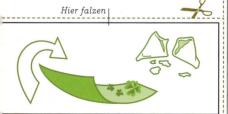

MERK DIR KOMPLIMENTE! VERGISS KRÄNKUNGEN! UND WENN DU DAS HINKRIEGST: BITTE VERRATE MIR, WIE DAS GEHT.

Sei stolz auf jede Lachfalte um deine Augen!

LACHE – UND DIE WELT LACHT MIT DIR! SCHNARCHE – UND DU SCHLÄFST ALLEIN!

Es gehört oft mehr Mut dazu, seine Meinung zu ändern, als ihr treu zu bleiben

VORSICHT MIT MÄNNERN, DIE IN DUNKLEN RÄUMEN SONNENBRILLEN TRAGEN UND NACH 18 UHR WEISSE SCHUHE.

Fremde Fehler beurteilen wir wie Staatsanwälte, die eigenen wie Verteidiger.

ES IST **LEICHT**, DAS LEBEN SCHWERZUNEHMEN, UND ES IST **SCHWER** DAS LEBEN LEICHTZUNEHMEN.

WAS SOLL DAS, WENN ETWAS NICHTS SOLL ALS EINFACH NICHTS SOLLEN. ERICH FRIED

Der Mensch ist unglücklich, weil er nicht weiß, dass er glücklich ist. Es ist nur das. Das ist alles, das ist alles! Findet das einmal einer heraus, wird er sofort, im gleichen Augenblick, glücklich werden. (Fjodor M. Dostojewski, «Die Dämonen»)

Handys und Erdbeermarmelade sind blöde Beispiele, da geht es nicht wirklich um etwas. Aber das Gleiche gilt auch für Shampoo, und Shampoo ist lebenswichtig. Es ist so eine Art Psychotherapie für den Kopf. Für jede Befindlichkeit eine eigene Spülung. Manchmal brauchst du einfach nur deine Spannkraft zurück. Oder du fühlst dich eher abgestumpft und innerlich gespalten, dann besser etwas gegen Spliss. Wie strapaziert muss mein Haar sich heute wieder fühlen – ich hab erst letzte Nacht mehrere Stunden darauf gelegen! So eine Sofort-Repair-Kur, gibt's die auch auf Kasse?

Ich hatte nach vielen Jahren des Herumprobierens endlich das Shampoo gefunden, das wirklich zu mir passte. Es passte zu mir, meiner Kopfhaut und, ganz wichtig: Es passte auch perfekt in mein kleines Körbchen in der Dusche. Mein Shampoo und ich, wir waren sehr glücklich miteinander. Dann wollte ich es nachkaufen – es tut mir immer noch weh, wenn ich davon sprechen muss. Denn diese Idioten aus dem Marketing hatten in meine Flasche zum gleichen Preis 20 Prozent mehr Inhalt reingepresst! Und Sie ahnen, was das bedeutet – sie passte nicht mehr ins Körbchen. Ich weiß noch, wie ich in meiner Verzweiflung zur Verkäuferin ging und sie anflehte: Haben Sie nicht irgendwo noch eine Flasche in meiner Körbchengröße?

> **Übung:** Lernen Sie zu verpassen. Ich kaufe mir regelmäßig die beiden Berliner Programmzeitschriften «Tipp» und «Zitty», um zu erfahren, was so alles los ist. Dann lege ich sie für zwei Wochen zur Seite. Später blättere ich sie durch, wundere mich, was ich alles gleichzeitig verpassen konnte, und kaufe mir direkt die neuen Ausgaben. Gemessen an der Zeit, die ich schon auf diesem Planeten Dinge verpasst habe, weil ich noch nicht geboren war, und gemessen an dem, was ich nach meinem Tod noch alles verpassen werde, ist das, was ich letzte Woche verpasst habe, erschreckend wenig. Deshalb auch immer beide Programmzeitschriften!

Selbsttest: Bin ich ein Maximierer? Wie stark erkennen Sie sich in folgenden Aussagen wieder?

1. Beim Fernsehen zappe ich oft, obwohl ich gerade eine bestimmte Sendung sehen will. Es könnte ja noch etwas Besseres auf einem anderen Kanal kommen.

2. Ich bin ein Freund von Listen, die Dinge einordnen: die besten Filme, die besten Schauspieler, die besten Besten. Ich gebe mich ungern mit dem Zweitbesten zufrieden.

3. Wenn ich einen Brief oder eine E-Mail verfasse, tue ich mich schwer, die richtigen Worte zu finden. Oft schreibe ich selbst für einfache Dinge mehrere Entwürfe und korrigiere mich, manchmal verbessere ich mich auch, und dann wird es schlechter.

4. Wann immer ich eine Entscheidung treffe, versuche ich mir alle nur möglichen Optionen vorzustellen, auch solche, die im Moment gar nicht gegeben sind. (Ungelogen: Ich habe mal einen DVD-Recorder mit Festplatte kaufen wollen, dazu habe ich mehrere Jahrgänge «Stiftung Warentest» durchgearbeitet. Als ich endlich wusste, was ich genau wollte, gab es das Gerät gar nicht mehr!)

5. Beziehungen sind wie Bekleidung: Man muss damit rechnen, viele auszuprobieren, bis sich etwas Passendes findet. Gott sei Dank gibt es Scheidungs- und Umtauschrecht.

6. Ich habe sehr hohe Ansprüche an mich selbst.

7. Ich träume von einem Leben, das ganz anders ist als mein jetziges.

Sie fühlen sich ertappt? Sie sind ein Maximierer? Dann setzen Sie bitte all Ihren kranken Ehrgeiz ab sofort dafür ein, diese Einstellung zu überwinden. Hier sind ein paar geeignete Gedanken dazu. Aber nicht zu früh aufgeben, das sind längst nicht alle. Sie wollen doch ein perfekter Imperfektionist werden, oder?

1. Glückliche Menschen schauen selten fern. Schaffen Sie die Glotze ab, Sie werden verblüfft sein, wie wenig sie Ihnen fehlt. Werden Sie lieber selbst interessant.
2. Manchmal ist eine falsche Entscheidung besser als gar keine. Und das Zweitbeste ist besser als nix. Begrenzen Sie zuvor die Zeit, die Sie mit Einkaufen verbringen wollen, und die Anzahl von Geschäften. Wenn es nichts Wichtiges ist, nehmen Sie bei einer großen Anzahl von Produkten immer das dritte von links aus dem Regal. Ganz schlecht wird es nicht sein, sonst stünde es nicht im Regal. Vertrauen Sie dem Markt. Kaufen Sie mehrere identische Paare Socken, Sie brauchen weniger Zeit, sie nach dem Waschen zu sortieren, und wenn eine fehlt, fällt das lange Zeit nicht auf.
3. Das Pareto-Prinzip besagt: Mit 20 Prozent des Aufwandes erreiche ich 80 Prozent der Wirkung. Um einen 100-prozentigen Brief zu schreiben, muss ich den Aufwand überproportional erhöhen. Menschen sind erfahrungsgemäß sehr viel enttäuschter, auf einen Kontaktversuch hin keine Antwort zu bekommen als ein halbes Jahr später eine ohne Rechtschreibfehler. Doppelt gibt, wer schnell gibt.
4. Gut genug ist oft das Beste. Machen Sie sich die positiven Aspekte einer Entscheidung immer wieder bewusst. Unterbrechen Sie fruchtloses Grübeln über ungelegte Eier und verpasste Gelegenheiten. Ihre Qual ist Ihre Wahl.

5. Wenn Sie mit etwas zufrieden sind, bleiben Sie dabei. Erwarten Sie nicht, dass irgendwas oder irgendwer Sie glücklich macht.

6. Auf einem Grabstein stand: Sie hat regelmäßig Sport getrieben und es gehasst.
Überlegen Sie bei allen hohen Ansprüchen, wen Sie damit beeindrucken wollen, wem Sie meinen noch etwas beweisen zu müssen und wer das überhaupt beurteilen kann und soll.

7. Da, wo ich bin, will ich sein. Alles andere war mir in meiner Vorstellung zu teuer.

«… als ich im September fremd und allein in einer Berliner Bäckerei nach dem Weg fragte und sich daraus zwei wunderbare Tage ergaben.»

«… als mein mich quälender Oberarzt, dem ich die Pest an den Hals wünschte, sich während meines letzten Dienstes seine Hand gebrochen hat – er war Chirurg.»

«… als ich (41) trotz heftiger Gegenargumente ein Trampolin geschenkt bekommen habe.»

Der Tag, nachdem es rote Rosen geregnet hat.

Wer schön ist, muss leiden

Wie begrüßen sich plastische Chirurgen?
Was machst du denn heute wieder für ein
Gesicht!

Unser Dorf soll schöner werden. Unsere Dorfschönheiten auch. Wie viel in Deutschland operativ der Natur nachgeholfen wird, verdeutlichte im Sommer 2008 eine neue Studie zum Thema Fettabsaugen – ausgerechnet vom Ministerium für Ernährung und Landwirtschaft. Die wollten wohl wissen, wo der Butterberg geblieben ist. Die nackten Zahlen: Eine halbe Million Deutsche lässt sich jedes Jahr verschönern – rein rechnerisch wären also in 160 Jahren alle Deutschen schön. Doch dann könnte man gleich wieder von vorne anfangen. Allein deshalb ist das schon Quatsch.
Aber Hand aufs Herz: Wer hat nicht schon mal daran gedacht, sich operieren zu lassen? Oder wenigstens seinen Partner?
Vorsicht: Bei rund 20 Prozent der plastischen Operationen kommt es zu Komplikationen. Und beim Fettabsaugen gibt es sogar immer wieder Todesfälle, gerade weil es nicht von Fachärzten durchgeführt werden muss, sondern jeder Arzt es offiziell machen darf. So kommt auch der Zahnarzt auf die Idee, er könne sich mit seinem Speichelsauger noch etwas dazuverdienen. Und der Orthopäde denkt das auch und nimmt gleich den Staubsauger.
Der Schönheitswahn geht immer früher los. Jedes fünfte Kind zwischen neun und 14 Jahren wünscht sich bereits einen chi-

rurgischen Eingriff oder Tattoos oder Piercings. Liebe Jugendliche, mal was ganz Grundsätzliches zu dem Thema Piercing: Die Anzahl der Löcher am menschlichen Körper ist völlig ausreichend. Nehmt euch Zeit, deren Funktionen zu erkunden, damit habt ihr bis 18 genug zu tun. Ich habe schon Multi-Gepiercte im Krankenhaus gesehen. Die wollten da gar nicht hin, aber diese wandelnden Altmetall-Deponien gingen just in dem Moment draußen auf der Straße vorbei, als der Kernspintomograph angeschmissen wurde, und – ZACK – hingen die am Magneten und kamen nicht mehr los. Cool ist anders. In den USA wünschen sich Mädchen zum Abitur neue Brüste. Eine fürs schriftliche, eine fürs mündliche. Doof ist nur, wenn eine dann im mündlichen durchfällt.

In China werden Frauen die Beine mit Absicht gebrochen, damit sie beim Zusammenwachsen länger werden. Da bekommt der Knochen einen Brechreiz und ich auch. Das kommt von diesem verdammten Photoshop, mit dem den Models die Beine per Mausklick verlängert werden. Ich finde, Beine haben genau dann die richtige Länge, wenn man mit beiden auf den Boden kommt!

Eine Million Botox-Behandlungen gab es letztes Jahr allein in Deutschland. Mit circa 300 Euro pro Sitzung ein schöner Markt mit zweistelligen Zuwachsraten. Oder muss man da von Zulähmungsraten sprechen? In den USA hat Botox bereits dazu geführt, dass Schauspieler im Ausland gesucht werden – weil die noch in der Lage sind, mit ihrem Gesicht Gefühle auszudrücken. Wenn die gestrafften US-Gesichter Wut zeigen sollen, können sie nur noch mit den Nasenflügeln wackeln. Weil die Gesichtsmuskulatur ständig kommuniziert, sieht man mit Botox vielleicht fünf Jahre jünger aus, aber garantiert auch 30 IQ-Punkte dümmer! Da sagen viele: Das ist es mir wert. Die rufen aber auch nachts verzweifelt in der Vergiftungszentrale an, weil sie aus Versehen nach 20 Uhr eine Tagescreme aufgetragen haben.

Ist es Schönheit, die uns Glück bringt? Ein attraktives Äußeres ist eine Gabe der Natur, die es den Gesegneten im Leben erst einmal leichter macht: Sie werden im Alltag, in der Schule, im Beruf und sogar vor Gericht bevorzugt behandelt. Aber Schönheit hat auch hässliche Seiten. Denn gutes Aussehen ist – wie alles Körperliche – vergänglich. Wie sehr dieser Schönheitsschwund an den Betroffenen nagt, hat Ellen Berscheid von der University of Minnesota anhand von 240 Männern und Frauen in ihren späten Vierzigern und frühen Fünfzigern gezeigt. Dazu wurden Fotos aus ihrer Studienzeit nach Attraktivität bewertet. Fazit: Die Frauen, die in ihren frühen Zwanzigern blendend aussahen, waren mittlerweile weniger glücklich als die ehemaligen grauen Mäuse. Sie waren unzufriedener mit ihrer Ehe, ihrem Leben an sich und ihrem Selbstwertgefühl. Zudem wurden sie eher von ihren Männern betrogen. Nach dem altbekannten Motto: Er verdankte seinen Erfolg seiner ersten Frau und seine zweite dem Erfolg.

Der ästhetische «Abbau» der Männer ließ die Damen dagegen ungerührt. Angeblich. Vielleicht waren sie auch nur taktvoller in ihren Antworten und wussten: Männer muss man loben.

Das weibliche Geschlecht wird mehr über sein gutes Aussehen definiert – und tut das offenbar auch selbst. Somit bereitet der Verlust körperlicher Vorzüge Frauen größeren Kummer. Unter 45 Jahren sind sie im Durchschnitt glücklicher als Männer, während sie im höheren Alter – wenn die Makellosigkeit schwindet – weniger Freude am Leben haben. Dafür leben sie länger. Aber wir Männer holen auf. Nicht nur in der Lebenserwartung, sondern noch schneller in der Angst um Äußerliches.

Da man Schönen häufig «blindlings» angenehmere Wesenszüge und mehr persönliche Qualitäten andichtet, rächt sich auch dieses Privileg in Form von Enttäuschung. Denn die Schönen können die in sie gesetzten Erwartungen nicht erfüllen, weil sie faktisch nicht besser sind. Wer schön sein will, muss leiden. Wer schön ist, auch.

«Germany's Next Topmodels» sind somit Deutschlands übernächste Depressive. Also kein Neid, eher ein bisschen Mitleid ob ihres hohen Risikos, im Leben falsche Entscheidungen zu treffen, die Gefühle anderer abkühlen zu sehen und selbst ästhetisch abzubauen. Und jetzt alle mal in den Spiegel schauen und dankbar sein, dass wir so aussehen, wie wir aussehen!

Hat Christian Morgenstern es sich zu einfach gemacht, als er sagte: «Schön ist eigentlich alles, was man mit Liebe betrachtet»? Was wäre Karl Dall mit offenen Augen, Jean-Paul Belmondo oder Barbra Streisand mit gerader Nase?

Jeder vierte Patient geht innerhalb von fünf Jahren nach der Schönheitsoperation in psychiatrische Behandlung, weil die anfänglichen Probleme nicht im Körperlichen, sondern im Seelischen lagen und liegen geblieben sind. Die meisten Chirurgen sind schlecht vorbereitet, psychiatrische Störungen ihrer Klienten zu erkennen. Eine Fehldiagnose, die auch für den Arzt gefährlich sein kann. In den USA wird jedes Jahr so mancher plastischer Chirurg von psychisch labilen Patienten ermordet. Sie werden zu Opfern, weil sich die anderen für Opfer halten und sich für eine angebliche Verunstaltung rächen wollen. Unschön.

Und jetzt bin ich mal ganz offen: Ich habe mir auch etwas operieren lassen, da steh ich zu. Ich litt jahrelang unter einem Waschbrettbauch, den hab ich mir wegmachen lassen. In einer sehr aufwendigen Prozedur wurde mir mein körpereigenes Fett an der Seite und vorne untergespritzt. Jetzt wölbt es sich dort endlich wieder ein bisschen, das sieht einfach natürlicher aus. Ich war es leid, dass die Frauen immer nur meinen Körper wollten.

Frauen gucken jedoch bei Männern nicht nur auf den Bauch, vor allem schauen sie auf die Hände – zumindest von vorne! Deshalb hab ich mir die auch gleich operieren lassen. Nicht face-lifting, sondern «fate-shifting»: Einfluss auf dein Schicksal nehmen durch Manipulation der Handlinien. Ich habe mir meine Lebenslinie verlängern lassen. Die verläuft jetzt über die Kante auf dem Handrücken weiter – das ist ein sehr gutes Zeichen. Die Erfolgslinie geht jetzt noch ein bisschen steiler nach oben. Zwei traumatische Kreuzungen wurden mit dem Laser korrigiert – ich war sehr kritisch, aber es geht mir wirklich besser seitdem! Das sind mal sinnvolle kosmetische Eingriffe! Sozusagen kosmetisch-kosmische Korrekturen.

Aber liften? Nicht mit mir. Wer einmal damit anfängt, kann nicht mehr aufhören. Ich bügele auch meine T-Shirts nicht. Wehret den Anfängen! Wenn man fünf Mal geliftet wurde, ist am Hals wirklich nichts mehr nach oben zu ziehen – da muss beim sechsten Mal schon der gesamte Körper tiefergelegt werden!

Neulich saß während meines Bühnenprogramms eine Dame in der ersten Reihe, die nie lachte. Ich habe sie später gefragt, ob es ihr nicht gefallen habe. «Doch», sagte sie, «aber durch das Lifting kann ich nur noch lachen, wenn ich gleichzeitig die Knie anziehe.»

Frauen unterziehen sich wirklich den absurdesten OPs. Sie wollen ihre Lippen noch größer und sinnlicher. Wissen Sie, wie das gemacht wird? Wirklich wahr: Da wird Fett am Po abgesaugt und unter die Lippe gespritzt. Und wir Typen fallen voll drauf rein. Du denkst, du küsst sie auf den Mund ...

> **Selbsttest: Habe ich Humor?** Statistisch ist jeder dritte Deutsche hässlich. Wenn Sie bei der nächsten Gelegenheit unter Menschen sind, einfach mal unauffällig kurz rechts und links schauen – und wenn die beiden ganz okay aussehen ... dann haben Sie Humor!

Carpe diem. Nutze das Tageslicht!

Frag nach Sonnenschein!

Optimismus ist Mangel an Informationen.
Heiner Müller

Alle reden über das Wetter – ich jetzt auch. Warum fragen wir uns ständig, wie das Wetter wird? Weil wir wissen wollen, wie wir drauf sein werden. Denn an einer banalen Tatsache kommen wir nicht vorbei: Unsere Stimmung hängt vom Wetter ab. Trübe Gedanken und triste Wetterlagen gehören zusammen wie Hochdruckgebiete und Hochgefühle. Es ist eine kleine Beleidigung unseres Verstandes, dass die erhellendsten Einsichten uns nicht so beglücken können wie ein Sonnenstrahl. Der Legende nach hat der griechische Philosoph Diogenes von Sinope die Bedürfnislosigkeit gepredigt und in einer Tonne gelebt. Alexander der Große hörte von dem Mann, ging zu ihm, baute sich vor ihm auf und sagte: «Du hast einen Wunsch frei.» – «Geh mir aus der Sonne», bat der Philosoph.
Unser Nervensystem wurde auf Glück geeicht an der Wiege der Menschheit. Und die stand dummerweise nicht in Nordeuropa, sondern dort, wohin wir heute noch am liebsten in den Urlaub fahren, in Äquatornähe. Der moderne Mensch verbringt weniger als fünf Prozent seiner wachen Zeit unter freiem Himmel. Schlafend noch weniger. Wir wachen auf unter einem Dach, setzen uns in der Garage unter ein Dach auf Rädern, um, ohne einen Sonnenstrahl abzubekommen, an unseren überdachten Arbeitsplatz zu gelangen. Haben wir Angst, dass uns der Himmel auf den Kopf fällt? Der Preis für unsere Stubenhockerei ist hoch: Uns fällt ständig die Decke auf den Kopf. Und wenn wir im Dunkeln nach Hause kommen, wundern wir uns, dass wir schlecht drauf sind.

Unser Hirn muss wissen, ob es Tag ist oder Nacht, denn nur dann kann es sich darauf einstellen. In der Nacht wird Melatonin produziert. Sobald es heller wird, wird dieses Schlafhormon abgebaut und das Tagewerk begonnen. Nachts erholt sich der Körper und repariert die Schäden, tags ist «Action» angesagt. Die innere Uhr gibt die Stimmung und den Rhythmus vor, braucht dafür aber Signale von außen.

Wenn man ein Satellitenfoto von heute mit einem von vor 30 Jahren vergleicht, wird eine «Verschmutzung» deutlich, die derzeit nur wenige Leute ernst nehmen: «light pollution». Es wird nicht mehr richtig dunkel auf dem Planeten. Und der Mond ist dabei das kleinste Problem. Goethe forderte noch auf dem Sterbebett «mehr Licht». Heute müsste man fordern: nachts weniger Licht. Denn unsere innere Uhr geht sonst ständig vor, und wir kommen nicht mehr hinterher.

Wie wetterfühlig unser Glück ist, untersuchte der amerikanische Psychologe Norbert Schwarz. Seine Forschungsgruppe befragte per Telefon Menschen über ihre allgemeine Zufriedenheit in ihrem Leben. Das Ergebnis verglich er mit der Wetterkarte. Und siehe da: Wenn gerade gutes Wetter war, waren die Befragten insgesamt mit ihrem Leben zufriedener. Wo es bewölkt war, bekam das ganze Leben Punktabzug. Um zu testen, ob es wirklich am Wetter lag, wurde in einer zweiten Runde zuerst nach dem Wetter und dann nach der Zufriedenheit gefragt. Sobald die Befragten sich des Wetters bewusst wurden, machten sie ihre Zufriedenheit nicht mehr unbewusst davon abhängig, sondern antworteten «objektiver».

Vielleicht ist das der tiefere Grund, warum wir tatsächlich in so vielen Telefonaten zuerst fragen, wie das Wetter ist. Um zu wissen, wie wir die Antworten einzuordnen haben. Und um den Angerufenen eventuell darauf zu bringen, dass er nicht sauer ist, weil wir anrufen, sondern weil er gerade im Regen steht.

Wenn Sie dieses Buch morgens in der U-Bahn lesen, wird es Ihnen weniger Freude bereiten als nachmittags an einem Sonnenstrand im Urlaub. Ob Sie dieses Buch trist oder erhellend finden, liegt tatsächlich nur zu einem kleinen Teil in meiner Hand. Ich habe mein Bestes gegeben. Aber je nachdem, in welcher Stimmung Sie es lesen, haben Sie es in der Hand, wie Sie es finden. Wenn neben Ihnen in der U-Bahn gar ein ungewaschener Unsympath sitzt, kann ich nicht gegen diesen anstinken. Die Nase ist viel unmittelbarer mit unseren Gefühlszentren verbunden als der Verstand. Geruch hat einen direkten Draht ins Gefühlszentrum, auch wenn wir uns dessen nicht bewusst sind. Die Welt ist nicht, wie sie ist, sondern wie wir sind. Und wenn ich, ohne mir darüber im Klaren zu sein, einen Hauch Ekel empfinde, weil sich meine Nase rümpft, übertrage ich dieses Gefühl fälschlicherweise auf die Dinge, die ich gerade bewerte. Aber jetzt, da Ihr Großhirn das weiß und Sie darauf achten, können Sie sich ja auf einen anderen Platz in der U-Bahn setzen und dort weiterlesen.

Die Großwetterlage in unserem Gemüt hängt von vielen Dingen ab, die wir selten in die Kalkulation mit einbeziehen. Vielleicht lesen Sie auch gerade in einem Strandkorb bei Sonnenschein und einer leichten frischen Brise. In dem Fall ist es völlig in Ordnung, wenn Sie das Buch nur dazu verwenden, Ihrem Gesicht etwas Schatten zu spenden und darunter wegzudösen – das würde ich an Ihrer Stelle auch machen (siehe Seite 175). Kurzes Dösen ist wahrscheinlich genauso erhellend für Ihre Stimmung wie Sonne und Lesen zusammen. Aber Vorsicht: Ein richtiger Sonnenbrand kann die Stimmung wieder für Tage knicken.

Echtes Sonnenlicht ist durch keine Kunst zu ersetzen. Licht ist eine Sammlung von verschiedenen Wellenlängen. Nur im Tageslicht sind sämtliche Bestandteile des sichtbaren Lichts zu etwa gleichen Anteilen enthalten. Und auch die Dynamik über den Tag hat sich uns ganz tief als Rhythmusgeber eingeprägt. Das Dilemma der Energiesparlampen ist ihr unausgegorenes Gemisch von Wellenlängen, ihnen fehlen die «warmen» Wellenlängen der verbotenen Glühlampen. Dadurch werden bunte Dinge in ihrem Licht besehen so matt, als hätte ein Junggeselle weiße und bunte Wäsche bei 90 Grad zusammen gewaschen. Ich spreche aus Erfahrung. Die Ingenieure bringen derzeit ihre Köpfe zum Glühen, um würdige Nachfolger für die Glühlampe zu erfinden. Vielleicht gibt es bald konspirative Keller, in denen die letzten Glühlampen mit ihrem Rotanteil heimlich eingeschaltet werden, nur im engsten Freundeskreis, bei besonderen Gelegenheiten. Und ich sehe die Zeiten kommen, in denen eine Osram von 1982 bei eBay mehr erzielt als ein Bordeaux desselben Jahrgangs. Auf der Reeperbahn weiß man schon lange um die psychologische Wirkung der Wellenlängen: Rotlicht ist dort immer beliebter als Blaulicht.

Bei jedem zehnten Deutschen wächst sich der Mangel an natürlichem Licht zur handfesten Winterdepression aus. Ein Depressiver hat ständig das Gefühl, nicht ganz wach zu sein, nicht am Leben teilzunehmen, sich hinlegen zu müssen, um zu schlafen. Aber er wacht nicht erholter auf, im Gegenteil: Er kommt morgens nur schwer aus dem Bett, weil er meint, den Tag nicht bewältigen zu können. Paradoxerweise kann man durch Schlafentzug die innere Uhr wieder aufziehen. Eine einmalig durchwachte Nacht macht wach! Chronischer Schlafmangel dagegen nicht. Aber das wussten Sie vermutlich schon.

Wer wird selten von der «saisonalen Stimmungsstörung» gebeutelt? Hundebesitzer! Warum? Weil Hunde uns drei Antidepressiva praktisch aufzwingen: Licht, Bewegung und sozialen Kontakt. Einmal um den Block, und man hat selbst bei bedecktem Himmel genug Lux getankt, um dem Hirn zu verraten: Jetzt ist Tag, komm in die Gänge. Ein paar Schritte an der Hundeleine heben die Herrchenlaune. Nach jedem Gassigehen kommen Hund und Halter erleichtert zurück. Ist gar nicht so klar, wer da eigentlich wen an der Leine führt. Und man hat immer jemanden, der zuhört, nie widerspricht, und egal in welchem Zustand man nachts nach Hause kommt, wedelt da jemand mit dem Schwanz. Das ist bei Mensch-Mensch-Kontakt sehr selten.

Hunde tun uns gut. Eigentlich müsste man nicht für Hunde

das Schild aufstellen «Ich muss draußen bleiben» – viel wichtiger wäre es für Herrchen und Frauchen, damit wir wieder Herr über unsere Laune werden. Ich weiß, dass gerade Frauen auch Katzen mögen. Aber glauben Sie mir – es gibt gute Gründe, dass Blinden keine Katze an die Seite gestellt wird. Rolf Degen bringt es auf den Punkt: «Wie würde wohl eine Katze einen Menschen bezeichnen?» – «Dosenöffner!»
Statt Hunden gibt es inzwischen auch spezielle Leuchtschirme gegen die Winterdepression, die man nur mit dem füttern muss, was es in Steckdosen gibt. Gute Modelle bekommt man für 150 Euro, und man kann sie sich sogar verschreiben lassen. Lichttherapielampen sind tausendfach heller als normale Lichtquellen, und die besseren ahmen sogar den Wechsel der Wellenlängen über den Tag nach. Denn besonders wach machen uns die morgendlichen bläulichen Spektren, am Abend tun uns die rötlichen gut, wie beim Sonnenuntergang.
Nicht so im Solarium. Dort kommt es einem zwar hell vor, aber tatsächlich erhellt das Solarium kaum die Stimmung, verbrennt dafür aber die Haut. Denn für das Bräunen braucht es UV-Licht, was bei richtiger Lichttherapie gerade weggefiltert wird. Durch den «Grill» sieht man wenige Jahre ein wenig jünger aus, dafür aber auch viele Jahre sehr viel älter. Wenn die Anbeter der künstlichen Sonne versichern: «Ich fühle mich wie neugeboren», nicht in die Augen schauen, sondern auf die gepanzerte Hülle drum herum. Vielleicht wurden diese Wesen auch schon so oft wiedergeboren, dass sie sich auf der Leiter der Evolution rückwärtsbewegt haben, bis zum Reptil!
Ich werde nie vergessen, wie ich das erste Mal mit einem Flugzeug geflogen bin. Der Himmel über Berlin ist meistens wie die meisten Berliner: zugezogen. Wir starteten im Nieselregen, das Flugzeug wackelte, meine Hand klammerte sich an den Sitz, ich hatte eigentlich mit dem Leben schon abgeschlossen, da brach über den Wolken plötzlich die Sonne hervor, strahlte mich an und brachte meine Angst zum Schmelzen. Ich verstehe bis heute die Vielflieger nicht, die über die ganze Strecke nicht einmal aus dem Fenster schauen, schon vor dem Start auf

Autopilot gestellt haben und sich lieber mit der Regenbogenpresse beschäftigen, obwohl sie den echten Stoff für Regenbögen vor dem Fenster haben könnten.

Dass Glück vorbeigeht, ist irgendwie sehr viel leichter zu akzeptieren, als dass Unglück vorbeigeht. Sind wir richtig im Tal der Tränen angekommen, wollen wir nicht wahrhaben, dass hinter den düsteren Wolken eine Sonne existiert, lieber ertrinken wir in unserem eigenen Saft. Wenn wir «keine Sonne mehr sehen» und uns aus der Umnachtung scheinbar nichts heraushilft, brauchen wir jemanden von außen, der uns wieder etwas Helles zeigt, weil wir uns selbst hinters Licht geführt haben. Und am besten nicht auf einer abgedunkelten Couch, sondern auf einem Spaziergang. Man kann auch virtuell mit jemandem spazieren gehen, indem man längere Telefonate einfach im Gehen führt. Dann macht der komische «Home-Zone»-Tarif der Mobilanbieter endlich auch Sinn, wenn man ohne Kabel um den Block läuft. Zu Hause mobil zu telefonieren, ist so absurd wie Leute, die sich auf ihrem Computermonitor ein Gadget installieren, das ihnen das Wetter anzeigt. Heute startet man, um zu wissen, wie das Wetter ist, lieber Windows, als aus dem Fenster zu schauen.

Über das schlechte Wetter zu schimpfen ist so beliebt, weil es eins der Dinge ist, für die wir garantiert keine Verantwortung übernehmen müssen – von der globalen Erwärmung mal abgesehen. Das Tolle am Wetter in Mitteleuropa ist, dass es wechselt. Worüber reden die Leute eigentlich am Äquator? Auch so ein Monsun ist konversationstechnisch schneller ausgeschöpft als der Keller. Wenn ich in Indien leben würde, käme ich bestimmt ein halbes Jahr zu spät zur Arbeit mit der grandiosen Entschuldigung: «Ich dachte, der Regen hört gleich auf …»

Deutscher Regen ist irgendwann vorbei und dabei so herrlich demokratisch, er regnet auf Arme und Reiche. Und im besten Fall hat der Reiche auch noch vergessen, sein Cabrio zu schließen. Meine Kabarettkollegin Anka Zink erzählte mir, wie sie einmal an einem strahlend sonnigen Frühlingstag im Wald spazierte. Herrliches Wetter, es gab wirklich so gar nichts zu meckern. Sehr vergnügt wandelte sie so vor sich hin, als ihr eine Schwäbin entgegenkam. Diese zuckte mit den Schultern, blickte gen Himmel und sagte: «Fascht zu warm!»

Weinbergschnecke – wo ist dein Zuhaus?

Weinbergschnecke, willst du immer geradeaus?
Ist dein Weg schon dein Ziel?
Ist das wenig oder viel?
Weinbergschnecke – ich sag du und hör dir zu!

Weinbergschnecke, du kennst keinen Penisneid
Weinbergschnecke, für die Liebe habt ihr Zeit
Triffst du wen, ist es egal
Wer die Wahl hat, hat die Wahl
Ihr seid nackt und feucht und bi – und schämt euch nie!

Weinbergschnecke, deine Augen sehen nicht weit
Weinbergschnecke, da war kein Auto weit und breit
Du hast Fühler vorne dran
Doch was fühlst du innen drin
Wenn ein Reifen sein Profil dir überträgt?

Weinbergschnecke, quatsch dich einmal richtig aus
Weinbergschnecke, du wächst über dich hinaus!
Jetzt bist du profiliert
Keiner hört's auf dem Asphalt
Dumm gelaufen, aus der Spuk, nicht schnell genug

Weinbergschnecke, sonst darfst du ins Restaurant
Weinbergschnecke, zieh dir nichts Besonderes an!
Mit Knoblauch lebt man länger
Na ja, nicht in deinem Fall
Dein letzter Blick, gebannt, vom Tellerrand

Weinbergschnecke, hörst du, wie man dich besingt?
Weinbergschnecke, du Vergleich, der nicht mal hinkt
Du weißt, was zählt im Leben
Gibst zu denken, nicht zu kauen
Unverstanden, schnell verdaut – hast du die Ewigkeit geschaut!

GLYKS mit Gimmick
DIESES BUCH IST EINE SONNENUHR

Welche Zeit ist es? Zeit, sich Gutes zu tun! Wann soll man entspannen? Immer dann, wenn man keine Zeit dafür hat. Legen Sie sich in die Sonne und legen Sie das Buch auf Ihr Gesicht. Machen Sie 15 Minuten Pause. Danach ist es 15 Minuten später als vorher.

ACHTUNG:
Falls Sie länger schlafen, kann es auch später werden.

DES MOMENTES
engl.: pleasure
Sinnliches wie Schokolade, Massage,
Zärtlichkeit, der erste Schluck Bier.
Mehr davon ist nicht automatisch
besser. Zeit nehmen,
spüren, genießen.

Kapitel 3:
Glück kommt selten allein –
es kommt mit dem Genuss

Lebensmittel sind Genussmittel: Es ist genug für alle da. Es ist nur eine Frage der Verteilung.

Zu wenig Glück im Blut?

Was ist wirklich gesünder: drei Vierkornbrötchen oder vier Dreikornbrötchen?

Ärzte kennen «Glyk» nur mit Ypsilon. In so poetischen Wörtern wie Glyk-Ämie. Auf Deutsch heißt das «Glück im Blut». Kennt man von Kaffeekränzchen: «Oma, noch ein Stück Zucker?» – «Nee danke, Zucker habe ich selbst!» Hypoglykämie bedeutet: «Ich bin unterzuckert.»
Der Glucosegehalt im Blut und das Gefühl Glück hängen eng zusammen. Zucker ist Hirnnahrung, ein Grundbedürfnis, das wir besser nicht ignorieren. Wer unterzuckert ist, hat es schwer, glücklich zu sein. Unser Gehirn verbrennt 100 Gramm Zucker jeden Tag. Sein Gewicht beträgt 3,5 Prozent des gesamten Körpergewichts, dafür verbraucht es aber 20 Prozent der gesamten Energie. Der Kopf ist ein Durchlauferhitzer, das heißt, wenn Energie fehlt, merkt man es in der Birne zuerst. Das stimmt nicht ganz, man selbst merkt es eigentlich als Letztes. Alle anderen haben es schon zuvor gemerkt. Das Blöde ist nur, wenn der Deutsche kapiert: «Oh, ich habe gerade schlechte Laune», glaubt er, es bestehe Meldepflicht, «alle, die es noch nicht wissen, muss ich in Kenntnis setzen.» Nein! Die Pflicht als Stimmungsprofi besteht darin, sich kurz zu fragen: Habe ich gut für mich gesorgt? Sind die Grundbedürfnisse meines Hirns erfüllt? (Siehe «Schlechte-Laune-Kurzcheck», Seite 87.)
Die Stimmung von Menschen, die gerade eine Diät machen, ist genau aus diesem Grund oft schlecht. Die verzichten auf das Frühstück, verkneifen sich das Mittagessen und sind am Nachmittag überraschenderweise unausstehlich. Das war bio-

logisch eigentlich vorhersehbar. Was hilft dann? Nicht diskutieren. Unauffällig einen Schokoriegel in Sichtweite legen und sich rasch entfernen. Nach einer halben Stunde kann man wiederkommen und reden. Nach einer Stunde allerdings wird es schon wieder kritisch. Der hohe Zuckeranstieg löst eine starke Gegenreaktion aus. Das Insulin schafft den Zucker aus dem Blut in die Zellen, und so landet er da, wo er uns auf Dauer nicht glücklicher macht – auf den Hüften. Deshalb sind die Drei- oder Vierkornbrötchen die zuverlässigeren Glücksbringer – die Energie, die sie liefern, wird langsamer frei.

Essen macht glücklich. Und je fettiger und süßer es ist, desto mehr frohlockt unser Neandertalerhirn, weil es damals höchst selten so kalorienhaltige Speisen gab und wir an diesen Glückstagen vorsorgen konnten für die nächste Hungersnot. Das Problem ist, dass heute in unseren Breiten Hungersnöte nicht vorkommen. Und trotzdem speichern wir alles, was wir kriegen können. Denn weil es historisch kaum notwendig war, einen Warnmelder zu entwickeln, der uns davor schützt, zu viel zu essen, spüren wir Hunger und Appetit viel deutlicher als Sättigung.

Und so sind viele Menschen auf der Nordhalbkugel der Erde zu dick, hungern sich von einer Diät zur nächsten und sind unglücklich, während auf der Südhalbkugel gehungert wird, weil die Lebensmittel nicht fair verteilt werden. Eine perverse Situation. Ich wollte es nur erwähnen.

Übergewichtige haben oft noch weniger Gespür dafür, wann es reicht. In einem genialen Experiment sollten die Teilnehmer eine Suppe essen, bis sie satt waren. Der Trick: Der Teller füllte sich unbemerkt nach, er wurde also nie wirklich leer – wie im Schlaraffenland. Den Normalgewichtigen dämmerte irgendwann, dass etwas mit der Füllmenge nicht stimmen konnte, die Dicken bemerkten weder die Füllhöhe des Tellers noch die eigene.

Gibt es spezielle Speisen, die glücklicher machen als andere? Unser Gehirn benötigt nicht nur Zucker zum Betrieb, es braucht auch Bausubstanzen für die Botenstoffe und die Nervenzellen. Günstig sind dafür bestimmte Fette, dann läuft auch das Denken wie geschmiert. Das sind insbesondere mehrfach ungesättigte Fettsäuren, die in Nüssen oder Fisch enthalten sind. Weil die Fische oft aber nicht nur Omega-3-Fettsäuren enthalten, sondern leider auch Schwermetalle, sollte man gar nicht so viel Fisch essen, wie man sollte. Fischölkapseln sind eine sinnvolle Alternative. Omega-3-Fettsäuren stabilisieren die Membranen der Nervenzellen und schützen vor Depression. Der andere wissenschaftlich gesicherte Tipp: Blaubeeren. Ihre Farbstoffe schützen die Nervenzellen vor Alzheimer. Und auch ein bisschen Alkohol, insbesondere Rotwein, ist günstig für den Kopf. Ein bisschen, und denken Sie daran: Die Leber wächst mit ihren Aufgaben.

Macht Schokolade glücklich? Die Kardiologen eher als die Kakaobauern. Denn gewisse Substanzen in dunkler Schokolade (Flavonoide) schützen vor Herzinfarkten. Aber die Wirkung von Schokolade auf unsere Stimmung wird schnell überschätzt: Sie gilt als «natürliches Antidepressivum». Psychologen haben jedoch «Placebo»-Schokolade hergestellt, die sich geschmacklich nicht von «echter» unterschied, in der aber Tryptophan und andere angebliche Stimmungsmacher fehlten. Und siehe da – der Stimmungseffekt war gleich. Von Kindheit an verbinden wir mit Schokolade Trost, Zuwendung und Liebesersatz. Im wahrsten Sinne des Wortes ein «schwerwiegender» Irrtum. Auch große Mengen Schokolade können uns nicht aus einem Stimmungstief holen. Aber das letzte Wort ist noch nicht gesprochen: Schokolade ist eine Wissenschaft für sich – mit den meisten freiwilligen Versuchspersonen. Zehn Kilogramm verbraucht der Deutsche pro Kopf und Zunge im Jahr. Für irgendetwas wird es gut sein. Und eins weiß ich aus kühnen Selbstexperimenten: Es gibt keinen Ersatz. Wenn in Bioläden «Johannisbrotkernmehl» angeboten wird – vergessen Sie es: Es schmeckt so lustfeindlich, wie es klingt, und eignet sich maximal als «Ballaststoff».

Vielleicht ist das mit der Schokolade ja wie mit den Pawlow'-schen Hunden: Klingeln gleich Essen gleich Speichelfluss. Das kenne ich von mir. Ich beginne Speichel zu bilden, wenn die Glocke bei meinem Bäcker an der Tür geht. Der Konditor hat mich klassisch konditioniert! Genussglück ist eine dreilagige Schoko-Sahnetorte und ein zweischneidiges Schwert. Wenn man alle Sorten von Glück in einen sprachlichen Topf wirft, wäre es, um «glücklich» zu sein, egal, ob ich mich bewege oder Schokolade esse. Ist es in der Praxis nicht. Ich habe diesen Selbstversuch mehrfach gemacht: statt einer Stunde joggen gehen eine Stunde Schokolade essen. Es geht. Aber danach geht nichts mehr. Jogge ich, quäle ich mich währenddessen und bin nachher stolz. Esse ich stattdessen eine Stunde lang Schokoladenmousse, genieße ich es im Moment, bin danach aber nicht so richtig stolz, dass ich das geschafft habe.

Dieses Phänomen hat dem Genuss einen schlechten Ruf eingetragen, zu Unrecht. Wer nicht genießt, wird ungenießbar. Genuss lässt sich steigern – aber nicht, wie wir gerne meinen, mit der Menge, sondern durch die Intensität und das gezielte Unterbrechen. Wenn ich mich quäle, indem ich mir nur eine Portion von meiner Lieblingseiscreme auftue, statt den ganzen 500-Gramm-Becher auf das Sofa mitzunehmen, ist das fast so gut wie Joggen: Ich bin danach stolz, dass ich es geschafft habe. Und wenn ich dann noch zehn Minuten warte, ist der Heißhunger auf Süßes und Schokolade fast immer bereits verschwunden, was ich nicht gemerkt hätte, wenn ich in einem Rutsch die Speise an meiner Zunge durchgewunken hätte. Gemerkt hätte ich es erst viel später – auf der Waage.

Genuss zu unterbrechen, steigert den Genuss. Dazu muss man kein Masochist sein, probieren Sie es aus. Ich liebe es, in die Badewanne zu gehen. Und wenn sie genau die richtige Temperatur hat, ist es ein großer Glücksmoment, in das Wasser einzutauchen, bis es mich komplett überflutet. Doch immer wieder falle ich darauf herein zu glauben, es würde irgendwann nochmal besser. Es wird nicht besser, ich werde immer nur schrumpeliger. Also: Rein, genießen und – ZACK – raus. Und kalt duschen. Denn auch Kontraste steigern den Genuss. Deshalb gibt es ja beim Essen mehrere Gänge, kalt – warm,

flüssig – fest, salzig – süß. Man hat auch von seiner Lieblingsspeise mehr, wenn man sie nicht jeden Tag isst, sondern kontrastiert – mit der zweitliebsten Speise.
Ich habe als Kind geliebt, einen ganzen Eierbecher voll Rosinen von meiner Mutter zu bekommen. Und ich habe sie ganz langsam gegessen, in fast meditativer Trance an jeder einzelnen herumgekaut, das konnte schon einen verregneten Nachmittag lang dauern. Ich müsste das mal wieder üben.
Die Butterstulle fällt immer auf die Butterseite und ein Nutella-Toast auf die Schokoladenseite. Ich esse Nuss-Nougat-Creme ja auch wegen der Vitamine. Ich hab mir neulich beim Frühstück ausgerechnet, dass mein Tagesbedarf an Vitamin B_6 laut der Packungsangabe bereits nach 1,3 Kilogramm Nutella gesättigt wäre. Man braucht nichts weiter zu essen den ganzen Tag. Kann man dann auch nicht …
Die Schattenseite der Schokoladenseite ist die Sucht. Und die größte Spaßbremse ist wie immer – die Gewöhnung. Diese Spaßbremse bremst man am besten aus durch Abwechslung, Unterbrechung und Trainieren aller seiner Sinne, um die Unterschiede im Wein, in der Schokolade, im Liebesspiel wirklich wahrnehmen und wertschätzen zu lernen. Darin kann man wieder ein ganzes Leben lang besser werden. Und wenn man Schokolade ganz langsam auf der Zunge zergehen lässt, macht sie auch nicht dick – solange es nicht die eigene Zunge ist.
Sie wollen einen wirklich brauchbaren Tipp, mit Essen glücklich zu werden? Sie wissen schon genug. Hören Sie in sich hinein, bevor Sie etwas in sich reinstopfen. Und stellen Sie sich vor dem Mundaufmachen eine kleine Frage: «Möchte ich daraus bestehen?»

Leise Laute.

Thank you for the Music!

Wo man singt, da lass dich ruhig nieder.
Böse Menschen haben keine Lieder, aber oft
eine Stereoanlage.
Robert Lembke

In Nepal fällt regelmäßig in den Abendstunden der Strom aus. Das Stromnetz ist überlastet, und genau dann, wenn alle auf einen Schlag das Licht anmachen, wird es für alle dunkel. Für einen deutsch-nepalesischen Kongress der Hypnotherapeuten in Kathmandu planten eine befreundete Sängerin und ich eine Abendgala als Benefizveranstaltung für lokale Hilfsprojekte. Aber was tun, wenn der Strom ausfällt? Wir erinnerten uns, was wir als Kinder machten, wenn wir in den dunklen Keller mussten. Pfeifen. Und im dunklen Wald? Singen. Welches Lied könnten wohl alle deutschen Teilnehmer? «Der Mond ist aufgegangen». Mit diesem Rettungsanker ging die Show los. Und wider Erwarten passierte Folgendes: Der Strom fiel nicht aus.
Als wir mit den Zugaben fertig waren, erzählten wir dem Publikum von unserem «Notfallplan». Spontan entschieden wir, das Licht auszumachen und zu singen. Wir sangen alle gemeinsam eines der schönsten Lieder deutscher Sprache. Diese magische Stimmung von deutscher Lagerfeuerromantik mitten in einem nepalesischen Hotelballsaal werde ich immer in Erinnerung behalten. Da muss man ans andere Ende der Welt reisen, um wieder zu entdecken, wie schön deutsche Volkslieder sein können.
Wie lange ist es her, dass Sie gesungen haben? Vielleicht zu Weihnachten? In einer Karaokebar? Anders gefragt: Wann

haben Sie das letzte Mal gesungen – nüchtern und freiwillig? Oder haben Sie doch nur eine CD eingelegt?

Singen macht glücklich und gesund. Sänger bekommen weniger Erkältungskrankheiten, weil mit der Stimme die Stimmung und damit die Abwehrlage sich verbessert. Singen ist daher auch ein natürliches Antidepressivum.

Singen kommt vielen «unnatürlich» vor. Was für ein Quatsch. Lange bevor wir als Babys den Inhalt der Sprache verstehen, erkennen wir die Sprachmelodie. Allein durch das, was sie durch die Bauchdecke vor der Geburt «aufschnappen», können Neugeborene bereits die Muttersprache von anderen Sprachen unterscheiden. Viele Wissenschaftler glauben heute, dass die Musik auch in der Menschheitsgeschichte vor der Sprache auftauchte. Wir können sprechen, weil wir geborene Sänger sind! Fürs Sprechen allein bräuchten wir nicht die Fähigkeit, über mehrere Oktaven Töne zu erzeugen, da hätten weniger auch gereicht. Mit melodienhaften Lauten konnten die Urmenschen sich über Distanz nah sein.

Bis heute verbindet uns Singen. Wenn im Fußballstadion gemeinsam gegrölt wird, ahnt man die Kräfte, mit denen wir uns damals zur Jagd verabredeten. Ich wüsste gerne, wie viele Männer zum Fußball nicht wegen des Spiels, sondern wegen der Gesänge gehen. Immerhin gibt es in Deutschland mehr Chöre als Fußballvereine. Hauptsache, wir «ge-hören» irgendwo dazu und können uns Gehör verschaffen. Von «Olé-olé-olé-olé» in der Südkurve bis zu den Oratorien von Bach.

Singen kann man überall, unter der Dusche oder im Regen, und wenn man den Text vergessen hat, summt man. Dabei können auch Liedtexte ein paar Glücksmomente enthalten. «Seht ihr den Mond dort stehen – er ist nur halb zu sehen – und ist doch rund und schön. So sind wohl manche Sachen – die wir getrost belachen – weil unsre Augen sie nicht sehn.» So poetisch kann man Optimismus ausdrücken. Oder auch das vergessene Wort «verschlafen». Bei uns löst es nur noch ein Panikgefühl aus, wenn wir den Wecker und die innere Uhr überhört haben – und zu spät kommen. Matthias Claudius erinnert daran, dass man auch seinen Kummer «verschlafen» kann und die Welt morgen ganz anders aussieht. Und jetzt alle im Kanon: «Froh zu sein bedarf es wenig, und wer froh ist, ist ein König.»

Schöne Aussicht genießen, aber nicht verweilen.

Geh doch

*Der schönste Tag der Woche ist Dienstag:
Da dauert es am längsten, bis wieder
Montag ist.*

Inge Müller

Meine Oma wusste schon: «Man soll immer gehen, wenn es am schönsten ist!» Den Nobelpreis für diese Erkenntnis bekam aber nicht meine Oma, sondern Daniel Kahneman, der das Phänomen genau analysierte und es als die «Peak-End-Rule» bezeichnete. Die Zufriedenheit mit einem Ereignis errechnet nämlich unser Hirn aus zwei Messgrößen: dem Höhepunkt des Ereignisses und dem Endpunkt. Daraus wird eine Art Mittelwert bestimmt. Je rascher auf einen intensiven Höhepunkt das Ende folgt, desto schöner bleibt das Ganze in Erinnerung.
Dummerweise verhalten wir uns meistens genau umgekehrt. Wir investieren viel mehr Zeit in einen guten Auftritt als in einen guten Abgang! Was tut man nicht alles, um einen guten ersten Eindruck zu machen? Mit Klamotten, Make-up und aufgesetztem Lächeln wird mächtig nachgeholfen. Es stimmt zwar: Man bekommt für einen ersten Eindruck nie eine zweite Chance. Aber einen schlechten letzten Eindruck kann man noch nicht einmal mehr ausbügeln, nur aussitzen. Merke: Der letzte Eindruck bleibt – von Personen und Ereignissen.
Ein Beispiel: Ich gehe auf eine Party, auf der ich drei Stunden lang glücklich bin. Nur die letzte Stunde langweile ich mich. Objektiv betrachtet: drei Stunden Spaß, eine Stunde blöd, netto habe ich mich zwei Stunden amüsiert. Aber so rechnet unser Gedächtnis nicht. Diese Party wird in der Erinnerung

schlechter abschneiden als eine, auf der ich nur eine Stunde lang war, jedoch diese 60 Minuten richtig Spaß hatte, dann aber ging. Im Gegensatz zu Handwerkern rechnet unser Hirn nicht «brutto wie netto» – der Mehrwert-Erinnerungs-Satz kommt am Ende erst drauf.

Das kennt man auch vom Kinobesuch. Ein Film von 90 Minuten kann uns die erste Stunde mäßig begeistern, wenn uns aber die letzte halbe Stunde mitreißt, empfehlen wir ihn weiter. Ein typischer Regiefehler ist daher, seine ganze dramaturgische Kreativität in der ersten Stunde abzufackeln und am Ende nachzulassen.

In meiner Anfangszeit als Varieté-Moderator war ich sehr erstaunt, dass ein Großteil der Proben sich auf das Finale konzentrierte, also auf das Schlussbild, das Verbeugen, die kleinen Überraschungen und Zugaben am Ende des Programms. Die alten Showhasen kannten zwar nicht Kahneman und die «Peak-End-Rule», aber sie beherzigten sie aus Erfahrung.

Ich möchte hier noch ein medizinisches Erkenntnismoment einbringen, das nur scheinbar nichts mit glücklichen Momenten zu tun hat: die Darmspiegelung. Halten Sie durch, der Erkenntnisgewinn rechtfertigt dieses Beispiel. Eine Darmspiegelung ist eine höchst nützliche Sache. Und auch wenn nicht jedermanns Sache, sollte jedermann und jede Frau ab 55 alle zehn Jahre dafür mal beim Arzt vorbeischauen. Man gönnt sich ja sonst nichts. Wenn alles in Ordnung ist, kann man ziemlich sicher sein, die nächsten zehn Jahre lang keinen Darmkrebs zu bekommen. Aber ob die Menschen ein weiteres Mal zur Untersuchung kommen, das hängt von den letzten 60 Sekunden ab!

Das Gerät, mit dem der moderne Medizinmann Licht spendet, wohin die Sonne nie scheint, heißt Koloskop. Zieht der Untersucher diesen Schlauch am Ende unsanft heraus, bleibt im Gedächtnis: Autsch. Da gehst du nie wieder hin. Und dummerweise legt der lokale Schmerz einem dazu auch noch die passenden Kraftausdrücke in den Mund. Hält ein wissender Untersucher aber kurz vor Schluss inne und macht einen sanften Abgang, dann schlaucht der Schlauch viel weniger. Auch wenn vielleicht zwischendurch der gleiche unangenehme Schmerz empfunden wurde, bleibt am Ende hängen: Ach, so schlimm war es eigentlich nicht. Und man kann sich wiedertreffen.

Erwiesenermaßen kommen Menschen, die eine solche positive Erfahrung gemacht haben, tatsächlich zur nächsten Untersuchung eher wieder als diejenigen, die zum Schluss starke Schmerzen hatten. Wie die Darmspiegelung, so die Beziehung – ein abruptes und schmerzhaftes Ende, und ich wünsche dem Ex-Partner Darmspiegelungen an den Hals und anderswohin, bis an sein hoffentlich bitteres Ende. Ein sanftes Auseinandergehen, und wir können Freunde bleiben. Was lernen wir daraus für unser Glück?

Bei einer Party sollten wir am besten, kurz nachdem es richtig schön war, gehen. Unauffällig, ohne lange Verabschiedung. Und wenn man selbst der Gastgeber ist und nicht gehen kann, müssen wir uns gezielt einen weiteren «Höhepunkt» für die Zeit nach Mitternacht bereithalten. Werfen Sie daraufhin die Gäste zügig raus. Dann kommen sie gerne wieder! Oder um mit dem südafrikanischen Weisheitslehrer Howard Carpendale zu sprechen: Auf ein dezentes «Dann geh doch» folgt gerne ein «Hello again!».

Angeln entspannt? Das sieht der Wurm auch anders.

Glück ist, wenn der Schmerz nachlässt

*Ich habe bei einem Unfall den Daumen verloren.
Habe ich jetzt noch einen Mittelfinger?*

Eine Handvoll provokanter Ideen über Schmerzen:

1. Wir müssen dem Schmerz dankbar sein, dass es ihn gibt.
2. Unser Wunsch, Schmerzen zu vermeiden, lässt uns leiden.
3. Dafür tun Körperteile weh, die wir gar nicht mehr haben.
4. Wir spüren lieber Schmerzen als gar nix.
5. Wir können Schmerzen trainieren und abtrainieren.

Schmerz ist ein großer Glückskiller. Schmerz ist eine Provokation. Schmerz will unsere Aufmerksamkeit. Und zwar sofort! Gesundheit ist das Schweigen des Körpers. Wenn wir nichts von ihm mitbekommen, dann geht es uns gut. *No news are good news.* Und Schmerzen sind immer *bad news*. Aber vielleicht nicht immer: Wenn man über 50 Jahre ist und ohne Schmerzen aufwacht, ist man tot. Das sagte meine Oma immer und lachte, weil sie noch am Leben war. Dann machte sie ihre Turnübungen, nahm ihre Medikamente und ließ sich nicht unterkriegen.

Ich weiß, dass chronischer Schmerz Menschen mürbemacht, wie unerträglich ein Leben dadurch sein kann und dass Hunderte von Menschen deshalb auch aus dem Leben scheiden. Ich weiß, wie viele Menschen beeinträchtigt sind, nicht adäquat behandelt werden und nichts zu lachen haben. Schmerz ist ein Glückskiller, vielleicht sogar der größte. Es ist ein ernstes Thema, aber wird es erträglicher, wenn wir nur ernst darüber reden? Meine Haltung als Arzt und Komiker ist seit 15 Jahren: Worüber wir lachen können, daran zerbrechen wir nicht.

1. Wir müssen dem Schmerz dankbar sein, dass es ihn gibt.

Schmerz ist gut. Innerhalb von Millisekunden haben wir das als Kind kapiert: Eine heiße Herdplatte ist kein guter Ort für die Hand. Und ohne lange zu überlegen, ziehen wir die Hand weg. Reflexartig. Das haben wir uns gemerkt, ein für alle Mal. Schmerz ist ein Segen, er ist da, um uns zu schützen und um uns vor größerem Unglück zu bewahren. Eigener Schmerz ist unser bester Lehrmeister, er spricht laut und deutlich zu uns, ihm hören wir besser zu als der Vernunft. Was bringt es, wenn uns die Mutter ermahnt, die Hand nicht auf die Herdplatte zu legen? Aber vor Schmerz haben wir Angst, dabei will er uns im günstigen Fall sagen: Du tust dir gerade nicht gut, schau hin, pass auf, mach etwas anders. Wenn wir diese Botschaft kapiert haben, hat der Schmerz seine Schuldigkeit getan, dann kann er eigentlich gehen. Aber warum bleibt er dann so oft, chronisch, anscheinend für immer?

2. Unser Wunsch, Schmerz zu vermeiden, lässt uns leiden.

Dummerweise können wir Menschen unseren Schmerz gut leiden. Das beste Beispiel: Rückenschmerzen. Bei kaum einem Krankheitsbild fallen Röntgenbild und Eigenbild des Patienten so auseinander. Da hat einer nachweislich einen Bandscheibenvorfall, und ihm selbst ist dieser Vorfall unbekannt. Er kommt gar nicht dazu, körperlich zu leiden, weil er seinen Körper zum Arbeiten braucht. Ein anderer hingegen leidet schwer, weil er im Leben wenig trägt, kaum Rückenmuskeln hat, und das, obwohl das Röntgenbild keine Abnutzung zeigt. Und alle Zwischenstufen und Kombinationen sind möglich – damit sich keiner ausgeschlossen fühlt. Vor Schmerzen krümmen wir

uns und krümmen danach keinen Finger mehr, weil wir uns schonen wollen vor weiteren Schmerzen. Dabei sollte heute jeder Rückenpatient wissen: Das Wichtigste ist, in Bewegung zu bleiben. Spazierengehen ist wirksamer als Liegenbleiben. Auch in anderen Bereichen kann man sich immer wieder ertappen: Wenn wir eine notwendige, aber unangenehme Sache aufschieben, wird es nicht besser. Deshalb rät der Trainer Jens Corssen: «Schmerz? Ja, und das am besten sofort!»
Gott sei Dank gibt es gute Schmerzmedikamente. Leider werden die nicht ausreichend genommen. Viele Patienten nehmen fälschlicherweise an, die Medikamente könnten süchtig machen, Morphintabletten genauso wie Heroin. Süchtig macht aber nur, was schnell ins Gehirn gelangt und schnell wieder weg ist, alles, was «kickt». Das Heroin, das sich der Junkie in hohen Dosen direkt in die Vene spritzt, macht abhängig. Doch Tabletten, die sich langsam im Magen auflösen, helfen wunderbar gegen Schmerzen und lösen keinen Kick und keine Sucht aus. Es fehlt das «schnelle Anfluten», der Geschwindigkeitsrausch. Bungee-Springen wäre nicht so populär, würde man über die gleiche Distanz am Seil langsam über eine rostige Seilwinde heruntergelassen!
Dummerweise gibt es immer noch zu viele Menschen, die meinen, es sei schlau, Schmerzen heroisch auszuhalten, damit sie sich nicht an die Schmerzmittel gewöhnen. Stattdessen gewöhnen sie sich lieber an den Schmerz, bis der gelernt wurde und nur mit viel stärkeren Schmerzmitteln noch erträglich wird. Eine kleine Gruppe macht das Gegenteil falsch, nimmt dauernd Schmerztabletten, zum Beispiel bei Kopfweh. Wenn Sie an mehr als zehn Tagen im Monat Schmerztabletten brauchen, ist die Chance, dass Sie das falsche Medikament nehmen und dieses Ihnen irgendwann noch zusätzlich Schmerzen verursacht, hoch! Ab zu einem qualifizierten Schmerztherapeuten.

3. Dafür tun Körperteile weh, die wir gar nicht mehr haben.

Gibt es etwas Schlimmeres als Schmerzen in einem Körperteil, den man gar nicht mehr hat? Phantomschmerzen sind virtuelle Schmerzen. Die Betroffenen verspüren in amputierten Gliedmaßen projizierte Schmerzen, das heißt Schmerzen «außerhalb des Körpers». Gespenstisch! Heute kann man sich dieses Phänomen zumindest ansatzweise erklären. Das Gehirn hat den Schmerz, der mit dem kranken Körperteil verbunden war, «gelernt». Das Schmerzgedächtnis sorgt auch nach der Amputation weiterhin für peinigende Schmerzen. Das Hirn ist durch den Wegfall des amputierten Körperteils überfordert und muss sich erst wieder neu organisieren und den Schmerz «vergessen». Das erinnert ein bisschen an die Situation nach der Trennung von einem Partner, den man auch erst einmal nicht vergessen kann. Der kann einem daher auch noch lange weh tun, gerade weil er nicht mehr da ist und fast physisch spürbar ein Loch, eine schmerzhafte Leere hinterlassen hat. Spürbar im Nacken, in der Magengrube oder je nach Trennungsgrund auch in ganz anderen Regionen.

4. Wir spüren lieber Schmerzen als gar nix.

Offenbar lieben wir Schmerz, der nachlässt, mehr als neutrale Gefühle. Unser Gehirn braucht den Schmerz als Vergleich, damit wir wieder wissen, was Glück ist. Das erklärt auch, warum Frauen so gerne Schuhe kaufen, die einen Tick zu eng sind – für den kontrollierbaren Glücksmoment am Abend, wenn der Schmerz beim Ausziehen nachlässt. In späteren Jahren kann man das gleiche gute Gefühl beim Ausziehen der Thrombosestrümpfe genießen. Bei einem psychologischen Experiment wurden die Versuchsteilnehmer gefragt, wofür sie sich entscheiden würden: Entweder Sie stecken Ihre Hand eine Minute lang in eiskaltes Wasser, bis es weh tut, oder Sie lassen die Hand nach der ersten Minute noch eine halbe Minute im Wasser, während es langsam erwärmt wird. Die meisten Teilnehmer entschieden sich für die zweite Variante, und das, obwohl die Dauer des Schmerzes damit viel länger war. Verrückt, wir lieben den nachlassenden Schmerz.

5. Wir können Schmerzen trainieren und abtrainieren.

Ständig an Schmerzen zu rühren, macht es nicht besser. Hierzu ein konkreter Test: Klopfen Sie doch mal Ihrem Nachbarn auf die Schulter. Aber nicht mit der ganzen Hand, sondern nur mit einem Finger – dafür aber eine ganze Minute lang, immer leicht auf die gleiche Stelle. Das «nervt»! Warum? Die Übertragung wird gebahnt. Die beteiligten Nervenzellen werden überstimuliert, und wenn Sie das noch eine halbe Stunde weitermachen, wird der «Beklopfte» bekloppt und alles daransetzen, Sie zu unterbrechen! Schmerzen werden schnell gelernt. Und so wichtig ihr Signal akut war, so störend, irritierend und überflüssig ist chronischer Schmerz.

Wenn man sich Schmerzen «angewöhnen» kann, kann man sie sich dann auch «abgewöhnen»? Die Antwort ist kurz und knapp: JA! Die Verarbeitung der Signale in der Hirnzentrale ist entscheidender für die Wahrnehmung als der Ursprung der Signale in der Peripherie. Das ist die Grundlage von Phantomschmerz genauso wie von Fakiren oder Müttern, die während der Geburt enorme Schmerzen erdulden können und das Erlebnis nachher sogar als positiv bewerten und weitere Kinder wollen. Aber wie kommt man an die Schalter im Kopf? Einer der spektakulärsten neuen Ansätze der Schmerztherapie heißt «Neurofeedback». Das etablierte Vorbild ist «Biofeedback», bei dem man beispielsweise an einen Pulsmesser angeschlossen wird und lernen kann, die Herzfrequenz willentlich zu beeinflussen. Genauso können Menschen lernen, die Empfindlichkeit ihrer schmerzverarbeitenden Hirnzentren «herunterzuregeln», wenn man ihnen im MRT die Aktivität dieser Regionen auf einem Bildschirm zeigt. Noch befindet sich die Methode im Forschungsstadium und ist auch wegen der Größe und Kostspieligkeit der Röntgengeräte nicht für den Hausgebrauch zu empfehlen. Aber es ist ein vielversprechender Ansatz: das

Gespenst des Schmerzes mit Geisteskraft aus dem Kopf zu verbannen – oder zumindest klein zu halten.

FAZIT:

Schmerz – ja, sofort. Und wenn er da ist: Schmerzmittel – ja, sofort.

Aus meiner Zeit als Kinderarzt erinnere ich mich an eine schöne Anekdote. Ein sechsjähriger Junge musste am Rücken punktiert werden. Weil er privat versichert war, kam der Chef persönlich und erklärte in altväterlicher Manier: «Denk dran, ein Indianer kennt keinen Schmerz!» Darauf der gepeinigte Junge wörtlich: «Ich bin aber kein Indianer, du Idiot!»

Das **Glücksrezept**
für alle, die nicht kochen können.

— **1.** —
Kaufen Sie sich eine gute Schokolade.
— **2.** —
Genießen Sie einen Riegel.
— **3.** —
Warten Sie zehn Minuten.
— **4.** —
Falls keine Wirkung eintritt,
Schritt 2 und 3 wiederholen.
— **5.** —
Falls immer noch keine Wirkung eintritt,
Schritt 1 wiederholen.*

*****Tipp:*** *Überraschen Sie sich auch mit anderen Sorten!*

Kinder haben noch diese natürliche Freude an Bewegung. (Der Autor links im Bild.)

Lauf um dein Leben

*Tief bewegt sein ist was Schönes,
besser ist sich selbst bewegen.*
                                Wolf Biermann

Als ich Stefan Klein, den Autor des Buches «Die Glücksformel», einmal persönlich fragte, was er denn nach Kenntnis der gesamten Studien zum Thema Glück an seinem eigenen Leben geändert habe, antwortete er: «Ich beweg mich mehr!» Das hat mich überzeugt und motiviert, mich auch theoretisch mit dem Thema auseinanderzusetzen. Überhaupt glaube ich, dass tief in mir drin ein Marathonläufer schläft, allerdings sehr fest. Ich bin sehr sportlich, ich komme nur so selten dazu, Sport zu treiben. Streng genommen in den letzten 20 Jahren eigentlich gar nicht. Es war einfach keine Zeit dafür. Aber im Kern bin ich immer noch der Sportler, der ich vor 20 Jahren auch schon nicht war.

Dabei hatte ich schon als Kind die optimale Voraussetzung zum Bewegungskünstler. Ich bekam orthopädisches Turnen und Einlagen verschrieben, denn ich litt unter Plattfüßen wie meine gesamte Geschwisterschar. So meinte es jedenfalls der Orthopäde per Blickdiagnose festzustellen. Ich erinnere mich noch, wie fasziniert ich von diesem kleinen dicken Mann war, der eingeklemmt in einem Sessel mit Rollen saß. Mit einem Geschick, das jahrelange Übung verriet, stieß er sich nur ein Mal mit dem Fuß am Boden ab, rollte von seinem Schreibtisch direkt zur Untersuchungsliege und kam dort zum Stehen. Also der Sessel, nicht etwa er. Dann schaute er zwei Sekunden auf unsere versammelten Füße, murmelte: «Ja, da müssenwanochmawasmitEinlagen …», und glitt im Satz mit einem Satz – oder besser gesagt mit einem Rollkommando – wieder zum Schreibtisch, ohne irgendeinen Muskel oberhalb des Unterschenkels für diese zwei Meter Rollstrecke unnötig belastet zu haben. Und obwohl ich als Kind natürlich noch nicht wusste, wie man Facharzt für Orthopädie wird, hatte ich intuitiv erfasst, dass der Mann im Rollstuhl unmöglich ein Fachmann für den Bewegungsapparat sein konnte.

Böse Zungen behaupten, wenn jeder Deutsche sich nur zehn Minuten morgens etwas dehnen, strecken und muskulär wecken würde, könnte man mindestens die Hälfte der Rückenschmerzen und damit der Orthopäden in die Tonne kloppen. Aber wer will das schon? Der große Haken an allen Appellen, seinen Arsch hochzubekommen, ist, dass Letzterer sich so gerne breit macht. Und wenn man nicht ausgerechnet in den Spiegel schaut, bekommt man das auch eine ganze Weile nicht mit.

Der Harvard-Professor Ben-Shahar hat eine sehr einleuchtende Theorie dafür, wann man sein Verhalten ändert: Das Ziel muss attraktiv sein UND der Weg dorthin! Spaß ohne Ziel wird fade, Ziel ohne Spaß auch. Aber eben auch kein nachgeplappertes «Der Weg ist das Ziel». Die Mischung macht's. Etwas, das einen nicht auch im Tun glücklich sein lässt, lässt man nämlich ganz schnell wieder sein! Ben-Shahar hat noch ein anderes Phänomen beobachtet: Er trainierte für einen Athletikwettkampf und ernährte sich in dieser Zeit bewusst gesund. Aber er versprach sich in der Zeit der Askese, sich später zu belohnen, sobald das Ziel erreicht, also der Wettkampf vorbei war. Er wollte zu seinem liebsten Hamburger-Restaurant gehen und so viele Burger essen, wie er konnte. Nach dem Rennen ging er dorthin und merkte, direkt vor der Kasse, dass er eigentlich gar keine Lust darauf hatte, so etwas Schlechtes wieder zu essen. Die Belohnung hatte durch den Weg an Attraktivität verloren.

Warum gibt es im Deutschen kein Gegenstück zum Teufelskreis? Dass eine schlechte Angewohnheit zur nächsten negativen Erfahrung führt – dafür haben wir ein häufig verwendetes Wort. Und jeder weiß auch, wie schwer es ist, aus dem Teufels-

kreis auszubrechen. Dahinter steckt, dass wir Gewohnheitstiere sind, und das hat mit dem Teufel gar nicht so viel zu tun. Denn die gleiche Beharrlichkeit könnten wir auch bei positiven Eigenschaften an den Tag legen. Nur gibt es dafür noch keinen etablierten Begriff. Mein Vorschlag: GLÜCKSSPIRALE!
Fängt jemand an, sich regelmäßig zu bewegen, wird die neue Tätigkeit die ersten Tage kaum Überwindung kosten, denn die Motivation ist noch hoch. Dann aber meldet sich der innere Schweinehund. Wird er in seine Schranken gewiesen, sind nach drei Wochen die neuen Muster gelernt. Nun muss man den Körper nicht mehr zwingen, laufen zu gehen, er fordert es von allein, freut sich darauf, kommt wie ein Hund mit wedelndem Schwanz an die Haustür und möchte raus (der Vergleich hinkt heftig, aber Sie wissen hoffentlich, was gemeint ist). Und mit dem Einüben des Laufens passieren andere wundersame Dinge. Ein Freund, der jahrelang geraucht hatte, erzählte mir völlig überrascht, dass er durch das Joggen das Bedürfnis verlor, sich eine Zigarette anzuzünden. Er musste es sich nicht abgewöhnen, er hörte auf, ohne es zu bemerken. Von ganz allein, es war gar nicht sein Ziel. Das ist ein Effekt der Glücksspirale.
Aber dafür muss das Laufen an sich Freude machen. Ich habe nie verstanden, wie Menschen ernsthaft über Kilometer im Auto fahren können, um dann in einem Fitnessstudio auf einem Laufband zu gehen. Sie steigen auf einen Apparat, der jedes Fortkommen verhindert, während man sich die Seele aus dem Leib läuft. Seltsam seelenlos. Und so absurd! Vor allem, wenn die Geräte auch noch vor einer Wand stehen, sodass es aus der Warte eines Unbeteiligten aussieht, als würde der Betroffene (oder wie nennt man Leute, die so etwas machen?) nichts sehnlicher erstreben, als direkt gegen die Wand zu laufen, indes der fahrbare Untergrund ihn daran hindert. Statt selbst auf einem Laufband zu gehen, hatte ich laufend die Phantasie, was wohl Außerirdische denken würden, wenn sie aus Versehen in einem Fitnessstudio landen würden.
Falls es bisher nicht wirklich deutlich wurde: Ich laufe gerne. Von Zeit zu Zeit, aber ohne Stoppuhr. Am liebsten in Berlin

um den Schlachtensee. Denn dort gibt es keine Abkürzung. Und deshalb laufe ich automatisch die Runde auch zu Ende. Da wurden schon ganze Schweinehunde geschlachtet. In Runden. Am Stück und eben nicht in Scheiben.

«Runner's High», der Laufrausch, ist ein Mythos, der viel bewegt hat. Ein ungeahntes Glücksgefühl nach 30 Kilometern wird einem versprochen. Das Fiese daran: Man muss die 30 Kilometer auch am Stück laufen. Ich habe es mit der Salamitaktik probiert – von Glücksrausch keine Spur. Stattdessen spürte ich jeden Knochen. Im Gegensatz zu einer Marathonläuferin, die sich einmal derart mit Endorphinen gedopt hatte, dass sie erst, lange nachdem sie im Ziel angekommen war, bemerkte, dass ihr Schienbein gebrochen war. Das ist wirklich wahr.

Eine Geburt und ein Marathon sind starke Glücksmomente. Hinterher. Währenddessen würde man das als Außenstehender nicht vermuten, allein schon vom Gesichtsausdruck her. Dabei geht es einem während des Laufens im Kopf eigentlich gut. Laufen und sich gleichzeitig Sorgen machen, das geht schlecht. Auch Telefonieren ist unvorteilhaft, höchstens mit Nummern, unter denen zurückgestöhnt wird. Aber dann doch lieber eigene Runden drehen als in Warteschleifen hängen. Wer laufend an etwas denken muss, geht am besten laufen. Dann hört es auf. So wenig, wie man beim Sex den Sinn des Lebens in Frage stellt, ist auch Sport körperlich anregend und seelisch abregend zugleich. Kein Grübeln, keine To-do-Liste außer: weiterlaufen! Ein Läuferspruch: Es ist egal, wie oft du aufgibst, solange deine Beine weiterlaufen. Und irgendwann sind die Beine auf Autopilot gestellt und melden ans Großhirn: «Det läuft» – worauf sich dieses mit Freude in einen mentalen Kurzurlaub verabschiedet und runterfährt.

In seiner Gefangenschaft wusste Nelson Mandela aus Erfahrung von der Wichtigkeit der Bewegung: «Sport lässt Anspannung verschwinden, und Anspannung ist der größte Feind der Seelenruhe.» Uns ist der afrikanische Weg zur Seelenruhe durch Laufen wahrscheinlich auch näher als der asiatische durch Stillsitzen. Und das nicht nur, weil wir nackt lieber wie ein schwarzer Läufer aussehen würden als wie ein bleicher Buddha mit Bauchansatz. Laufen ist Meditation. Zum Laufen braucht man keinen Kopf. Das hat Störtebeker eindrücklich genug bewiesen.

Wer öfter läuft, dem wachsen sogar neue Hirnzellen. Körperliches Training erzeugt nachweislich ein natürliches Antidepressivum, das «VGF – nerve growth factor inducible protein» – also eine Art Dünger für den Kopfsalat. Wer läuft, findet übrigens auch im Alter leichter nach Hause – VGF schützt vor Alzheimer und anderen Formen des mentalen Abbaus. Auf welchen Wegen Sport der Seele auf die Sprünge hilft, darüber streiten sich die Gelehrten noch: ob über die Erwärmung, die Endorphine, den Botenstoff Serotonin oder schlicht über das wachsende Selbstwertgefühl. Im schlimmsten Fall trifft alles zu! Fest steht: Sport ist antidepressiv. Denn sobald man sich bewegt, kommt das Gefühl: Wenn ich will, kann ich etwas bewegen. Und wenn ich es selbst bin.

Bei leichten Depressionen sind Bewegung und Licht genauso wirksam wie Medikamente und auf der Couch auf Besserung zu warten, vor allem sind die Nebenwirkungen erwünscht. In der Zeit, als es noch keine Medikamente gegen Depressionen gab, hatten die psychiatrischen Kliniken oft eine Landwirtschaft angegliedert, wo jeder nach Kräften mithelfen musste. Als es endlich spezielle Antidepressiva gab, ging dieses Wissen verloren. Die «Verwahranstalten» wurden geschlossen und in den 60er Jahren in «hochmoderne» Krankenhäuser umgewandelt. Es schossen Betonsilos aus dem Boden und der Fortschritt über das Ziel hinaus. Man meinte irrsinnigerweise, den Körper völlig ausblenden zu können, wenn Psychotherapie und Tabletten nur gut eingesetzt würden. So ist der Bewegungsmangel auf psychiatrischen Stationen an vielen Orten bis heute ein großes Problem, das oft auch noch durch Personalmangel verschärft wird, weil keiner Zeit hat, mit vor die Tür zu gehen. Außer zum Rauchen. Dabei könnten viele Kliniken sofort ihre Behandlungserfolge deutlich verbessern, wenn sie ab und an den Fahrstuhl sperren ließen und jeder die Treppe benutzen müsste.

Die VGF-Forscher wollen jetzt Medikamente entwickeln, die genauso stimmungsaufhellend sein sollen wie Bewegung. Das Fiese: Mäuse, die sich nicht bewegen, aber VGF bekommen, sind auch besser drauf. Laufen als Tablette? Fitness als Infusion? «Mit der Identifizierung von VGF haben wir einen Mechanismus entdeckt, durch den körperliche Aktivität antidepressive Wirkungen erzeugt», sagt Ronald Duman von der Yale University in einer der renommiertesten Fachzeitschriften, «Nature». Nennen Sie mich altmodisch, ich glaube weiter, dass Bewegen in der Natur das Beste ist – egal was «Nature» dazu sagt! Ich bin dann mal weg …

Die dunkle Seite

Sie wollen vom Glück nix mehr hören? Und lesen auch nicht? Dann reißen Sie sich nicht unnötig zusammen, reißen Sie lieber diese Seite raus. Sie können auch andere Seiten rausreißen, aber dann ärgern Sie sich hinterher noch mehr …

Der Durst nach Stille ist noch schwer zu stillen, wenn wir ihn denn erst einmal wahrnehmen. Wie laut ich selber unterwegs bin, merke ich am besten im Kontrast am Meer. Lange Zeit habe ich Sylt gemieden, ich dachte immer, das sei die Insel der Reichen und Schönen. Und das stimmt ja auch – aber es sind zwei verschiedene Gruppen.

Aber guck noch einmal, wie das erste Mal war. Ich kam in Westerland am Bahnhof an und sagte zum netthesten Eingeborenen: Sind sie von hier? Ja. Wie komm ich am schnellsten zum Strand?

Der schaute mich lange an und sagte: Mein Jesmahl. Und gefühlte Stunden später, irgendwann nicht so hektisch, weißt du überhaupt, wo du hier gelandet bist?

Ich antwortete: Klar, auf die schöne Insel, hab ich mir sagen lassen, mit all ihren Problemen, bis und so, hab mich informiert.

Na da hast du die Antwort en.

„Versteh ich nicht."

„Du wirst schnell zur Ruhe kommen, wenn du dich austobst, ein bisschen ärgst Zeit und bleib hier stehen. Dann kommt der Strand zu dir, von ganz alleine."

Das ist Gelassenheit. Er nahm mich bei der Hand und sagte: „Ihr da her habt keine Ahnung mehr von den Kräften der Natur. Wenn du ins Wasser gehst und kommst raus und bist aber trocken, will die Natur dir etwas sagen."

„Was denn?"

„Ebbe!"

„Dann hob er eine Muschel hin und sagte: Halte die mal an dein Ohr!"

Und sie werden es nicht glauben, ich hörte das Meer rauschen.

Dann sagte er: „Eckart, noch eins, wenn du am Meer stehst, kannst du es sogar auch ohne Muschel hören!"

Und er hat so recht! Aber ich hatte vorher gar nicht

Let's Dance

*Wenn ihr Deutschen auf ein Lied tanzt – geht
ihr da nach der Musik oder nach dem Text?*
Kaya Yanar

Da steppt der Bär! Ein Zeichen höchster Anerkennung und Verkennung. Bären steppen nur auf Anfrage, Menschen dagegen auch ohne Volkshochschulkurs. Was uns nämlich vom Tier unterscheidet, ist das Tanzen!
In allen Kulturen der Welt bewegt man sich rhythmisch zur Musik, allen voran in Deutschland. Während das Ausland uns oft noch im Stechschritt karikiert, tanzt man hierzulande inzwischen Tango argentinischer als in Argentinien, Salsa kubanischer als Fidel Castro, und auch beim Standard liegen wir deutlich oberhalb des europäischen Standards. Die Renaissance der vertikalen Paarbewegung ist nicht aufzuhalten.
Ich tanze wirklich gerne. Einige der glücklichsten Momente in den letzten Jahren hatte ich mit Tango, Salsa und den «fünf Rhythmen». Dies ist eine Methode der Bewegungslehrerin Gabrielle Roth, die einen systematisch durch verschiedene Intensitäten, Musikstile und Muskeln führt, bis man sich selbst überrascht. Dass ich überhaupt frei tanze, ist für mich die eigentliche Überraschung.
Musik geht in die Birne und die Beine. Wir stehen bei der Nationalhymne auf und finden unsere Lieblingsmusik zum Niederknien. Gleichzeitig halten wir es für zivilisiert, uns bei klassischen Konzerten in der Philharmonie nicht zu bewegen, sondern ruhig auf dem Platz sitzen zu bleiben. Der natürliche Impuls, im Takt mitzuschwingen, wird unterdrückt. Sobald

jedoch der letzte Ton verklungen ist, springen die hochgesitteten Menschen auf, um mit stehenden Ovationen ihre Anerkennung auszudrücken, in der Hauptsache aber, um ihrem Bewegungsdrang endlich nachzugeben.

Es ist natürlich, sich zu Musik zu bewegen, das weiß jedes Kind und tut es ganz automatisch. Eigentlich müssten wir im Erwachsenenalter nicht mühselig tanzen lernen, wenn wir es uns nicht vorher abgewöhnt und verlernt hätten. Kinder, die viel tanzen, sind im räumlichen Denken besser und in vielen sozialen Fähigkeiten. Mit dem Tanzen hat man etwas für jetzt und für später: «Mensch, lerne tanzen», so der Kirchenlehrer Augustinus, «sonst wissen die Engel im Himmel nichts mit dir anzufangen.»

Wer tanzt, kommt aber auch später in den Himmel. In der Rehabilitation nach einem Herzinfarkt oder einem Schlaganfall zeigt sich, dass es kaum etwas Gesünderes gibt als Tanzen. Die Patiententanztees laufen den Koronarsportgruppen gerade den Rang ab. Bewegung bringt dem Leben mehr Jahre – aber vor

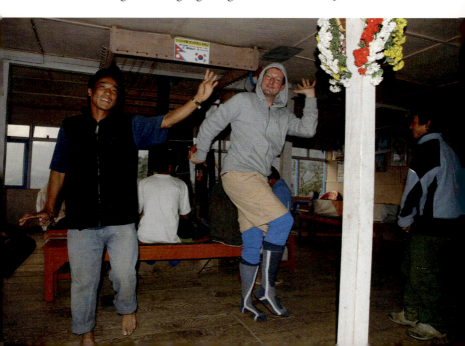

allem: mehr Leben in die Jahre! Beim Tanzen kann man seine Sorgen vergessen, sogar die um Alzheimer. Eine Langzeitstudie mit Senioren ergab, dass regelmäßiges Tanzen das Risiko, an Demenz zu erkranken, um 76 Prozent senkt. Damit ist es viel wirksamer als Rätselraten, Lesen oder andere Sportarten. Der Grund hierfür ist, dass Tanzen uns auf so verschiedenen Ebenen fordert und freut: Wir bewegen unseren eigenen Körper und den eines anderen, lernen neue Tanzschritte, trainieren die Koordination auf dem Parkett, der soziale Kontakt hellt unsere Stimmung auf, und wir hören Musik, die uns glücklich macht. Ein Kreuzworträtsel kann immer nur zwei Dinge: senkrecht oder waagerecht.

Die Forscher um Steven Brown haben in Texas Tangotänzer in die Röntgenröhre gelegt und fanden im Schläfenlappen das hirneigene Navigationsgerät, den «Precuneus». Denn um zu wissen, wie ich meinen Körper durch den Raum bewege, muss ich ja erst einmal wissen, was Arme und Beine im Moment tun. Im Precuneus können wir uns die komplizierten Tanz-

In fremden Kulturen hilft zur Verständigung der Ausdruckstanz.

figuren vorstellen und planen, bevor sich die Beine verknoten. Und im Fortgeschrittenenstadium sogar, ohne dabei auf die Füße schauen zu müssen. Ich weiß noch genau, wie ich in der Tanzstunde ständig ermahnt wurde, den Blick nicht zu senken, sondern erhobenen Hauptes der Dame auf die Füße zu treten.

Die Forscher fanden ebenfalls im Kleinhirn das körpereigene Metronom, das uns unwillkürlich den Takt in die Finger treibt. Und je mehr man tanzt, desto leichter kommt der Rhythmus aus dem Hirn in die Arme und Beine, zeitlich und räumlich koordiniert. Ich hatte in der Tanzstunde auf alle Fälle den Rhythmus im Blut, zumindest spürte ich ihn ganz deutlich in meinem hochroten Kopf klopfen. Und vor Peinlichkeit brachte ich kein Wort heraus, als ich das schöne Fräulein Gärtner unerwartet zugeteilt bekam.

Heute kann ich mich damit trösten, dass die Forscher meinen, die Körpersprache des Tanzes sei viel älter als das Sprechen. Tanzen wird in der rechten Hirnhälfte koordiniert, genau an der Stelle, an der in der linken Hälfte die Sprache sitzt. Das ist wohl kein Zufall. Lange vor dem Sprechen schauen wir uns Bewegungen ab. Durch Imitieren lernen wir am schnellsten. Haben Sie schon mal versucht, eine Slowfox-Schrittfolge aus einem Word-Dokument zu lernen? Da sind 90 Seiten weniger aussagekräftig als neun Minuten auf Video. Zum Glück musste uns im Kleinkindalter auch keiner mit Worten erklären, wie man auf zwei Beinen läuft oder was ein Takt ist. Das versteht sich von selbst. Die evolutionäre Reihenfolge, erst die Hände zu bewegen und dann zu sprechen, kann man heute noch bei Italienern beobachten.

Mein Schlüsselerlebnis auf der Tanzfläche kam nicht in der etwas steifen Tanzstunde beim Paso doble, sondern erst ein paar Jahre später in einer Dorfdisko. Ich war 17, und so viele Umwälzungen in der Pubertät auch passierten – eins stand fest: Ich konnte nicht tanzen! Auf jeder Party stand ich am Rand, betrachtete die Leute beim Zappeln und dachte: Woher können die das? Haben die das gelernt? Geübt? Gibt es geheime Kurse dafür? Mein Repertoire an Jive und Foxtrott half mir so gar nicht beim Freestyle. Ich weiß noch, wie ich einmal versuchte, mich endlich zu überwinden, ausgerechnet bei der Party meiner Angebeteten. Ich nutzte das Halbdunkel und machte eine Schrittfolge, die ich aus dem Basketball kannte – den Sternschritt. Ein Fuß war dabei fest im Teppich vergraben, der andere machte drum herum sternförmige Bewegungen. Diese Choreographie des Grauens war aber nicht einmal über ein halbes Lied durchzuhalten – und verzweifelt wartete ich auf einen Schiedsrichter, der meinen kläglichen Versuch hätte abpfeifen können, am besten gleich mit Platzverweis. Doch keiner pfiff, und das Halbdunkel erhellte sich durch das rote Glühen meines Kopfes.

Im selben Jahr ging ich mit zwei Freunden auf Radtour. Sie waren beide zwei Jahre älter als ich, deutlich cooler und lebenserfahrener. Zu dritt gingen wir in der Nähe von Lüneburg in eine Disko. Ich war bis dato noch nie in einer Disko gewesen, wozu auch – wenn man nicht tanzen kann. Meine Freunde setzten sich an die Bar, ich hörte ein Lied, das ich mochte, und fing an, mich dazu zu bewegen. Es war mir egal, wie das aussah, hier kannte ich ja niemanden, und ich wollte auch niemanden kennenlernen. Ich war im besten Sinne absichtslos. Und ganz unbeabsichtigt entdeckte ich plötzlich bis dato lose assoziierte Körperteile: meine Füße, meine Beine, die Arme, die Hände. Einen Kopf, der nicht runterfiel, wenn ich ihn nicht mehr festhielt. Und ein Becken, das die obere und untere Körperhälfte verband. Boah ey – das machte sogar Spaß! Erst mit geschlossenen Augen, dann mit offenen. Erst mit geschlossenem Mund – dann mit offenem. Zwei Stunden lang. Als meine Jungs gehen wollten, schauten sie mich mit einer Mischung aus Verwunderung und Respekt an: «Mensch, Ecki, wir wussten gar nicht, dass du so ein Tänzer bist!» Ich strahlte sie an: «Ich auch nicht!»

214 GLÜCK KOMMT MIT ...

IF I CAN HAVE SEX AND DRUGS
I'LL DO FINE WITHOUT ROCK'N ROLL

Die großen philosophischen Traditionen wurden allesamt in einer Zeit begründet, in der es schwer war, an gute Drogen heranzukommen.

Das Leben ist eine Suchmaschine

In dieser Welt gibt es nur zwei Tragödien. Die eine, nicht zu bekommen, was man möchte, und die andere, es zu bekommen.

Oscar Wilde

In Fernsehanstalten gibt es eine strikte Trennung zwischen den Wissenschaftsredaktionen und der Unterhaltungsabteilung. Im Hirn nicht.
In der Musik gibt es die Unterscheidung zwischen ernst und unterhaltsam, der «E-» und der «U-Musik». Im Hirn nicht.
Im Betäubungsmittelgesetz gibt es den Unterschied zwischen legal und illegal. Im Hirn? Ganz egal.
Unser Hirn freut sich, wenn es etwas beim Fernsehen dazulernt, hat dabei Spaß und schüttet Dopamin aus, wie immer, wenn etwas besser ist als erwartet.
In der Musik freut es uns, wenn wir eine Melodie im Kopf weiterspinnen und von der Kreativität des Komponisten angenehm überrascht werden. Dann hören wir mit Vergnügen zu und lernen. Wenn uns moderne Komponisten weder die Chance lassen, eine Melodie zu erkennen, noch, eine Idee zu entwickeln, wie es weitergehen könnte, fehlt die Freude beim Hören. Daran erkennen Sie richtig ernste «E-Musik».
Und beim Thema Drogen wird es auch richtig ernst. Glück muss vorbeigehen, um Platz zu schaffen für neues Glück und neue Lernerfahrungen. Dafür ist unser «Belohnungszentrum» eigentlich da. Aber weil wir Menschen findig sind, haben wir

in der Kulturgeschichte viele Wege gefunden, den Weg über die Anstrengung abzukürzen, direkt ins Belohnungszentrum vorzustoßen und es zum Vergnügungsviertel zu degradieren. Drogen sind wie Kurzschlüsse im Spannungsgenerator unseres Gehirns. Sich Heroin ins Blut zu spritzen ist so ähnlich, wie an der Steckdose mal gerade mit einem Schraubenzieher eine Verbindung der beiden Pole herzustellen. Es gibt kurz sehr viel Wärme und Licht – aber dann fliegt die Sicherung raus.

Das erste Mal Heroin muss gigantisch sein. In dem Film «Trainspotting» vergleicht es ein Junkie so: «Nimm den besten Orgasmus, den du je hattest, mal tausend …!» So was darf man nicht laut sagen oder schreiben, aber ich hoffe, Sie gehen nicht gleich los und besorgen sich den Stoff, sondern lesen noch, wie es mit den Drogen im Kopf weitergeht. Wenn das «Belohnungssystem» eigentlich ein Lernsystem ist, das uns antreiben soll, neugierig in die Welt zu gehen, können wir nicht verhindern, dass es auch aus der Drogenerfahrung etwas lernt: Warum soll ich mich noch anstrengen? Besser wird es nicht. Warum soll ich 30 Kilometer rennen, um ein Hochgefühl zu bekommen, wenn ich das gleiche Hochgefühl auch am Bahnhof für Geld kaufen kann? Deshalb wird man so oft am Bahnhof um Geld angebettelt und so selten um Turnschuhe.

Junkies gehen nicht mehr neugierig in die Welt und suchen neue Erfahrungen, sie wollen die eine Erfahrung immer wieder machen, die vom ersten Mal. Alles andere ist vergleichsweise uninteressant. Selbst Dinge, die vorher einen «Kick» gegeben haben, reizen nicht mehr. Junkies interessieren sich nicht mehr für Essen oder Sex, die Selbsterhaltung wird vernachlässigt für den Stoff, aus dem die Albträume sind.

Wenn dann wenigstens die weiteren Spritzen noch Spaß bereiten würden, machen sie aber nicht. Denn wenn unser Glückssystem einmal derartig überstrapaziert wurde wie durch den Heroin-Kurzschluss, lernt es daraus noch etwas: Ich darf nicht so empfindlich sein, und regelt seine Reizschwelle herauf. Des-

halb sind Kennzeichen jeder Sucht die Gewöhnung und die Dosissteigerung. Wir brauchen MEHR!
Auch wenn dieses MEHR immer weniger kickt. So dreht sich der Teufelskreis immer schneller, alles dreht sich nur noch um den Stoff, bis wir Verstand und Kontrolle verlieren. Der «Kontrollverlust», der beim Tanzen, der Liebe, der Ekstase «geil» ist, hat sich verselbstständigt.
Es ist mehr als ein Wortspiel: Hinter jeder Sucht steckt eine Suche. Das Dopamin treibt uns alle an und alle in die Irre. Es verspricht uns Erfüllung und Glück, ohne jemals zu liefern! Wir sind von unserem evolutionären Design dafür programmiert, das Glück zu suchen und es nie dauerhaft zu finden. Verdammt! So kann man auch in der amerikanischen Verfassung lesen, dass «The Pursuit of Happiness» garantiert ist, also das Glück zu jagen, aber nicht, es zu finden. Die Suche geht immer weiter, aber jede Abkürzung führt uns weiter weg vom Ziel. Das ist tragisch und komisch, unmenschlich und menschlich, der größte Witz des Universums und die größte Gemeinheit.
Ob Kokain oder Klamotten, Heroin oder Homer Simpson – der grundlegende Mechanismus von: Spaß an einer Sache haben, sich daran gewöhnen, die Dosis steigern und irgendwann den Spaß wieder verlieren, ist sich auf den ersten Blick verblüffend ähnlich. Aber Schokoladenpudding, Humor und Sex sind auf den zweiten Blick doch weniger zerstörerische Kicks als Ecstasy, Alkohol und Rauchen.
Und es gibt ein paar Dinge, die uns Freude machen, die weniger mit dem Fluch der Gewöhnung belegt sind, wie Freunde, Musik und Bücher. Leseratten haben einen anderen Freiheitsgrad als die «weißen Mäuse» im Endstadium des Alkoholdeliriums.
Ich meine das nicht moralisch, sondern spreche rein aus der klinischen Erfahrung, womit Leute in den Entzug kommen und wie schwer sie damit zu kämpfen haben. Die Statistik sagt, was Politiker in Sonntagsreden selten verkünden: An Heroin sterben in Deutschland immer weniger Menschen – an

den Folgen von Alkohol und Zigaretten immer mehr. Und die Rückfallquoten bei Alkohol und Zigaretten liegen ebenfalls höher als beim Heroin. Deshalb sind es auch so verlässliche Steuereinnahmen. Erhöht man die Steuern auf diese «Genussmittel» zu rapide, so sinkt nachweislich der Verbrauch. Ein Rest unseres Verstandes funktioniert dann doch – der Geiz.

Schalten wir um ins Gehirn und hören wir mal, was die Hormone so untereinander diskutieren. Gute Gefühle macht nicht Dopamin allein. Dopa ist aber der Kick, die Neugier, das «Raus in die Welt». Serotonin ist sein gelassener Gegenspieler – zum Beispiel nach einem guten Essen, wo du nur denkst: Morgen verbessere ich die Welt wieder, heute Abend ist sie okay, wie sie ist. Serotonin bleibt zu Hause. Deswegen gibt es mehr Revolutionen, wenn Menschen hungrig sind, als unter Satten. Und für Kampf und Flucht, Stress und «Action» haben wir noch Adrenalin.

Jede Zigarette schafft einen kleinen Dopa-Kick. Schnell ist man süchtig danach, und sobald die Zigarette wegfällt, schreit Dopa: «Ey, alle Hirnteile mal herhören, egal was ihr tut, es kann nichts so Wichtiges sein, bitte unterbrechen, wir brauchen eine Zigarette.» Da sagt Serotonin: «Mensch, Dopa, sei mal nicht so laut hier, du bist nicht alleine. Es gibt noch andere Wege zum Glück. Probier es zur Abwechslung doch mal mit Entspannungsübungen, mach mal Yoga, Atemarbeit oder Meditation.» Aber diese leise Stimme des Serotonins wird nicht gehört, weil Adrenalin bereits laut am Automaten rappelt.

Fragst du einen Raucher, warum er raucht – was antwortet er? «Weil's mir schmeckt!» Wer spricht da? Die Großhirnrinde! Warum? Weil die sprechen kann! Als Einzige. Die Großhirnrinde hat aber mit der Entscheidung nichts zu tun. Die fiel eine Etage tiefer bei den Hormonen. Der Verstand ist nicht die Regierung des Menschen. Mehr so der Regierungssprecher. Wie in der Politik erfährt der Regierungssprecher als Letzter, was beschlossen wurde, muss es aber nach außen hin rechtfertigen. Und der Sitz des Verstandes, unsere Großhirnrinde, ist nur deshalb so groß, damit wir auch für das bescheuertste Ver-

halten eine halbwegs plausible Entschuldigung zusammenzimmern können – im Nachhinein. Die echten Entscheidungen fallen wie in jedem Parlament woanders – aus den untersten Regionen machen die verschiedenen Lappen Lobbyarbeit. Hat die erste Zigarette wirklich geschmeckt?
Nein, wie jeder, der es einmal probiert hat, weiß: Du hast gehustet, gewürgt, dir war schwindlig. Dein ganzer Körper hat sich gewehrt gegen das Gift. Aber sobald der Dopaminregler verstellt ist, «entspannt» es – weil es den Entzug lindert. Rauchen ist deshalb unter Rauchern so beliebt, weil sie sich nach der Zigarette endlich für eine Weile so entspannt fühlen können wie früher als Nichtraucher.
Und für alle Genussraucher, denen ich gerade großes Unrecht tue: Wenn es Ihnen wirklich nur um den Geschmack geht: Zigarette nicht anzünden – aufbrühen! Dann erübrigt sich auch die Aufregung um das Nichtrauchergesetz. Passivrauchen ist tatsächlich gefährlich. Passivtrinken – kommt viel seltener vor!
Aber was bringen schon Warnhinweise? Ich habe neulich am Kiosk erlebt, wie ein Raucher tatsächlich durch den Spruch auf der Schachtel abgeschreckt wurde. Als er las: «Rauchen macht impotent», überlegte er kurz, gab dem Kioskbesitzer die Schachtel zurück und sagte: «Komm, gib mir die mit dem Krebs!»

Das Wichtigste beim Orgasmus: Nicht klammern, loslassen.

Kommt Glück mit dem Kommen?

Mehr Sinn als Verstand

Gott stellt sich im Paradies vor seine Geschöpfe: «Ich habe jetzt noch zwei Eigenschaften zu verteilen.»
Eva fragt: «Was gibt es denn?»
Gott: «Die erste ist, im Stehen pinkeln zu können.»
Adam: «Hier, icke, im Stehen pinkeln, verstehste, kennste, muss ick haben!»
Eva fragt: «Und was ist die zweite?»
Gott: «Multiple Orgasmen.»

Was ist der ungewöhnlichste Ort, an dem Sie schon einmal Sex hatten? In keiner meiner wildesten Phantasien käme ich auf die Idee, in einem Positronenemissionstomographen (PET) einen Orgasmus haben zu wollen, geschweige denn zu können. Auf so etwas kommen nur Wissenschaftler.
Für eine Studie waren Paare angehalten, einzeln das Gerät zu besteigen und jeweils dem anderen zum Höhepunkt zu verhelfen. Es fanden sich tatsächlich 22 Menschen, die für den Fortschritt der Wissenschaft zum Äußersten bereit waren und sich auch in ihr Innerstes dabei schauen ließen – in ihr Gehirn.
Um scharfe Bilder davon machen zu können, musste jeder Orgasmuskandidat den Kopf still halten, während der Rest des Körpers gleichzeitig möglichst gefühlsecht den Gipfel der Lust erklimmen sollte. In den Männerhirnen leuchtete die Ecke mit der Bildbearbeitungssoftware auf – auch bei geschlossenen Augen. Sie hatten sich während des Versuchs selbst scharfe Bilder gemacht. Im Männerhirn leuchteten dazu die üblichen

Verdächtigen auf: das Belohnungssystem, insbesondere die Area tegmentalis ventralis – ich schreib das hier nur, falls Sie es zu Hause einmal nachmachen wollen. Nachdem die Männer befriedigt waren, durften sie nicht etwa einschlafen, sondern sollten ihre Frauen im PET befriedigen. Und plötzlich macht der Begriff, der allen ehemaligen «Bravo»-Lesern geläufig sein dürfte, Sinn: PETing.

Doch der weibliche Orgasmus war nicht so einfach zu erreichen. Laut dem Studienprotokoll jedenfalls nicht auf Anhieb. Es klingt wie ein schlechter Witz, aber die Experimentatoren mussten den Frauen tatsächlich Socken bringen, denn mit kalten Füßen konnte sich keine genug entspannen, um die Kontrolle zu verlieren. Eine wichtige Botschaft aus dem Messlabor für zu Hause: Männer brauchen zum Orgasmus warme Gedanken, Frauen warme Füße.

Und dann kamen die Frauen, langsam, aber gewaltig. Mit ihrer Ekstase kam auch in der Bildgebung eine große Überraschung, nach dem Motto: «Wie Sie sehen, sehen Sie nichts!» Große Teile des Gehirns zeigten keine verstärkte, sondern eine verminderte Aktivität. Vor allem der linke orbitofrontale Kortex, der zur Triebkontrolle und Selbstbeherrschung dient, wurde regelrecht heruntergefahren. Bei den Frauen stand vor dem Lustgewinn die Ent-Hemmung, das Loslassen der Kontrolle. Und als man bei den Männern daraufhin noch einmal genauer nachschaute, sah man, dass auch sie die Aktivität in ihren «bewusstseinsfähigen» Hirnrindenanteilen verringert hatten.

Die Metapher vom «kleinen Tod» hat also eine neurophysiologische Entsprechung: Während des Orgasmus, sicher eines der höchsten Gefühle, wird unser Verstand ausgeschaltet. Im Hirn leuchten weniger «Glückslampen» auf – viel wichtiger ist, dass es duster wird. Denn im Dunkeln ist gut munkeln! Der Jammerlappen hält endlich einmal die Klappe. Der Orgasmus im PET ist also genau das Gegenteil von Erleuchtung, keine Verdunkelungsgefahr, sondern Ego-Lyse, Selbstvergessenheit. Man kommt sich so nah wie sonst nie – indem man sich einfach mal von seinem grüblerischen Selbst entfernt. Das klingt

doch wieder sehr spirituell. Orgasmus ist mehr Sinn als Verstand!
Der Verstand nimmt dabei aber keinen größeren Schaden – zum Glück. Sonst könnten wir ihn am nächsten Tag nicht wieder dazu gebrauchen, uns neue Gelegenheiten zum Orgasmus auszudenken und diese zu organisieren, um uns baldmöglichst wieder um den Verstand zu bringen!
Der böse Satz «Dumm bumst gut» hat also einen wahren Kern. Wer nicht auf sein Schlausein wenigstens für Sekunden verzichten kann, verpasst das Beste. Sekunden? Udo Lindenberg hat das Glück an sich sogar einmal als «der 29,5-Sekunden-Orgasmus» definiert. Hirnaktivitäten sagen natürlich noch nichts über Erlebnisqualitäten. Und wie bei dem Witz von Adam und Eva ist man als Mann sehr neidisch auf den Variantenreichtum weiblicher Höhepunkte. Wir werden nie genau wissen, wie es sich für den anderen anfühlt. Man kann die Physiologie des Orgasmus beschreiben, aber nicht das Erleben. Wissenschafter haben sich dem anzunähern versucht: Männer und Frauen sollten aus 1000 Wörtern diejenigen heraussuchen, die ihr Erleben beschreiben. Die große Überraschung: Der kleine Unterschied war in der Tat kleiner, als man denkt. Auch wenn jemand sein Erleben beim Orgasmus frei formuliert, lassen sich die Texte nicht eindeutig Männern oder Frauen zuordnen. So ganz anders fühlt es sich also wahrscheinlich doch nicht an. Beziehungsweise der Unterschied entzieht sich der Sprache und damit auch unserer Kenntnis.
Die Intensität des Erlebens ist wohl auch nicht an die Lautstärke gekoppelt. Will man damit eigentlich sich oder seinen Partner antörnen? Ich vermute, man will hauptsächlich alle potentiellen Rivalen in Hörweite vertreiben. Akustisches Territorialverhalten. So wie Männer ja auch gerne Duftmarken setzen, aber seit wir in Wohnungen hausen und nicht mehr in die Ecke pinkeln dürfen, bleibt uns nur eins: Revier markieren mit herumliegenden Socken.
Ein glückliches Leben zu führen, bedeutet ohne Zweifel mehr, als eine möglichst große Anzahl von Gefühlshöhepunkten

abzuräumen. Dennoch belegt eine wachsende Zahl von wissenschaftlichen Daten, dass der sexuelle Lustgewinn einen nicht zu unterschätzenden Beitrag zur Daseinsfreude und zur geistig-körperlichen Gesundheit leistet. Wer sündigt, schläft nicht, und Sünder leben gesünder.

Die gefühlte Verschmelzung führt zu einem Anstieg der gegengeschlechtlichen Hormone des Partners im eigenen Körper. Frauen haben nach dem Sex mehr Testosteron, das Männerhormon, im Blut und sind entsprechend tatenlustiger und aktiver. Er dagegen schlafft auf allen Ebenen ab und will alles, nur keinen Kampf mehr. «Make love not war» ist also nicht nur ein Hippiespruch. Denn die lautesten Rebellen werden postkoital friedlich und still. Dummerweise begehen Männer oft Gewalttaten, weil sie meinen, sich damit indirekt Liebe und Sex erobern zu können, die sie anders nicht bekämen.

Sowohl bei Männern als auch bei Frauen nimmt ebenfalls Prolaktin im Blut zu, ein Hormon, das eigentlich die Milchbildung fördert. Prolaktin hemmt nach dem Sex die Wirkung von Dopamin, das zuvor für die Erregung zuständig war. Dadurch entsteht die Ruhe nach dem Sturm, aus der einen so schnell nichts mehr bringt. Prolaktin löst Brutpflegeverhalten aus, bei Weibchen und Männchen. Entsprechend sind beide nach dem Sex sehr anlehnungsbedürftig und kuscheln gerne. Diese Zufriedenheit entgeht einem bei der Selbstbefriedigung. Auch wenn der per Selbstbefriedigung ausgelöste Orgasmus sich besonders intensiv anfühlt, macht er nicht glücklicher. Höhepunkte mit Partner erschüttern zwar weniger stark auf der sexuellen Richterskala, aber das machen sie durch einen höheren «Befriedigungswert» wieder wett. Glück kommt selten allein …

Wer meint, zu wenig Sex zu haben, findet vielleicht einen kleinen Trost in einer Studie des Robert Wood Johnson Hospitals. Dort wurde 2001 über eine sehr ungewöhnliche sexuelle Störung berichtet: Frauen mit «Persistent Sexual Arousal Syndrome», PSAS, das Syndrom der ständigen sexuellen Erregung. Diese Frauen haben nicht zu wenige, sondern zu viele

Orgasmen. Sie werden ständig auch ohne sexuellen Kontext durch unspezifische Reize aufgewühlt. Aber wer über hundert Höhepunkte am Tag erleidet, ist nicht etwa der glücklichste Mensch der Welt. Diese Frauen beschreiben die Orgasmen als sehr störend, weil sie praktisch zu nichts anderem mehr kommen. Kein konzentriertes Arbeiten oder Autofahren ist möglich, wenn unser Hirn es sich ständig selbst besorgt. Manche wurden regelrecht depressiv und dachten an Selbstmord.

Die Fähigkeit, gelegentlich beim Geschlechtsverkehr einen Orgasmus zu erreichen, beeinflusst die weibliche Lebenszufriedenheit hingegen stark. Genau zwei Drittel aller Frauen, die regelmäßig «kommen», rechnen sich den sehr oder extrem Glücklichen zu. Beide Partner sind gefühlsmäßig eindeutig am zufriedensten, wenn die Frau während des Geschlechtsaktes häufig Orgasmen hat. Ob Männer die Erregungsleiter bis zum Samenerguss klettern, ist dagegen für das weibliche Wohlbefinden ziemlich egal. Vielleicht ist es also gar nicht männliche Allmachtsphantasie, die ihn danach streben lässt, dass die Frau auch zum Zuge und zum Höhepunkt kommt.

Beruhigend ist: Weder die ausgefeiltesten Sextechniken, die pikantesten Stellungen noch die exotischsten Hilfsmittel haben auf oder unter dem Strich einen messbaren Einfluss auf den Lustgewinn. Dies ergaben repräsentative Umfragen in verschiedenen Ländern. Ist der Lack ab, braucht man sich auch nicht mit Latex aufzudonnern. Man muss im wahrsten Sinne des Wortes beim Sex niemandem hinterherhecheln; ob er als gut oder schlecht empfunden wird, hängt nicht von der Missionars- oder japanischen Nussknacker-Stellung ab. (Wenn Sie das jetzt googeln, glauben Sie mir offensichtlich nicht.)

Die größte erogene Zone liegt nicht zwischen den Schenkeln, sondern zwischen den Ohren. Der Unterschied zwischen analem und banalem Sex ist viel kleiner als vermutet. Und auch die Befragten, deren letzter Liebesakt über eine halbe Stunde währte, fühlten sich nicht unbedingt besser als die, deren jüngstes «Schäferstündchen» deutlich unter dieser Marge lag. Es kommt eben nicht auf die Länge an.

Ein kleines Lächeln, und der Tag ist gerettet.

Kleines Glück ganz groß

Es ist wichtig, dass man 90 Minuten mit voller Konzentration an das nächste Spiel denkt!
Lothar Matthäus

Ein imposantes Tier, der Elefant. Er ist eines der größten lebenden Tiere der Welt. Die meisten Menschen getötet hat aber die Mücke. Historisch sind an Krankheiten, die sie überträgt, die Hälfte aller Menschen gestorben, die je gelebt haben, unvorstellbar viele Milliarden. Big is beautiful? Small is powerful! Elefanten sind vom Aussterben bedroht. Mücken nicht. Versuche ich gerade, aus einer Mücke einen Elefanten zu machen?

Ein afrikanisches Sprichwort lautet: «Man weicht leichter einem Elefanten aus als einem Moskito.» Was hat das mit uns in Deutschland zu tun? Wer, glauben Sie, ist hierzulande das gefährlichste Tier? Rottweiler, Killerbienen oder Angsthasen? Das Reh. Es kostet pro Jahr über 30 Autofahrern das Leben, vor allem weil sie versuchen auszuweichen. Während Mücken harmlose Flecken an der Windschutzscheibe hinterlassen, bis wir nicht mehr klar sehen können (dann wird es auch wieder gefährlich). Menschen sind gerne blind für die kleinen Dinge und ihre große Wirkung.

Wir leben in einer Zeit, in der ein Joghurt so wertvoll sein soll wie ein kleines Steak. Das hätte jeder Neandertaler anders gesehen. Wir sind als Spezies so erfolgreich, weil wir kein Gras mehr fressen wie die Kühe, sondern von der Kuh erst den Joghurt genießen – und dann das Fleisch. Fleisch hat eine sehr viel höhere Kaloriendichte als Gras. Deshalb müssen Elefant und Kuh praktisch pausenlos ins Gras beißen, während wir nach einer Mahlzeit auch mal länger satt sind. Dafür müssen Kühe auch nicht so viel denken. Man braucht sehr viel mehr Intelligenz, um ein Wildschwein zu erwischen als Wildgras. Es gäbe heute keine Vegetarier, wenn unsere Vorfahren auch schon welche gewesen wären.

Eigentlich ist die Evolution des Menschen eine große Erfolgsgeschichte. Mit einem kleinen Haken: Wir wissen so wenig mit unseren Überkapazitäten an Denk- und Verdauungszeit anzufangen. Und deshalb haben wir ein Weltwirtschaftssystem entwickelt, das uns erlaubt, in der Zwischenzeit aus Langeweile Schweinehälften und Weizen in China anzukaufen und in Südamerika wieder zu verkaufen, rein virtuell, ohne dass wir hätten säen, ernten oder bespringen müssen. So weit haben wir es gebracht!

Wir könnten uns in der Zwischenzeit auch ins Kornfeld legen und über die großen und kleinen Dinge des Lebens nachdenken. Wiesen und Felder sind ja ein bisschen wie die Haare der Erde. Sie wachsen jeden Tag an vielen kleinen Halmen ein kleines Stück. Unsere Haare auch. Würde man die ganze Wuchsleistung unserer Haare in einem einzigen Haar zusammenfassen, wären das am Tag 30 Meter. Eine beachtliche Spitzenleistung, die wir aber nicht beachten, weil sie auf so viele Spitzen verteilt ist. Beim Korn merkt man, was da alles zusammengewachsen ist, im Herbst, wenn man die Strohballen auf den Feldern sieht. Wenn man alle Ballen, statt sie nebeneinander zu betrachten, mal gedanklich übereinanderstellt, kommt ein stattlicher Turm zusammen, so wie ein dicker Baumstamm. Nur eben aus lauter einzelnen Halmen.

Hören Sie die Nachtigall schon trapsen, oder darf es noch eine Metapher sein?

Wir Menschen sind ja gar nicht die Größten, nur die angeblich Schlausten auf dem Planeten. Viel größer ist der Blauwal. Der ernährt sich von Plankton. Und solange keine Menschen vorbeikommen, kann er eigentlich ein gutes Leben führen. Er macht sich wahrscheinlich wenig Sorgen darüber, dass ihm nie ein großer Fang gelingen wird. Es ist genug Plankton da. Er muss nur den Mund öffnen. Ein Mensch würde das Plankton möglicherweise gar nicht erwischen, weil er vor Ärger, dass ihm etwas durch die Lappen gehen könnte, die Zähne zusammenbeißt.

So ist das mit dem Glück auch. Jeder Tag besteht aus genug Plankton, um satt und glücklich zu werden. Vielen kleinen Momenten, die wir nicht besonders beachtenswert finden, weil wir auf das große Glück warten, das wir verpassen könnten, wenn wir uns mit dem kleinen bereits zufriedengeben. Und unser Gedächtnis spielt bei dem Selbstbetrug mit, es erinnert sich am liebsten an die großen Dinge aus der Vergangenheit und malt sich für die Zukunft Großes aus. So entsteht einer der größten Denkfehler überhaupt auf dem Weg zum Glück. Ein paar überraschende Erkenntnisse der Glücksforschung kurz zusammengefasst:

1. Kleine Momente kommen viel öfter vor als große.
2. Große Dinge haben nachweislich viel weniger Einfluss auf unser Leben als die kleinen.
3. Große Katastrophen machen uns nachweislich auf Dauer weniger zu schaffen als der tägliche kleine Stress.
4. Große schöne Momente machen auf Dauer nur einen kleinen Unterschied für unser tägliches Wohlgefühl.
5. Wenn wir kleine Dinge beachten, dann für gewöhnlich, um uns zu ärgern.

Ich weiß noch, wie ich einmal einen kleinen Fleck auf meinem weißen Hemd hatte. Immerhin waren mehr als 99 Prozent des Hemdes fleckfrei – aber so rechnen wir nicht. Noch viel ärgerlicher war, wie der Fleck auf das Hemd gekommen war: Ich hatte in Eile etwas Orangensaft aus dem offenen Tetrapak getrunken, und, schwups, war es passiert. Ich rubbelte unter dem Wasserhahn und dachte daran, was ich an Zeit gespart hätte, hätte ich ein Glas benutzt. Am nächsten Tag sah man den gelben Fleckenrand immer noch. Ich kaufte ein spezielles

Fleckensalz, machte das gesamte Hemd nass und hängte es dann zum Trocknen für die Nacht über einen Holzbügel. Mit großem Erfolg: Am nächsten Morgen war das Hemd so komplett eingesaut, dass ich es wegschmeißen musste. Was war passiert? Ich hatte nicht beachtet, dass die Farbe des billigen Bügels nicht wasserfest war. Und so infiltrierte und verfärbte der Bügel über Nacht die ganze Schulterpartie des Hemdes gelblich. Nur mein Fleck, der blieb davon unberührt. Große Katastrophen fangen manchmal klein an.

Erinnern Sie sich noch, wie Sie das letzte Mal eine Million im Lotto gewonnen haben? Nicht? Kommt auch nicht so oft vor. Aber sicher erinnern Sie sich noch daran, als man in Telefonzellen mit Münzen telefoniert hat? Egal, ob groß, klein, arm, reich, alle haben wir doch geguckt, ob in diesem Schacht ein Groschen lag. Und hatte man einen entdeckt, wusste man: Heute ist mein Tag! Das war ein großer Glücksmoment. Mit diesen Groschen in der Tasche sind wir durch die Welt getanzt, denn – hey, was kostet die Welt – ich hab zehn Pfennig!

Psychologen wollten diesen Effekt messen und haben folgendes Experiment gemacht: Sie haben in Telefonzellen Münzen versteckt und geschaut, ob sich der Finder durch sein Glück verändert. Um das zu testen, ließen die Psychologen eine eingeweihte Person vor der Telefonzelle stürzen, sodass sich ihre Handtasche mit dem gesamten Inhalt auf dem Boden ausbreitete. Wie hilfsbereit ist jemand, der soeben einen Groschen gefunden hat? Die Anzahl der Gegenstände, die man half aufzuheben, stellte ein objektives Maß der Hilfsbereitschaft dar. Glauben Sie, dass eine kleine Münze einen großen Unterschied im Verhalten der Finder machen konnte? Ja, die Hilfsbereitschaft stieg um das Vierfache! Viermal eher sind wir bereit, jemandem in Not zu helfen, wenn wir uns gerade selbst gut fühlen.

In einem weiteren Experiment befragte man Menschen, wie zufrieden sie mit ihrem Leben grundsätzlich sind. Wer gerade eine Münze gefunden hatte, war mit seinem ganzen bisherigen Leben schlagartig zufriedener! Da frage ich mich: Warum ist die Stimmung in Deutschland so schlecht? Wegen der Kartentelefone! So hängt das zusammen. Wir finden zu wenig Münzen. Was sollte jeder von uns tun? Wenn Sie ab und an eine lose Münze in der Tasche haben, werfen Sie diese einfach mal weg. Ich gebe zu, das kostet Überwindung, aber danach macht es Spaß. Sie verarmen nicht, und wer die Münze findet, freut sich den ganzen Tag. Und das ist gar nicht so selbstlos, wie es klingt.

Wir alle liegen irgendwann mal auf die eine oder andere Art auf der Schnauze und brauchen andere. Wenn wir dann aber erst anfangen zu fragen: «Hilft mir jemand mal für zehn Pfennig?», dann denkt jeder Vorbeigehende zu Recht: Bleib liegen, du Geizhals. Hat er die Münze aber zuvor gefunden, dann kommt er sogar gerne helfen. Investieren Sie in die Zukunft – werfen Sie Geld weg! Obwohl Sie gar nicht genau wissen müssen, wo es landet, können Sie sicher sein – Sie erschaffen unterm Strich einen positiven Wert. Erklären Sie das mal einem Controller.

Einem Mathematiker erscheint der liebe Gott. Dieser stellt ihn vor die Wahl: ein Käsebrötchen oder die ewige Glückseligkeit? Nachdem der Mathematiker in sich gegangen war, antwortet er: «Ich nehme das Käsebrötchen.» Der liebe Gott verlangt völlig verwirrt nach einer Erklärung. Darauf der Mathematiker: «Nichts ist besser als die ewige Glückseligkeit. Und ein Käsebrötchen ist besser als nichts.»

DAS GLÜCKSTAGEBUCH

Haben Sie mal ein altes Tagebuch von sich durchgeblättert? Ein Klagebuch. Dass man das überhaupt überlebt hat! Ein Jammertal: «Das war schlimm, ja, das auch, wie, das hat der Idiot tatsächlich mal gesagt? Habe ich völlig vergessen, gut, dass ich es aufgeschrieben habe!»

Tagebuch schreibt man am ausführlichsten, wenn es einem richtig schlecht geht. Wenn es einem gutgeht, hat man nachts etwas Besseres zu tun. Aber einmal angenommen, ein Außerirdischer oder ein Anthropologe findet in 100 Jahren Ihr Tagebuch. Was für ein Bild von Ihrem Leben wird er sich wohl machen? Ziemlich einseitig. Genauso einseitig wird unser eigenes Bild von unserem Leben, wenn wir nicht bewusst gegensteuern. Wer schreibt, bleibt, und das Geschriebene auch.

Ein verblüffend einfacher Glücksbringer: das Glücks- und Dankbarkeitstagebuch. Regelmäßig, beispielsweise am Abend oder an einem Tag in der Woche, fünf kleine Stichworte aufschreiben. Was war heute schön, besser als erwartet, wofür bin ich dankbar? Kurze Notizen. Die verändern langfristig unsere Stimmung. Es ist wie ein Anti-Frosch-Training: Statt auf das zu warten, was nicht da ist, und alles Dramatische wichtig zu finden, konzentrieren wir uns für einen Moment auf die schönen Augenblicke. Und schon gehen wir mit einem guten Gefühl schlafen und finden am nächsten Tag mehr davon. Nicht weil mehr da wäre, sondern weil sich unsere Achtsamkeit darauf erhöht, was immer da ist.

Was jeder so aufschreibt, kann sehr unterschiedlich sein:
Der eine schreibt: Neben meinem Partner aufgewacht.
Der zweite: Nicht neben meinem Partner aufgewacht.
Der dritte: Mein Partner ist nicht aufgewacht.
Jedem das Seine.

Macht schreiben glücklich?
Nein – aber geschrieben haben.

HIRSCHHAUSENS SCHWARZWEISSER BASTELBOGEN

Kopier mich!

DATUM:

FANG DEIN GLÜCK!

Glückstagebuch

FÜR FRAUEN ♥

Heute war ich richtig glücklich, als ...

...

...

...

> Wann warst Du heute in Deinem Element?

...

Aufschreiben ist tatsächlich eine der wirksamsten Übungen. Wer es nicht glaubt: ausprobieren. Und wer nicht selbst kopieren und basteln will: Es gibt ein ganzes Glückstagebuch zu kaufen – mit vielen Anregungen, leeren Seiten und witzigen Ideen. Erschienen im Rowohlt Verlag!

HIRSCHHAUSENS SCHWARZWEISSER BASTELBOGEN

GLÜCKSTAGEBUCH   FÜR MÄNNER

Anleitung: Bevor Sie die To-do-Liste für morgen schreiben, vervollständigen Sie die Was-war-Liste von heute!

Tag	Monat	Jahr

Heute war ich glücklich, als ...

1

2

3

4

5

Analyse   Dieser Tag war ein ...

Bitte ankreuzen. ☐ Underachiever. ☐ Average. ☐ Overperformer.

PS: Bitte delegieren Sie diese Liste NICHT an Ihre Sekretärin...

KOPIER MICH!

«... als der eiternde Zahn meines Mannes aufbrach und er keinen Mundgeruch mehr hatte – endlich konnte ich ihn wieder küssen.»

«... als ich in der Pause ‹Dopamin› gehört und eine Zigarette angemacht habe.»

«... als der Durchfall aufhörte.»

Wenn man mal die Sau rauslässt, ist es meist nicht der schlechteste Teil der Persönlichkeit.
Spaß haben ist keine Hexerei.

Lass das «Rauslassen»

Spaß beiseite. Aber wohin mit ihm?

Einer der hartnäckigsten Psychoirrtümer ist: Lass negativen Gefühlen freien Lauf. Diese Küchenpsychologie betrachtet den Menschen als einen Druckkochtopf, der Dampf ablassen muss, damit er nicht explodiert. Das mag beim Kochen gelten, aber wer ständig überkocht, macht sich und vor allem seinen Beziehungen den Garaus.

Unter Schauspielern kursiert der schöne Satz: «Wenn du Authentizität künstlich erzeugen kannst, dann hast du es geschafft!» Fake-Authentizität ist im Alltag kein echter Glückstrip. Wer mit authentisch meint, seine Umgebung über jede Laus, die ihm gerade über die Leber läuft, informieren zu müssen, tut niemandem einen Gefallen, noch nicht mal sich selbst.

Auch wenn wir es nicht gerne hören: Verdrängung ist nichts Schlechtes, sondern die sehr gesunde Reaktion unseres psychischen Immunsystems, sich mit Dingen, die nicht zu ändern sind, nicht ständig zu beschäftigen. Und dass davon im Unterbewusstsein große In-sich-rein-fress-Schäden entstehen, ist völlig unbewiesen und wird durch mehrfaches Wiederholen nicht wahrer.

Natürlich tut es gut, wenn wir unsere Sorgen anderen mitteilen. Im Gespräch rückt sich vieles in der Perspektive zurecht. Geteiltes Leid ist bekanntlich halbes Leid. Aber Ärger «rauslassen» hat oft einen hohen Preis und viele Kollateralschäden. Wenn beispielsweise ein Chef einen Mitarbeiter für einen begangenen Fehler «zur Sau» macht, erreicht er damit nicht etwa, dass in Zukunft keine Fehler passieren, sondern hauptsächlich, dass er nur später davon erfährt. Denn statt mehr Engagement wird nun mehr Kraft darin investiert, Fehler zu verheimlichen.

Das betrifft den privaten Bereich ebenso. Wenn man sich einmal richtig «ausgekotzt» hat, ist die Wut zwar aus dem Bauch, aber die Folgen sind schwer zu entfernen, aus Kleidung und Erinnerung. Von den Spätfolgen in Partnerschaft und Kindererziehung ganz zu schweigen. Geteilter Ärger ist nicht etwa halber Ärger. Im Gegenteil, er ist doppelter Ärger, vielleicht sogar ein vielfacher, weil wir unsere ärgerlichen Geschichten meistens nicht nur mit einer Person teilen, sondern am liebsten mit allen. So wie wir unsere Beschwerden auch viel öfter weitererzählen als unserer Zufriedenheit Ausdruck verleihen.

Da fällt mir ein, wie ich neulich den Zug verpasst habe, weil er ausgerechnet ZU FRÜH losgefahren ist, aufgrund eines plötzlichen Fahrplanwechsels. Ich stand am Bahnsteig mit meinem ganzen Gepäck, hatte mich abgehetzt und war ausnahmsweise pünktlich ... STOPP – gleich unterbrechen. Ich könnte mich jetzt so darüber aufregen. Aber ich könnte es auch bleibenlassen. Unsere Sprache ist ein Schatz: ICH ÄRGERE MICH. Subjekt – Prädikat – Objekt. Wer ärgert hier wen? Und wer kann damit aufhören? (Eine Lebensweisheit mit dem Prädikat «besonders wertvoll».)

Was wir oft tun, brennt sich in unser Gehirn ein. Was wir oft denken, auch. Wenn wir diese Neuroplastizität ernst nehmen, heißt das: Unsere negativen Gefühle dürfen wir nicht zu ernst nehmen. Natürlich haben sie einen Wert, sie weisen uns auf etwas hin, warnen uns vor Dummheit oder verhindern Überlastung. Aber wenn wir ihre Botschaft verstanden haben, macht es keinen Sinn, sie weiter zu kultivieren. Wenn wir oft Ärger rauslassen, ist er nicht «weg», sondern kommt umso leichter wieder in uns hoch. Denn wir haben die «Ärger-Bahn» im Gehirn geölt, und irgendwann ist daraus eine Autobahn mit Öl geworden – und wir rutschen immer leichter in das destruktive Verhalten hinein. Auch wenn es sich kurzfristig so anfühlt, als hätte uns der Wutausbruch seelisch gereinigt, bleibt der Stress

in den Knochen und im Blut, Adrenalin, Cortisol und andere Alarm-Hormone wirken weiter. Moderne Stresspsychologie, in einem Satz zusammengefasst:
Ärger, den man nicht gehabt hat,
hat man nicht gehabt!
Bevor ich überkoche, das Feuer runterdrehen oder den Topf vom Herd nehmen und abkühlen lassen. Und dann – cool bleiben!
Vielleicht denken Sie jetzt: Ich reg mich ja nie auf, die anderen regen mich auf. Aber wenn ich jemandem gestatte, mich aufzuregen, gebe ich den Schlüssel zu meinen Gefühlen aus der Hand, und damit wäre ich sehr vorsichtig. Wer weiß, welche Schleusen der dann noch öffnet! Bestimmen Sie den Ärger und lassen Sie sich nicht vom Ärger bestimmen. Zum Beispiel kann man mit seinem Ärger auch einen Termin machen. Sich laut sagen: «Ich ärgere mich jetzt mal richtig bis 15 Uhr 30, aber dann habe ich heute noch was Besseres vor.»
Werden Sie zum Koch und nicht zum Drucktopf im Kopf! Der Koch kann würzen, abschmecken und über die Zutaten bestimmen. Selbst wenn es mal auf dem Markt nicht alle gibt, die er sich vorgestellt hat, improvisiert er und zaubert mit dem, was da ist, eine warme Mahlzeit. Und wenn er das öfter macht, wird er richtig gut darin.
Ärger, den man nicht gehabt hat,
hat man nicht gehabt!
Hab ich zwar eben schon gesagt, aber es stimmt immer noch. Und Wiederholungen prägen sich ein. Hatten wir auch bereits. Wirkt es schon?
Wenn Sie sich jetzt über die letzten Sätze und ihre unverfrorene Banalität und tiefe Wahrheit ärgern, schlagen Sie das Buch zu! So richtig, mit Gewalt – dann geht es Ihnen besser!
Quatsch. Vielleicht können Sie auch darüber lachen, wie 100 Jahre nach Sigmund Freud immer noch die Wut viel wichtiger genommen wird als die Freude. Gut, dass das jetzt mal raus ist. Erzählen Sie es ruhig weiter. Mit Hochdruck, ohne Dampf.

Wir hören nicht auf zu spielen, weil wir älter werden. Wir werden alt, weil wir aufhören zu spielen.

Immer der Nase nach

Wenn du in dich gehst – geh nicht zu weit!

Wieder Kind sein: glücklich im Moment, niemand anderes sein wollen, einfach in der Ecke sitzen, hier und jetzt in Ruhe popeln! Das ist wahres Glück. Frauen verlernen bisweilen diesen direkten Weg zum kleinen Glück zwischendurch, Männer nie! Das Problem dabei ist: Frauen mögen keine Männer, die popeln. Aber Männer popeln trotzdem, wenn sie glauben, es merkt gerade niemand. Und das ist praktisch immer, weil Männer es selbst nicht merken, wenn sie popeln.

Um für den Geschlechterkampf dieses Thema ein für alle Mal zu entschärfen, möchte ich eine neue Theorie in die Welt setzen. Frauen aller Länder – lauscht dem wahren Grund, warum eure Männer gar nicht anders können, als in der Nase zu bohren. Der wahre Grund des männlichen nasalen Explorationstriebs ist ein tiefenpsychologischer, und mich wundert, dass Sigmund Freud darüber nie geschrieben hat.

Ein Neugeborenes kommt hilflos auf die Welt, all seine Wünsche nach Nähe, Wärme, Geborgenheit, Sicherheit und Nahrung erfüllt der pralle Busen der Mutter. Wir sind existentiell abhängig und fürchten nichts so sehr wie den Verlust der Mutterbrust. Dieses elementare Erlebnis ist natürlich für Jungs und Mädchen gleich. Aber da Mädchen später selbst irgendwann Brüste entwickeln, kommen sie über dieses Trauma hinweg. Jungs nie. Viele prägen sich sogar die Proportion ein: So groß war mein Kopf, so viel größer war die Brust. Und weil die Männer nicht einkalkulieren, dass ihr eigener Kopf zwischenzeitlich gewachsen ist, suchen sie zeitlebens weiter nach genau dieser Proportion. Daher können talentfreie Frauen wie

Pamela Anderson ihr Jahreseinkommen mit einem Faktor von 50 000 Dollar pro Gramm Silikon multiplizieren.

Die Mutterbrust ist die erste und schwerste Niederlage für uns Männer. Wir wollen nicht abhängig sein, immer nur eins: frei! Sind wir frei, wissen wir damit zwar nichts anzufangen, aber egal. Frauen können aus ihrem Körper Leben hervorbringen und mit den Sekreten ihres Körpers dieses Wesen auch noch ernähren. Wir fühlen uns selbst in der Ernährerrolle überflüssig. Und genau deshalb müssen Männer popeln. Unser Urinstinkt sagt: Wenn du auch einmal von dem, was dein Körper hergibt, jemanden ernähren kannst, und sei es nur dich selbst, dann hast du es geschafft, dann brauchst du keine Frau mehr! Ich weiß, diese Theorie entsetzt zuerst, aber ich hoffe langfristig auf mehr Verständnis von Seiten der Frauen. Es ist nicht das Gleiche. Frauen werden es nie wirklich nachempfinden können, was Popeln einem Mann bedeutet. Das sind die kleinen Erfolgserlebnisse, die wir manchmal brauchen. Etwas Urmännliches: Du spürst, da ist eine Herausforderung, es wird nicht leicht, aber du kannst es schaffen, du gibst nicht auf – nein, du holst das Letzte aus dir raus …

Und wenn Sie, liebe Frauen, das nächste Mal Ihren Schatz mit dem Finger in der Nase erwischen, tun Sie ihm den Gefallen, bemerken Sie es nicht, er tut es auch nicht. Er ist auf dem langen und mühsamen Weg zu sich selbst.

«... als mich ein Zuhältertyp, der mir mit seinem Cabrio den Weg versperrte, auf die Schönheit des Sonnenuntergangs aufmerksam machte.»

«... als der einsame Nachthimmel mit seinen unzähligen Sternen größer war als all die kleinen Sorgen dieser Welt.»

«... als mein Chef sich beim Überspringen eines Stacheldrahtzaunes die Hose aufriss.»

Schokosong

Du liegst leicht bekleidet vor mir
Ich kann deine Rippen sehn
Jetzt ein Riss im Stanniol
Dann ist's um uns geschehn
Der erste Riegel knackt mich an
Ich seh dein zartes Weiß
Nein, heute mach ich's anders
Bin beherrscht um jeden Preis

Schau mich nicht so schmelzend an
Du weißt, dass ich das alles nicht
  vertrage –
denk an die Waage
Nein, du wirst nicht schlecht, nur weil
  ich heut
Nicht alles ess –
den Rest vertage
Wenn ich's doch sage!

Doch du kennst da kein Erbarmen
Schiebst dich rein in meinen Mund
Riegel für Riegel mehr enthemmt
Verschling ich dich – na und?
Doch schon kommen Schuldgefühle
Ich betäube meine Wut:
Mit der nächsten Schokolade

Quadratisch – praktisch – gut!

MUSIK: ANTONIO CARLOS JOBIM
«SAMBA DE UMA NOTA SO»
(«ONE NOTE SAMBA»)
CORCOVADO MUSIC CORP.

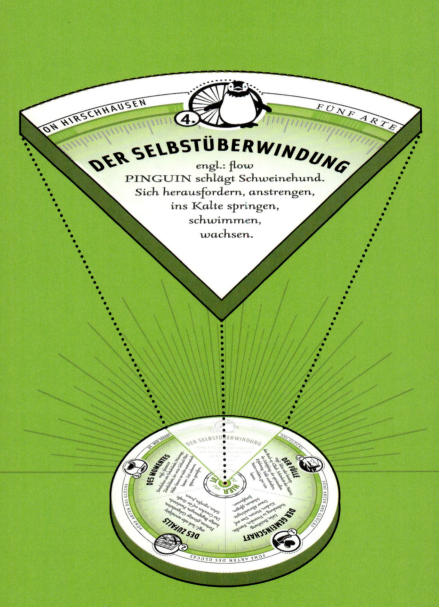

Kapitel 4:
Glück kommt selten allein – es kommt mit dem Tun

Am schönsten sind gemeinsame Flow-Erlebnisse.

Alles im Fluss

Glück ist die Zeit, in der man nicht an die Zeit denkt.

Kennen Sie «bore-out»? Nicht verausgabt, auch nicht vereinnahmt – einfach nur zu Tode gelangweilt? Fühlt sich ähnlich an wie ausgebrannt, aber man hat sich nicht permanent überfordert, sondern unterfordert. Dass Überforderung krank macht und in Stress und Depression enden kann, ist unmittelbar einleuchtend. Aber kann man auch von zu wenig tun zu viel kriegen?
Anstrengung macht Spaß. Wir zeigen gerne, was in uns steckt. Wäre es anders, wären Arbeitslose zufriedener als Menschen mit Arbeit. Während wir arbeiten, denken wir gerne: Wann ist endlich Feierabend? Beim Feierabend: Wann ist endlich Urlaub? Und nach ein paar Wochen Urlaub: Was wohl bei der Arbeit gerade los ist? Viele sagen: «Arbeitslose bekommen doch alles, was sie zum Leben brauchen, was jammern die eigentlich?» Das ist zu kurz gedacht, denn ihnen fehlt eine Existenzgrundlage: das Gefühl, gebraucht zu werden und sich für etwas Sinnvolles anstrengen zu können. Arbeitslose werden schnell depressiv und psychisch krank. Weil sie den anderen nicht mehr zeigen können, was in ihnen steckt. Und sich auch nicht. Das ist die versteckte Dramatik darin. Deshalb ist einer der großen Glückskiller neben Schmerz, chronischer Krankheit und Dauerstress: Arbeitslosigkeit! Die stresst auch, nur anders. Arbeitslosen fehlt die Herausforderung, an der zu wachsen ein großer Teil des Stressabbaus und des Glückes ist.

FLOW-ERLEBNISSE UND FLOW-BREMSEN

Klar ist Entspannung schön. Wellness ist klasse für ein Wochenende. Aber wer will schon drei Wochen am Stück nur massiert werden? Da wird man doch bekloppt. Spätestens nach fünf Tagen schreist du den Masseur an: «Hau ab mit dem Öl, ich kann das nicht mehr sehen!» Entspannung ist vor allem dann schön, wenn man vorher etwas Spannendes erlebt oder getan hat.

In einer Aufgabe aufzugehen ist Glück, darin unterzugehen Unglück. Glück ist im Fluss sein und kein Vor-sich-hin-Dümpeln. Deshalb hat der amerikanische Psychologe Mihaly Csikszentmihalyi diese Art von Glück auch Flow genannt und die Rahmenbedingungen herausgearbeitet, wann wir in «Flow» eintauchen (siehe Abbildung). Nicht alle Bestandteile müssen gleichzeitig vorhanden sein. Flow ist etwas anderes als «Fun» oder «Kick» – also nicht nur eine kurzzeitige, aufgeputschte Erregung, sondern ein optimales Zusammentreffen von Aufmerksamkeit, Motivation und Umgebung. Auf Deutsch heißt das: Schaffensrausch oder Funktionslust. Jetzt wissen Sie auch, warum ich weiter von Flow spreche, denn Rausch und Lust treffen es nicht genau. Rausch ist laut, und Lust ist geil. Flow gleitet still und konzentriert im Flow-Kanal. Bis wir auf eine der Flow-Bremsen (siehe Abbildung) treten.

Wann bin ich in Flow? Wenn ich nicht darüber nachdenke. Wann bin ich raus? Wenn ich auf die Uhr gucke, um zu schauen, wie lange ich drin war. Oder wie lange ich noch muss. Es gibt einen wichtigen Unterschied zwischen ehrgeizig und zielgerichtet. Dem Ehrgeizigen geht es darum, über andere zu siegen, dem Zielgerichteten reicht es, wenn er seinen eigenen inneren Schweinehund besiegt und sein Bestes gibt. Der Ehrgeizige will besser sein als andere. Der Zielgerichtete will sein Bestes für sich und andere und weiß: Keine äußere Anerkennung wird ihn zufriedener machen als das Gefühl, auf seinem eigenen inneren Messinstrument die 100 Prozent zu erreichen. Mehr bedarf's nicht.

Flow heißt nicht: «Der Weg ist das Ziel», sondern eher: Verfolge dein Ziel, als ob du keines hättest. Flow ist eine Mischung aus Zen-mäßiger Achtsamkeit und sportlichem Ehrgeiz. Zen sagt: Wenn du gehst, dann geh. Und Flow sagt: Geh an deine Grenze, aber nicht drüber. Und ich würde sagen: Geht beides.

Manche Erwachsenen meinen, sie hätten sich als Kind nie gelangweilt. Ich hab da andere Erinnerungen. Wenn ich zu Hause die Spülmaschine ausräumen musste, hatte ich selten große Lust dazu. Aber dann habe ich mir das interessanter gemacht, indem ich das Besteck aus dem Korb mit links in die Luft geschmissen habe und mit rechts wieder auffing. Das hat zwar etwas länger gedauert, aber die Zeit ging schneller vorbei. So hab ich jonglieren gelernt. Erst mit den Löffeln, und mit den Messern nur, wenn ich schon richtig in Flow war …

Für Flow ist nicht entscheidend, was ich tue, sondern wie ich es tue. Theoretisch kann man in jedem Beruf glücklich werden, praktisch ist es leichter, wenn er Gestaltungsmöglichkeiten hat und unseren Stärken entspricht.

Auch unter den ach so Kreativen gibt es Routine. Ich könnte nie wie ein Schauspieler 300-mal genau den gleichen Text abliefern. Dazu fehlt mir die Geduld. Aber jeder Jeck ist anders. Ein Postbeamter wurde mal gefragt: «Ist es nicht langweilig, jeden Tag Briefe abzustempeln?» – «Nein», antwortete er, «es ist ja jeden Tag ein anderes Datum.» Ein echtes Glückstalent. Ein Lebenskünstler.

Für Flow-Momente muss man sich mehr als einen Moment Zeit nehmen. Flow ist wie ein Kaminfeuer. Es ist nicht das Strohfeuer, sondern der ungeteilte Holzstamm, der nachhaltig Wärme spendet, der langsam glühende Scheit. Und man muss nicht ständig aufstehen und nachlegen, man kann einem Gedanken nachgehen und schauen, wohin er einen trägt.

Viele sitzen lieber vor dem Fernseher statt vor dem Kamin. Mich entspannt ein echtes Flackern mehr als ein künstliches. Und auch wenn man Hirnströme misst, ist die Dauerberieselung des Fernsehens alles andere als entspannend. Unterschwellig ist unser Hirn überreizt. Wer direkt von der Glotze ins Bett geht oder davor einnickt, schläft nicht entspannt ein,

sondern nachweislich schlechter. Auch wach ist Fernsehen oft kein Flow-Genuss. Wir haben zu wenige Möglichkeiten, auf die Handlung in der Kiste Einfluss zu nehmen. Außer mit der Fernbedienung. Bei einer DVD kann man wenigstens vorspulen, wenn es langweilig wird. Beim Fernsehen kannst du nur darauf wetten, dass in dem Moment, wenn der Film interessant wird, die Werbung beginnt.
Die Crux der modernen Kommunikation ist der Verlust der kontinuierlichen Zeit. Das ständige Reisig, das uns aus dem Moment reißt. Weil jede E-Mail und SMS nach unserer sofortigen Aufmerksamkeit plärrt wie ein schlecht erzogenes Kind, wird die kontinuierliche Zeit gestückelt, opfern wir das Glück des Flows auf dem Altar der Dringlichkeiten.
Motorradfahrer gehen bei 200 Stundenkilometern nicht ans Telefon. Bergsteiger auch nicht. So wenig wie Skifahrer im Schuss, Tänzer beim Turnier, Verliebte beim Flirt. Auch Neurochirurgen stört man besser nicht bei ihrer Tätigkeit. Motorradfahren gilt als besonders flow-o-gen, weil der Biker die Komplexität variieren kann. Wird ihm langweilig, fährt er schneller. Wird es kompliziert, fährt er langsamer. Und er bekommt direkt Rückmeldung, wie gut er das kann. Wenn er es nicht so gut kann, ist wieder der Neurochirurg konzentriert bei der Sache, dann hat der Flow.
Von außen betrachtet erleben der Biker vorn und der hinten auf dem Motorrad das Gleiche, in den Köpfen aber existieren zwei verschiedene Welten. Der vorn hat Kontrolle, der hinten nicht. Der vorn sieht, was kommt, der hinten sieht nix. Der vorn ist in Flow, der hinten in Angst. Das genaue Gegenteil. Es sind diese verschiedenen Perspektiven, diese Nuancen in der Bewertung. Der eine hält es für «lässig fahren», der andere für «fahrlässig».
Computerspiele machen süchtig, weil sie den Spieler ständig in Flow halten, da sich die Anforderungen mit dem Können ständig steigern, nicht zu schnell, aber gerade noch so viel, dass es spannend bleibt. Dazu müssen die Spiele noch nicht mal besonders raffiniert oder visuell aufgearbeitet sein. Das weiß

jeder, der dachte, zur «Entspannung» nur EINE kleine Runde «Tetris» spielen zu können. Ja doch, ich hör gleich auf, nur noch dieses Level ...

Dabei sein ist alles! Ganz bei der Sache. Flow ist konzentrierte geistige Abwesenheit. Aktive Passivität. Ackern und Ernten gleichzeitig. Klingt paradoxer, als es ist. So ein bisschen wie beim guten Sex, wo man sich gehenlassen muss, um kommen zu können. Laut Ken Wilber ist ein Merkmal der höchsten Stufen der menschlichen Entwicklung, dass überall Flow ist. Schau'n mer mal.

Und wem das jetzt zu theoretisch war: Sie können auch die poetischere Variante, die Pinguin-Geschichte, auf Seite 355 lesen. Denn in Flow kommen ist das Gegenteil von «go with the flow». Ich schwimme nicht mit der Masse, bin nicht konform, sondern in Form, in meiner besten. Bin mein bester Pinguin. Und statt nach hinten zu blättern, einfach mal das Daumenkino an der rechten Ecke abrauschen lassen, bis es aus dem Rausch in Flow übergeht. Aber nur EINE Runde!

Heiteres Berufungsraten

Wenn du denkst, dass du zu klein bist, um irgendetwas auszurichten, versuch doch mal, mit einem Moskito in einem geschlossenen Raum zu schlafen.

Jeder ist seines Glückes Schmied. Aber nicht jeder Schmied ist glücklich!
Juristen sind oft unglücklich, aber ich kenne auch sehr glückliche Juristen. Ein Freund von mir, nennen wir ihn Florian, obwohl er eigentlich Bernhard heißt, ist für mich ein echter Lebenskünstler. Es reiche ihm, sagte er, von montags bis mittwochs in seiner Kanzlei zu arbeiten, die anderen Tage würde er lieber malen, sich um seine Tochter kümmern und mit Freunden kochen. Es gab Aufruhr und Protest. Ein Skandal, er müsse doch ständig erreichbar sein und so weiter. Florian setzte seine Idee durch und stellte fest: «Ich war in den drei Tagen so gut drauf, dass ich viel mehr geschafft habe als die Jungs, die die ganze Woche bis nachts da hockten.»
Langsam spricht es sich auch in Unternehmen herum, dass Herumsitzen noch kein Zeichen von sinnvollem Arbeiten ist. Einige Firmen haben begonnen, nach Resultaten zu bezahlen und nicht nach Anwesenheitszeit. Sie zahlen für die geistige Anwesenheit, nicht für die körperliche. In vielen Jobs geht es nicht mehr darum, mit seinem Körper sein Geld zu verdienen, sondern eine Idee zu haben, auf die vor einem noch keiner gekommen ist. Und die kommt eben leichter im Übergang zwischen Anstrengung und Entspannung, beim Schwimmen eher als beim «Meeting».

Ein Personalleiter einer großen Hotelkette verriet mir seine Beobachtung: «Wer es hasst, Koffer zu tragen, trägt ein Leben lang Koffer. Wer es aber gerne tut, wird schnell befördert zu anderen Aufgaben.» Solange man nicht das tut, was man liebt, kann man ja versuchen zu lieben, was man tut, und darin

Einfach mal beruflich neue Wege gehen.

besser zu werden. Die Sache hat nur einen großen Haken: Wird man immer weiter befördert, landet man dort, wo man eigentlich nie hinwollte. Der engagierte Lehrer wird Rektor und macht Dienstpläne. Der begeisterte Arzt wird Chefarzt und wirbt hauptsächlich Drittmittel ein. Weil wir das, was wir gerne machten, nicht mehr machen können, sondern andere dabei beaufsichtigen, verwalten und kontrollieren, werden wir unzufriedener. Und so mutieren die meisten netten Menschen ab einer bestimmten Ebene plötzlich zum Monster, machen wir uns doch nichts vor. Und wer bis Mitte 30 keinen Job hat, wo er andere befehligen kann, bekommt eben Kinder ...

Was wir als «Erfolg» definieren, hängt maßgeblich von unserem Lebensalter ab – und sollte gelegentlich angepasst und aktualisiert werden. Der Zyklus des Lebens ist ein Zirkelschluss: Erfolg ist mit einem Jahr, nicht in die Hose zu machen. Mit 25 Sex zu haben. Mit 50 viel Geld. Mit 75 noch Sex zu haben und mit 90 – nicht in die Hose zu machen.

Spätestens ab der Pubertät muss jeder Jugendliche ständig erklären, «was er mal werden will». Dazu gibt es eine Antwort: «Ich bin schon!» Warum die Erwachsenen alle Jüngeren mit der Frage nach dem Berufswunsch nerven, ist doch klar: Die suchen händeringend nach guten Ideen für sich selbst!

Nicht nur Fernsehredakteure gehen täglich in eine «Anstalt». Nicht alles, was man mit einem ernsten Gesicht tut, ist deshalb schon vernünftig. Dennoch laufen viele Menschen mit einem Gesicht herum, als wäre das ganze Leben eine Strafe. Mit Mitte 30 sind sie gefühlte 65, und aus Mitleid will man sie eigentlich schon jetzt in Rente schicken. Ich möchte denen am liebsten ein Schild auf ihren Schreibtisch stellen: «Ich weiß nicht mehr, was ich als Kind werden wollte, aber das hier war es sicher nicht!»

Wer sein Hobby zum Beruf macht, muss nie mehr arbeiten. Ich kann das nur empfehlen. Ob Ihre Arbeit schon etwas von «Berufung» hat, können Sie mit einer Frage für sich klären: Würde ich das auch tun, wenn ich kein Geld dafür bekäme? Das muss man ja dem Chef in der Gehaltsverhandlung nicht sagen, aber für einen selbst ist das eine gute Frage. Wofür setze ich mich gerne ein? Woran hängt mein Herz? Was möchte ich mit meiner Lebenszeit und Energie wirklich bewegen? Und warum bewege ich mich dann nicht mal aus den bekannten

Bahnen? Wir brauchen mehr Verrückte, schauen Sie sich an, wohin uns die Vernünftigen gebracht haben!

Berufungs-Check

- Würde ich das, was ich für Geld tue, auch ohne Bezahlung tun?
- Denke ich: «Erst die Arbeit und dann das Vergnügen», oder macht mir mein Job auch währenddessen Freude?
- Nutze ich meine wesentlichen Stärken in meiner Arbeit?
- Bekommt es jemand mit, wenn ich mich anstrenge?
- Bekomme ich mit, wenn jemand mitbekommt, dass ich mich anstrenge?
- Bin ich überfordert oder unterfordert?
- Lerne ich noch etwas dazu?
- Wenn ich nochmal von vorn anfangen könnte – würde ich so was wieder machen?
- Arbeite ich mit Menschen, mit denen ich gerne zu tun habe?
- Freue ich mich am Morgen auf etwas anderes als auf die Pausen und den Feierabend?
- Trage ich zu einem Wert bei, der größer ist als ich, der über mich hinausweist, der auch weiter Bestand hat, wenn ich nicht mehr dabei bin?
- Macht die Arbeit für mich Sinn? Und für andere auch?

(Achtung, die richtige Lösung finden Sie nicht am Ende des Buches – nur in sich.)

«… als der erste von mir operierte Blinddarm wieder aus seiner Narkose erwachte.»

«… als ich genau heute vor zehn Jahren einen Platten hatte und mich beim Reifenwechsel verliebte.»

«… als ich mit meiner selbst entworfenen Klinikclown-Ausstattung die ersten kleinen Patienten glücklich machen konnte.»

*Das Leben ist wie eine Wunderkerze.
Wundern muss man sich selbst.*

Der Gänsehauteffekt

*Über Musik zu reden ist,
wie zu tanzen über Architektur.*
                    Frank Zappa

Wann hatten Sie das letzte Mal gute Musik? Ein Berliner Radiosender machte mit diesem Slogan Werbung und traf damit eine ziemlich rätselhafte Angelegenheit auf den Kopf. Wenn wir doch angeblich von der Evolution darauf getrimmt sind, uns zu vermehren, warum haben wir viel länger und häufiger Musik als Sex? Warum singen, tanzen und trommeln Menschen überall auf der Welt, wo bleibt da der «Kampf ums Überleben»? Und warum kann Musik uns so glücklich oder traurig machen, uns tiefer berühren, als es Worte je könnten?

Das Hören ist der erste Sinn, den wir bereits im Mutterbauch nutzen, und es ist der letzte, der sich ausklinkt, wenn der Klang der Welt endgültig verklingt. Die ersten Töne, die wir hören, sind die Herztöne der Mutter. Und auch als Erwachsene beruhigt uns Musik, die den gleichen Grundbeat hat wie ein Herz – Adagio-Sätze mit 60 bis 70 Schlägen pro Minute, das mögen wir.

Musik geht erst unter die Haut der Mutter und sobald man raus ist aus ihrem Bauch, unter unsere eigene. So fühlt es sich zumindest an. Medizinisch korrekt geht Musik unter die Hirnrinde. Denn sie nimmt den direkten Weg in die Zentren der Emotion ohne Umweg über den Verstand. Und wenn beides zusammenkommt, Emotion und Verstand, dann wirkt Musik sogar auf der Haut, es prickelt, und plötzlich ist sie da – die «Gänsehaut». Wann hat Sie das letzte Mal so ein wohliger Schauer überkommen?

Prof. Eckart Altenmüller, einer der wenigen Musikmediziner

Deutschlands, versucht seit Jahren zu ergründen, warum uns Musik so ergreift, warum sie uns aufwühlt und uns sogar die Nackenhaare aufstellen lässt. Gänsehautmomente sind gleichzeitig tiefe Glücksmomente, circa 80 Prozent aller Menschen kennen diese starken Emotionen. Unter Musikern ist der Gänsehauteffekt noch viel häufiger, beim Hören öfter als beim eigenen Spielen. Bei Befragungen geben etwa 95 Prozent an, regelmäßig diesen «Chill» zu haben, Tränen in den Augen oder auch ein Kloßgefühl im Hals.

Der Gänsehauteffekt ist eine Reaktion des vegetativen Nervensystems, das die Körperbehaarung beim Frieren aufstellt, um uns zu wärmen. Unsere kleinen Haarbalgmuskeln reagieren jedoch auch, wenn es uns im übertragenen Sinne «friert», also beim Kratzen der Kreide auf der Tafel, bei einem schrillen Schrei oder bei einem Horrorfilm.

Aber warum sträuben sich unsere letzten Fellreste, wenn wir Musik hören? Wird die Affenmutter von ihrem Kind getrennt, stößt sie Trennungsrufe aus, die beim Affenkind eine Gänsehaut erzeugen, als Ersatz der mütterlichen Wärme. Ähnlich bei uns: Die Urmenschen könnten auf Distanz mit melodischen Lauten, aus denen sich später Gesang und Musik entwickelten, bei den anderen Gänsehaut, also wärmende Nähe, hervorgerufen haben. Sie nahmen sich sozusagen akustisch in den Arm. Womöglich haben wir Musikinstrumente, um dieses wärmende Wohlgefühl zu «instrumentalisieren» – denn durch das gemeinsame Spielen und Hören von Musik vertreiben wir Gefühle der Einsamkeit, Trauer und Isolation.

Das Hirn aktiviert während eines Gänsehauterlebnisses Bereiche des limbischen Systems, das Emotion, Motivation und Selbstbelohnung programmiert. Dieselben Strukturen sind auch aktiv, wenn Probanden in sexuelle Erregung geraten oder Kokain einnehmen. Ich fände es ja spannend zu untersuchen, ob illegal heruntergeladene Musik einen noch stärkeren Kick bereitet als legale.

Musik wirkt anregend und gleichzeitig besänftigend. Denn sie beruhigt auch den Panikmacher des Gehirns, den Mandelkern,

die Amygdala. Deshalb singt man Kindern Gute-Nacht-Lieder vor und schaukelt sie damit in den Schlaf. «La-le-lu, nur der Mann im Mond schaut zu ...» Das lullt doch herrlich ein.
Welche Musik genau Gänsehaut bei jemandem auslöst, ist sehr unterschiedlich, aber oft sind es spezielle Momente, beispielsweise wenn eine Solostimme einsetzt oder gleich der ganze Chor. Aufregend finden wir auch, wenn es plötzlich lauter wird. Wie so oft wird in diesen Momenten, in denen etwas besser ist als erwartet, Dopamin ausgeschüttet.
Paradoxerweise hilft es trotzdem, ein Stück gut zu kennen, sodass der Gänsehauteffekt auch bei den Sängern selbst auftritt und nicht nur beim Auditorium. Und sie reagieren mit mehr Gänsehaut auf Mozarts Requiem, wenn sie es selbst schon gesungen haben, als auf ein Stück, das sie nur vom Hören kennen. Offenbar freut man sich «doppelt» über das «Unerwartete». Vorfreude verdirbt nicht den Gänsehauteffekt, es macht ihn stärker. Herrlich. Die frohe Botschaft: Musik und Gänsehaut kann man lernen und üben!
Gute Musik kann man sich nicht überhören. Deshalb ist sie ein so großer Glücksgriff der Menschheitsentwicklung. Beim Essen und Sex verrenken wir uns durch Übermaß Magen und Knie, aber beim Hören selten die Ohrmuschel. Musik macht weder dick noch schlaff. Der Coolidge-Effekt versaut uns den Spaß an Sauereien, und der Speichelfluss lässt beim dritten Stück Sahnetorte empfindlich nach. Ich kann meine liebsten Jazzpiano-Stücke von Erroll Garner oder Frank Chastenier immer wieder hören, ohne mich zu langweilen. Im Gegenteil, ich entdecke immer wieder neue Raffinessen und Harmonien. Und erst als ich viele Varianten der Goldberg-Variationen gehört hatte, kam ich auch bei dem scheinbar mechanischen Bach auf den Geschmack. Dann ein Stück von Bach, gespielt von dem Jazzgeiger Stéphane Grappelli, in der Berliner Philharmonie zu hören, war ein prägendes Gänsehauterlebnis für mich. Der Musiker, schon über 80 Jahre alt, strahlte mit seiner Musik und seiner Mimik eine Lebensfreude aus, die den ganzen Saal mitriss.

Ein Musikinstrument zu lernen, ist eins der sichersten Glücksrezepte fürs Leben überhaupt. Ist man über den Frust der ersten Tonerzeugung hinaus, kann man bis ins hohe Alter damit sich und anderen Freude machen und vor allem zeitlebens dazulernen, um versierter und ausdrucksstärker zu werden. Nicht umsonst veröffentlichten Helmut Schmidt und Vladimir Horowitz ihre erfolgreichsten Aufnahmen erst mit 80 Lebensjahren.

Vor 100 Jahren musste man noch selbst musizieren, um Musik zu hören, oder in die Kneipe oder Kirche gehen, wo gefiedelt und geschmettert wurde. Fahre ich heute in der Berliner U-Bahn, ist von dem verbindenden Element der Musik immer noch etwas zu spüren, nämlich wenn die Typen mit dem Stöpsel im Ohr ihre Geräte so laut aufdrehen, dass auch ich am anderen Ende des Waggons mithören darf.

Die romantischste Filmszene meiner Jugend, und ich stehe dazu, stammt aus «La Boum»: Sophie Marceau mit ihrem Schwarm (keine Ahnung, wie der Typ hieß, er ist zu Recht in Vergessenheit geraten) auf einer Party. Weil die beiden nicht abzappeln wollen, wie alle um sie herum, sondern lieber klammerbluesen, setzen sie sich gemeinsam Kopfhörer auf und tauchen in ihrem eigenen Takt in ihre zweisame Welt ab. Nee, war dat schön. «Dreams are my reality …»!

Musik kann uns entrücken, aber auch bereits leicht Verrückte wieder zurechtrücken, damit sie besser mit ihrem Leben zurechtkommen. Musik ist heilsam, wohl auch für die Komponisten selbst. Bach hatte viele Schicksalsschläge und Todesfälle zu verarbeiten, was er zum Glück für die Nachwelt in strahlende Musik umsetzte. Damit hat er sich selbst ein Stück weit therapiert. Luise Reddemann, eine der wichtigsten Neudenkerinnen der Traumatherapie, schreibt darüber, wie sehr Musik, die aus Leid entstand, für uns heute Leid lindern kann. Die Mehrheit der Komponisten, deren Werke uns trösten und glücklich machen, führten selbst höchst unglückliche Leben: Robert Schumann, Giacomo Puccini oder Peter Tschaikowsky waren aus heutiger Sicht depressiv, und auch Mozart pendelte wohl impulsiv zwischen Genie und Wahn. Nicht auszudenken, was der Welt entgangen wäre, hätten Mozart und Tschaikowsky eine gute kognitive Verhaltenstherapie bekommen. Vielleicht hätten die Musiker dann ein leichteres Leben geführt, denn zu allem Überfluss wurde den meisten zu Lebzeiten für ihr Werk wenig Anerkennung gezollt. Ein schwacher posthumer Trost – von den Komponisten, die zu Bachs und Mozarts Zeiten angesagt waren, hat man seit Jahrhunderten nichts mehr gehört. Musik wird geschaffen aus Leiden und weckt Leidenschaft. Zum Beispiel genießen Jazzliebhaber 30 Prozent mehr Sex als andere. Der amerikanische Schriftsteller Norman Mailer lag offenbar richtig, als er Jazz «die Musik des Orgasmus» nannte. Bei Jazz und Liebesspiel werden «Standards» in der freien Improvisation variiert, von «I got rhythm» bis «Why not take all of me!».

Musik rhythmisiert nicht nur Gruppen, sondern auch Groupies. Und damit ist wohl auch das Rätsel gelöst, warum sich etwas so scheinbar evolutionär Sinnloses und Unproduktives wie Musik so universell entwickelt hat. Vom Lockruf der Vögel über den Minnesang bis zum Kreischen, wenn Robbie Williams' Becken kreist – Musik hilft bei der Fortpflanzung. Komisch nur, dass man meist erst zum ausgewiesenen «Musikliebhaber» wird, wenn man aus dem fortpflanzungszentrierten Alter heraus ist. Man sollte nicht alles mit Evolution erklären wollen. Als sprechender Künstler, der sich des Wortes bedient, kann ich nur neidvoll anerkennen, wie viel direkter Trommeln das Trommelfell, den Bauch und die Lenden erregen als die Pointe das Zwerchfell. Frauen wollen Männer mit Humor? Dass ich nicht lache. Sie wollen Sänger, Rockstars und Bassisten. Mick Jagger hat Frauen nicht mit seinem Humor rumgekriegt. Von wegen «I can't get no satisfaction». Und ohne Details zu kennen, vermute ich auch, dass Jimi Hendrix ein wilderes Leben führte als Loriot.

Am Hamburger Bahnhof wird klassische Musik eingesetzt, nicht um die genervten Reisenden zu beruhigen, sondern um Punker und Junkies zu vertreiben – eine Art akustische Vogelscheuche. Wer mit Irokesenschnitt demonstriert, dass er ein unkonventionelles Leben führen will, entspannt sich bei Iron Maiden und regt sich bei Mozart auf. Welche Musikrichtung welche Wirkung auf Körper und Seele hat, ist individuell sehr verschieden und hängt vom persönlichen Geschmack ab. Das haben jüngst amerikanische Mediziner in einer kleinen Studie beobachtet. Während sich die Blutgefäße bei subjektiv angenehmer Musik weiten und sich damit der Blutfluss verbessert, bewirken beängstigende und nervende Töne das Gegenteil.

So enden wir auf einer versöhnlichen Note. Man muss Mozart nicht mögen, um mit Musik glücklich und gesund zu werden. Auch Schmalz wie «My heart will go on» kann die Blutgefäße geschmeidig halten, verklebt womöglich aber den Gehörgang. Wer öfter «Yesterday» hört, erlebt mit größerer Wahrscheinlichkeit auch ein «Tomorrow». Und wissenschaftlich erwiesen ist: Für den Opernliebhaber ist Placido Domingo besser als Placebo.

«… als meine Stimmtherapeutin mich mit Korken im Mund noch verstehen konnte.»

«… als ich mit katholischer Religion die Note Sechs in Stenographie ausgleichen konnte (mittlerweile bin ich aus der Kirche ausgetreten).»

«… als ich die ersten Schwünge im Schnee mit neuem Hüftgelenk machte.»

268　GLÜCK KOMMT MIT ...

So also ist das in unserer Nationalhymne gemeint:
«... ist des Glückes Unterpfand.»

Hergeben ist schwieriger als nehmen

*Wer sich mit dem Unvermeidlichen anfreundet,
wird unvermeidlich glücklich.*

Karl Jaspers

Ich sammle alte Zeitungen. Also wenn ich sie kaufe, sind sie natürlich noch nicht alt. Aber weil ich immer mehr kaufe, als ich zu lesen schaffe, mir das jedoch ungern eingestehe, gibt es bei mir in der Küche einen Stapel Zeitungen: «Nochmal durchschauen und dann erst wegwerfen». Und es gibt einen Stapel hinter dem Fernseher. Der überragt meistens den Stapel DVDs, die ich noch gucken möchte, neben dem Fernseher. Manchmal ist er auch kleiner, wenn ich beispielsweise etwas drauflege, was die Statik durcheinanderbringt und den Stapel spontan sich verbreitern lässt. Umfallen wäre das falsche Wort, richtiger ist: Er ergießt sich auf den Boden. Er macht keinen Krach, er gleitet. Krach gibt es eigentlich nur, wenn der DVD-Stapel im Gleiten in Mitleidenschaft gerissen wird.

Für mich hat der Zeitungsstapel einen hohen Wert, allein der Neupreis addiert sich auf viele, viele 100 Euro, denn zwischen «ZEIT», «FAS» und «SZ» liegen noch die teuren Hefte «brand eins», «NZZ Folio», «Du», «mare» und was es sonst noch alles Schickes gibt, nebst den diversen Wochenmagazinen. Ja, ich weiß, dass es das alles theoretisch auch online gibt. Aber Online-Leser, das sind Verächter der Realität. Die meinten auch, es würde mit der Einführung der EDV das Zeitalter des papierlosen Büros aufkommen. De facto wird heute so viel gemailt und ausgedruckt und abgeheftet und geschreddert wie nie zuvor in der Menschheitsgeschichte.

Eine papierlose Wohnung kommt zumindest Besuchern meiner Wohnung als eine echte Alternative vor. Ich denke stattdessen lieber in historischen Zeiträumen. So wie heute viele Datenformate nicht mehr lesbar sind, weil keiner daran gedacht hat, die Geräte, die mit Floppy Disks etwas anfangen konnten, aufzubewahren. So denke ich, ich bewahre ein Stück deutscher Identität auf, und wer weiß, vielleicht sind einige der Hefte irgendwann nicht mehr lieferbar, und der Bibliothekar der Staatsbibliothek steht weinend vor meiner Tür und bittet um Zugang zu meinem Archiv. Das ist bisher noch nicht passiert, aber wie beim Wein steigt ja der Wert meiner Zeitungen mit den Jahren der Lagerung. Oder?

Quatsch. Mir ist schon klar, dass der Marktpreis meiner Stapel sinkt. Ich habe mir mal vorgestellt, wenn mir jemand vor meiner Wohnungstür genau den Stapel anbieten würde, den ich schon habe, was ich dann dafür bezahlen würde. Aber erstens würde ich für einen Haufen Altpapier nicht ernsthaft Geld ausgeben, zweitens habe ich keinen Kamin, und drittens habe ich ja bereits den Stapel in meiner Wohnung, der für mich wertvoll ist, aber wahrscheinlich selbst bei eBay schwer verkäuflich wäre. Noch nicht mal an Selbstabholer.

Manchmal habe ich sogar das Gefühl, der Stapel wächst ohne mein Zutun. Ab einer kritischen Masse findet ein bisher unbekannter Prozess statt, der Ursuppe nicht unähnlich, und es entstehen neue kleine Stapel. Das klingt plausibel, da doch Papier aus organischem Material, also der Zellulose-Ursuppe, geschöpft wurde. Nicht auszudenken, ich würde einmal länger wegfahren, dann würde die Wohnung zuwuchern, und ich käme nicht mehr durch die eigene Tür.

Glücklich macht mich das schon lange nicht mehr. Eher erinnert mich der Stapel jeden Tag an mein Scheitern: all das, was ich für interessant halte, nicht im Kopf, sondern auf dem Boden zu behalten. Besitz kann einen besitzen, man ist besessen, vor allem, wenn man nirgends mehr sitzen kann, weil

jede freie Fläche durch etwas anderes in Besitz genommen ist. Spätestens dann wäre es Zeit loszulassen. Doch das ist schwerer, als man glaubt, denn man denkt über den Wert seiner Besitztümer grundsätzlich falsch. Damit bin ich nicht allein. Der Ökonom Richard Thaler von der Universität Chicago hat diesem irrationalen Verhalten bereits vor rund 30 Jahren einen Namen gegeben: «Endowment» oder Besitztumseffekt. Ein Gut, das wir unser Eigen nennen, halten wir für wertvoller als ein identisches oder vergleichbares Gut, das nicht zu unserem Eigentum zählt. Wer etwas besitzt, der überschätzt den Wert dieses Besitzes mindestens um den Faktor zwei – zumindest aus Sicht potentieller Käufer.
2008 ist es dem Psychologen Brian Knutson von der Stanford University gelungen, diesen Effekt im Gehirn zu lokalisieren, nachzulesen in «Neuron», Bd. 58, S. 814, 2008, falls Sie es in Ihrem Stapel der Fachzeitschriften suchen wollen. Die Probanden bekamen jeder 60 Dollar Spielgeld und durften sich davon zwei elektronische Geräte kaufen. Anschließend sollten sie mit ihrem neuerworbenen Besitz untereinander handeln. Wer einen MP3-Spieler hatte, wollte den für sage und schreibe 70 Dollar verkaufen, mehr, als er selbst dafür bezahlt hatte. Um das gleiche Gerät vom Mitspieler zu kaufen, waren die anderen Probanden aber nur bereit, 35 Dollar zu zahlen. Gerade bei den Versuchskandidaten, die sich besonders schwer von ihrem Besitz trennen konnten, wurde eine starke Durchblutung der Inselrinde nachgewiesen. Das ist die Hirnregion, in der Schmerzen verarbeitet und emotional bewertet werden. Offensichtlich tut es uns physisch weh, eigene Dinge zu verkaufen, der Trennungsverlust wiegt grundsätzlich schwerer als die Belohnung durch den erzielten Verkaufsgewinn.
Überhaupt reagieren Menschen empfindlicher auf Verluste als auf Gewinne. Wir ärgern uns mehr, wenn etwas zehn Prozent teurer wird, als dass wir uns in gleichem Maße freuen, wenn etwas zehn Prozent günstiger wird. Zehn Prozent mehr Gehalt ist schnell nichts Besonderes mehr. Aber eine zehnprozentige Kürzung ärgert uns bis zur Rente und darüber hinaus.

Wie irrational wir Verluste vermeiden, zeigte der Psychologe Daniel Kahneman von der Princeton University bereits Anfang der 90er Jahre. Er verteilte Kaffeebecher an Versuchspersonen mit den Worten: «Nun seid ihr Besitzer dieser Gegenstände!» Dann bat er die frischgebackenen Eigentümer, auf einer Liste anzukreuzen, zu welchem Preis sie bereit wären, die Becher zu verkaufen. Die Liste legte er einer Käufergruppe vor, die angeben sollte, zu welchem Preis sie die Becher kaufen würde. Die Kaffeebecher-Besitzer forderten im Schnitt 7,12 Dollar, die Käufer wollten jedoch nur 2,87 Dollar zahlen. Wer einen Becher hat, hält ihn für wertvoller als derjenige, der ihn nicht besitzt. In einem weiteren Experiment bekamen Probanden Äpfel oder Orangen und wurden aufgefordert zu tauschen. Fast niemand hat getauscht! Alle dachten: «Mein Apfel ist mehr wert als deine Orange.»

Listige Verkäufer drücken einem daher erst einmal etwas in die Hand, dann ist es viel schwerer, ihnen einen «Gefallen» abzuschlagen. Nur weil wir einen Kugelschreiber behalten dürfen, unterschreiben wir Verträge, deren Laufzeit und Preis deutlich über denen des Kugelschreibers liegen. Rosenverkäufer oder Anbieter anderer Produkte in Kneipen lassen auch gerne etwas auf dem Tisch liegen und kommen am Ende ihrer Runde wieder zurück, sodass man sich schon mal an den neuen «Besitz» gewöhnen kann.

Den gleichen Effekt machen sich Handelsketten zunutze, indem sie Kunden die Möglichkeit geben, beispielsweise einen Fernseher mehrere Wochen zu testen. Auf diese Weise beginnen die Kunden, sich als Quasibesitzer zu fühlen. Der subjektive Wert des Produktes steigt und damit auch die Kaufbereitschaft der Kunden.

Wenn der Finanzminister etwas mehr von der Psychologie des Geldes verstünde, würde das Steuerzahlen nicht so viele Menschen unnötig unglücklich machen. Nach dem Besitztumseffekt ist die Bereitschaft zur Steuerhinterziehung höher, wenn Steuern nachgezahlt werden müssen. Sie ist geringer, wenn der Steuerpflichtige bereits eine Vorauszahlung geleistet hat und daher eine Rückzahlung erwarten kann. So tut einem eine Lohnsteuer, die bereits automatisch einbehalten wurde, auch weniger weh als etwas, was man aktiv wieder hergeben muss. Und die Kirchen, die sonntags immer betonen, wie der schnöde Mammon uns verwirrt, buchen lieber gleich die Kirchensteuer ab, als sich darauf zu verlassen, dass die Gläubigen schon zu ihrem Besten die von ihnen gepredigte Bedürfnislosigkeit finanzieren werden.

Was hat das mit Glück zu tun? Die Stärke des Besitztumseffekts hängt von der Stimmungslage ab. Sind Menschen positiv gestimmt, dann fällt das Besitztumsdenken schwächer aus, wie die Psychologin Ayelet Fishbach von der Tel Aviv University experimentell zeigen konnte. Je mehr jemand den Verlust seines Besitzes fürchtet, desto höher fallen seine Entschädigungsforderungen aus. Und wahrscheinlich haben deshalb auch so viele Weise immer geraten, sein Herz nicht an Besitz zu hängen. Ohne großen Erfolg.

Wir hängen sogar an Dingen, von denen wir uns nur vorstellen sollen, sie gehörten zu uns. In Experimenten legte man Probanden zwei verschiedene Szenarien vor. In der Variante A hieß es: «Stell dir vor, alle 25 Bäume in deiner Wohnstraße werden abgeholzt. Wie viel müsste man dir zahlen, damit du diesen Verlust akzeptierst?» In Variante B hieß es: «Stell dir vor, in deiner Straße werden 25 Bäume gepflanzt. Wie viel wärst du bereit, dafür zu zahlen?» Der Verlust wog für die meisten Probanden erheblich schwerer. Die Versuchspersonen verlangten durchschnittlich 199,80 Dollar Entschädigung, sollten die Bäume abgeholzt werden. Neue Bäume wären den Probanden dagegen nur 9,60 Dollar wert gewesen. Traurigerweise wird der tropische Regenwald abgeholzt, ohne dass jemand dafür Entschädigung zahlen muss. Und was ist uns die Aufforstung wert? Einen Bierkasten. Den geben wir aber auch immer erst zurück, wenn er leer ist. Selbst Liebesdinge sind nicht frei vom Possessiv-Reflex. «Er gehört zu mir, wie mein Name an der Tür ...» Da fragt man sich doch: «Hast du deinen Freund, weil du ihn liebst, oder liebst du ihn, weil du ihn hast?»

Die Primatologin Sarah Brosnan hat Schimpansen beobachtet, die ebenso wenig auf Tauschgeschäfte eingehen wollten wie menschliche Probanden. Bei Tieren ist das Zustandekommen eines fairen Tausches einfach zu unsicher. Keine Verträge, keine Gesetze schützen den Affen, der einem Artgenossen einen Apfel gegen eine Orange anbietet – es gilt das Recht des Stärkeren. Die erfolgreichste Strategie im Tierreich lautet: Wer hat, der sollte besser nicht hergeben, will er sein Leben schützen.

Als ich das las, war ich doch etwas traurig, dass meine scheinbar intellektuelle Vorliebe für Zeitungsstapel solch primitive Wurzeln haben sollte. Und ich beschloss, einen Teil davon ins Altpapier zu werfen. Aber wie sehr mein Denken nicht nur aus dem Tierreich, sondern auch vom Computerzeitalter geprägt ist, wurde mir klar, als ich den Deckel der Tonne aufmachte. In diesem Moment ging vor meinem geistigen Auge ein Fenster auf: «Sind Sie sicher, dass Sie all diese Dokumente entfernen wollen? Ja – Nein – Abbrechen.»

Ich ließ mich davon nicht irritieren und warf meinen ganzen kostbaren Stapel mit einem lachenden und einem weinenden Auge in die Tonne, direkt auf die ganzen wertlosen «GEO»-Hefte meines Nachbarn.

Ein Tourist besucht einen berühmten Rabbi und ist erstaunt über sein einfaches Zimmer.
«Rabbi, wo sind Ihre Möbel?»
«Wo sind denn Ihre?»
«Ich bin ja nur zu Besuch hier, auf der Durchreise.»
«Genau wie ich.»

... DEM TUN 275

«... als ich 1988 erfahren habe, dass ich schwanger bin –
und dieses Glück hält bis heute an.»

«... als ich von meinem Freund Christian zu Weihnachten
die Stiefel geschenkt bekommen habe, die ich mir kaufen
wollte und deretwegen ich mich furchtbar mit ihm gestritten
habe, weil er nicht mit mir in die Stadt fahren wollte.»

«... als mir heute Morgen 28 Leute gesagt
haben, dass sie gestern einen guten Stuhlgang hatten.»

Der Kapitalismus ist auch nicht mehr das, was er war.

Zeit ist Geld?
Aber Geld keine Zeit

Was ist der Unterschied zwischen einem Mann mit sieben Kindern und einem mit sieben Millionen Euro? – Der mit den sieben Millionen will weitere!

Wissen Sie, wie viel Ihr Nachbar verdient? Eher fragen wir nach seiner Religion, seinen Krankheiten oder seinen sexuellen Präferenzen, als über das größte Tabu zu sprechen, das uns noch geblieben ist: GELD!
Gottesdienste gibt es im Fernsehen schon lange, auch Softpornos und Gesundheitsratgeber. Aber erst seit kurzem hat die Schuldnerberatung Herrn Zwegat zum bekanntesten deutschen Sozialarbeiter gemacht. Das bildet gut die Hierarchie unserer Intimitätsgrenzen ab. Über Geld redet man nicht, das hat man. Oder eben nicht. Und dann sollte man erst recht nicht darüber reden.
Geld macht glücklich, wenn man wenig davon hat. Ist die Grundversorgung gesichert, bringt mehr Geld immer weniger Zuwachs an Zufriedenheit. Aber das glauben wir uns selbst nicht. Was jedoch, experimentell überprüft, stimmt: Geld macht einsam. Bringt man Versuchspersonen allein auf den unbewussten Gedanken an Geld, werden sie automatisch weniger hilfsbereit und bitten auch weniger um Hilfe, selbst wenn sie diese bräuchten. Zudem entscheiden sie sich, ihre Freizeit lieber allein zu verbringen, anstatt mit Freunden gemeinsame Aktivitäten zu unternehmen. Geld stinkt nicht, aber sein purer

Anblick macht einen stinkig, und man geht lieber auf Distanz. Vielleicht ist es kein Zufall, dass Gemeinschaften, die auf hohe Stabilität und gegenseitiges Helfen bauen, beispielsweise ein Kloster, ehrenamtlich arbeiten und gezielt auf die monetäre Belohnung verzichten.

Überraschenderweise fühlen sich mehr Menschen deprimiert, wenn sie materiellen Wohlstand erreicht haben, als wenn sie danach streben. Hat man es geschafft, ist man nicht etwa glücklich, sondern: geschafft!

Die unausgesprochenen Spielregeln lauten: Verdiene Geld, egal was es kostet. Und wer mit dem teuersten Spielzeug stirbt, hat gewonnen. Ein seltsames Spiel.

Gedankenexperiment

Stellen Sie sich vor, Sie bekämen ab nächstem Monat 500 Euro mehr Gehalt. Wären Sie glücklicher als jetzt? Na klar – Sie können sich ja dann auch mehr leisten. Sie sind glücklicher, bis Sie erfahren, dass alle anderen in der Firma 1000 Euro erhalten. Sie haben zwar mehr als vorher, sind aber trotzdem schlechter drauf, weil Sie sich im Vergleich definieren und nicht in absoluten Zahlen. Und wie viele würden insgeheim nicht gerne auf die 500 Euro verzichten, wenn sie damit erreichen könnten, dass die anderen die 1000 Euro nicht bekommen?

Wir vergleichen uns gerne, schauen über den Tellerrand, aber nicht besonders weit, gerade weit genug, bis wir Nachbarn sehen, denen es ein bisschen besser geht als uns. Und zack geht es uns schlechter. Bertrand Russell, der britische Philosoph, bringt es auf den Punkt: «Bettler beneiden keine Millionäre, sondern andere Bettler, die mehr verdienen als sie selbst.» Und diese Sichtweise macht uns arm.

Wie sähe unser Leben aus, wenn nicht Geld, sondern Glück die grundlegende Währung und Entscheidungsgrundlage wäre?

Gute Frage. Dazu mal hier und jetzt fünf Minuten Denkpause …

Welches Land ist das glücklichste der Welt? Je nach Kriterien ist es entweder die Südseeinsel Vanuatu oder bei seriöserer Betrachtung, beispielsweise hinsichtlich des Gesundheitswesens, des Demokratieverständnisses oder der Arbeitslosigkeit, Dänemark, die Schweiz und Österreich. In einem sind sich jedoch alle Untersuchungen einig: Deutschland ist nie auf den vorderen Plätzen. Dabei sind wir umgeben von Staaten, die uns gar nicht so unähnlich sind, außer dass sie glücklicher sind.

Auf Reisen in Länder mit großen sozialen Unterschieden wird einem eins schnell klar: Dort möchte man nicht arm sein. Reich aber auch nicht. Je stärker das Gefälle zwischen Armen- und Reichenghetto, zwischen Slum und «Condominium», zwischen Blechhütte und Hochsicherheitstrakt, desto mehr sinkt die Lebensqualität für alle! Wem nützt der Reichtum, wenn man ständig davor Angst haben muss, dass die Kinder entführt werden, man im Auto an der Ampel erschossen wird oder man am Strand nicht mehr spazieren gehen kann, weil jede Sekunde ein Überfall droht? Es muss gar nicht Nächstenliebe sein, es reicht auch schon pure Vernunft, um sich eine gerechte Verteilung der Ressourcen in einem Land und auf dem ganzen Planeten zu wünschen.

In unserem Denken spielt die Frage, wie ich mehr Geld verdienen und wo ich sparen kann, eine große Rolle. Dabei sind Karrieristen und Schnäppchenjäger selbst die Gejagten und leben ständig im Bewusstsein von Mangel: «Das fehlt noch», «Das muss ich noch erreichen», «Das hätte ich günstiger bekommen können». Wenn wir bei einer Tankfüllung von 50 Euro fünf Euro sparen können, fahren wir dafür durch die ganze Stadt. Wenn wir beim Kauf eines Autos von 50 000 Euro 500 Euro sparen können, ist uns das egal. Dafür würden wir nicht extra zu einem anderen Händler gehen, lieber fahren wir 100-mal durch die Stadt, um billig zu tanken. Unser Bankkonto rechnet in absoluten Zahlen, wir nicht.

Ich bin selbst einmal auf ein angebliches «Schnäppchen» reingefallen. Apple «schenkte» mir einen Einkaufsgutschein von 50 Euro. Super, dachte ich, und habe aus Freude über dieses Angebot einen iPod bestellt, weil ich meinte, so etwas zu brauchen. Hätte ich mal das Kleingedruckte gelesen. Der Gutschein galt erst ab 500 Euro Bestellsumme. Als die Lieferung eintraf, war mir der Gutschein nicht angerechnet worden. Die Bestellsumme betrug zwar 500 Euro, aber brutto, nicht netto. Also bestellte ich zähneknirschend bunte Hüllen, Stöpsel und weiteren Schnickschnack, bis ich endlich auch ohne Mehrwertsteuer die 500 Euro überschritten hatte und mein Super-Schnäppchen machen konnte. Was mich das an Nerven und Zeit gekostet hat, ist mit 50 Euro nicht aufzuwiegen. Und aus Trotz habe ich bis heute das Gerät nicht einmal ausgepackt. Auch Einkaufsgutscheine sind Trojaner, ein teures Geschenk, es hat Apple einen Kunden gekostet.

Auch jedes dritte richtig «nützliche» Haushaltsgerät wird nie in Betrieb genommen. Aber Hauptsache, es wird gekauft. Eine Gruppe Amerikaner sollte ankreuzen, welche Konsumgüter ihrer Meinung nach zu einem Lebensstil gehören, den sie gerne hätten, und welche sie davon bereits besaßen: Haus, Auto, TV, Urlaubsreisen, Swimmingpool, Ferienhaus und so weiter. Die gleiche Umfrage wurde 16 Jahre später wiederholt. Das «Haben» war von 1,6 auf 3,1 Dinge und das «Wollen» im gleichen Zeitraum von 4,4 auf 5,6 gestiegen. Auf gut Deutsch: Uns fehlen immer zwei Anschaffungen zum Glück!

Wer nicht mit dem zufrieden ist, was er hat, wäre auch nicht mit dem zufrieden, was er haben möchte.

Der Zeit jagen wir genauso hinterher. Nur noch dieses und jenes schnell erledigen, dann habe ich Zeit – und bin glücklich: rasch die Steuererklärung fertigmachen, eben eine Konferenz organisieren und diese Scheidung durchstehen. Danach hat man aber voraussichtlich weder mehr Zeit noch mehr Geld. Unsere Kosten-Nutzen-Rechnung im Kopf ist schnell nutzlos, wenn sie nur die offensichtlichen Kosten einrechnet. Was hat Deutschland über die Pendlerpauschale gestritten – ohne die eigentlichen gesellschaftlichen Kosten zu berücksichtigen. Denn an die meisten Dinge im Leben gewöhnen wir uns – an das Pendeln nachweislich nie. Viele Studien beweisen: Pendeln nervt, und zwar jeden Tag aufs Neue. Der Vorteil, im Grünen zu wohnen, ist meist zu teuer erkauft, wenn man dafür zwei Stunden am Tag im Stau steht. Da ist man sehr viel schneller aus der Stadt mal ins Grüne gefahren. Aber wer nimmt sich dafür schon die Zeit?

Sind die Transportmittel auch schneller geworden, wir sind nicht weniger Zeit unterwegs. Sowohl in Tansania als auch in den USA verbringen Menschen pro Tag durchschnittlich 70 Minuten, um von A nach B und wieder zurück zu kommen. Der einzige «Fortschritt»: In den USA legt man dabei 60 Kilometer mit dem Auto zurück, in Tansania gehen die meisten zu Fuß. Ebenso nimmt uns zwar die Waschmaschine das Schrubben der Wäsche auf dem Waschbrett am Flussufer ab, dafür waschen wir die Klamotten aber auch viel öfter als nötig. Und selbst die schnellste Internetverbindung führt nicht dazu, dass wir schneller am Computer mit der Arbeit fertig sind. Nein, wir klicken noch rasch ein paar Seiten durch und verlieren viel Zeit, weil es ja so schnell geht.

Die Geschwindigkeit, mit der wir uns heute durch die Innenstädte bewegen, ist ziemlich genau die gleiche wie vor 100 Jahren, vor Erfindung des Automobils. Mit einem Pferd wäre man oft schneller. Aber das hat uns ja nicht genug PS!

Wenn wir schon nicht wissen, wo die Zeit hin ist, wohin dann mit dem Geld? In seinem sehr erhellenden Buch «Tretmühlen des Glücks» verdeutlicht der Ökonom Mathias Binswanger den «demonstrativen» Konsum, der die Tretmühle beschleunigt. Wenn ich mir einen sichtbaren Luxusartikel kaufe, entwerte ich damit alle in meiner Umgebung, die sich daraufhin anstrengen müssen, mich wiederum zu übertrumpfen.

Im letzten Urlaub war ich zum Tauchen auf einer kleinen Insel vor Bali. Auf Lembongan gibt es keine Autos. Ich bin viel zu Fuß gegangen, habe mir aber einen Tag lang ein kleines Mofa geliehen – und war damit der König der Insel. Für den gleichen Statusgewinn bräuchte ich auf deutschen Straßen schon einen Maybach. Autos sind deshalb so geeignet für das

Rattenrennen, weil sie in der Gegend herumstehen, sichtbar sind und jeder ohne großes Vorwissen ahnt, wie teuer sie sind. Das wissen schon Kinder im Grundschulalter. Ginge es um Fortbewegung, wären Autos klein, leicht und sparsam. Im Trend liegen aber Autos, die so sperrig sind, dass sie nicht in die Garage passen, damit man sie auch nachts auf der Straße sehen kann.

So funktioniert der «demonstrative» Konsum: Man kauft sich Dinge, die man nicht wirklich braucht, von Geld, das man nicht wirklich hat, um Leute zu beeindrucken, die man nicht wirklich mag. Das Tolle: Von Dingen, die man nicht braucht, kann man nie genug haben! Es gibt vermutlich keine Schwarmintelligenz, sicher aber eine Schwarmdummheit.

Ich habe neulich meinen Anlageberater getroffen – auf der Parkbank. Er hatte den sicheren Anlagetipp für mich: Bottle-Banking! Nicht in Weizen investieren – in Bierkästen! Da bekommt man für sein Geld 4,5 Prozent mit sofortiger Wirkung. Wenn man die Pfandflaschen wieder zurückbringt – das ist eine Rendite, davon können die anderen nur träumen! Und diebstahlsicher ist sie auch – 50 Euro sind schnell geklaut, aber wer hat schon mal einen Dieb mit 8000 Pfandflaschen wegrennen sehen?

Ökonomen verweisen gerne darauf, dass der Preis durch Angebot und Nachfrage bestimmt wird. Aber warum ist dann guter Rat teuer? Das Angebot an guten Ratschlägen ist immer größer als die Nachfrage! Und hier kommen noch drei dazu. Drei praktische Tipps, wie Geld Sie glücklich machen kann:

1. Bleiben Sie dort wohnen, wo Sie wohnen, und machen Sie eine Reise.
2. Viele kleine Dinge bringen mehr Freude als wenige große.
3. Geben Sie Ihr Geld für andere aus.

1. Wir sind heute dreimal so reich wie 1950, aber nicht dreimal so gut drauf. Im Gegenteil. Der jüngste Sozialreport weist uns wieder als eins der miesepetrigsten Länder Europas aus. Mit

wachsendem Wohlstand wächst auch die Wohnfläche. 1950 hatten die meisten Familienwohnungen den Komfort einer Studentenbude von heute. Aber größere Wohnungen in den Städten bedeuten oft größere Einsamkeit. Was tun die meisten Menschen, sobald sie etwas mehr verdienen? Sie ziehen in eine bessere Gegend, damit sie dort noch mehr Menschen um sich haben, auf die sie neidisch sein können. Einer der reichsten Männer der Welt, Warren Buffett, lebt immer noch in demselben Haus, das er sich 1958 gekauft hat.

Der Schwabe in uns sagt: Kauf dir etwas Materielles, davon hast du am längsten was. Der Glücksökonom sagt: Investiere in immaterielle Erlebnisse. Denn ein Auto verliert vor meinen Augen an Wert. Der Nachbar kauft sich noch ein größeres, es bekommt den ersten Kratzer, der Aschenbecher ist voll, so was passiert. Eine Weltreise wird immer schöner, je länger sie zurückliegt. Und Reisen bildet und stärkt die Freundschaft. Meine Großmutter, die im Zweiten Weltkrieg ihr Hab und Gut verlor, sprach immer davon: «Wenn alles weg ist, bleiben dir immer zwei Dinge: was du im Kopf und wen du im Herzen hast.» In dieses Glück zu investieren ist eine solide Anlage!

2. Wenn wir gerade nicht auf Bildungsreise sind, sagt die Ökonomie des Glücks: Viele kleine Glücksmomente sind besser als ein großer. So wie der Friedensnobelpreisträger Muhammad Yunus mit vielen kleinen Mikrokrediten große Effekte in der Armutsbekämpfung erzielt, können wir mit kleinen Investitionen in unser Glück sehr viel mehr erreichen als mit großen. Sogar in der Partnerbeziehung dreht sich die Ökonomie der Menge um: 100 Rosen im ungünstigen Moment sind eine schlechtere Investition als die eine Rose im entscheidenden Augenblick.

3. Den nachhaltigsten Nutzen hat Geld, wenn man es für andere ausgibt. Das glaubt man nicht, bis man es ausprobiert hat. Im Kleinen wie im Großen, von einer Tasse Kaffee, die ich jemandem schenke, bis zur Spende. Danach fühlt man sich selbst reicher. Reich ist, wer weiß, dass er genug hat. Die beste Altersvorsorge sind und bleiben Kinder. Wenn Sie heute Nacht nichts anderes vorhaben – zeugen Sie eins. Für sich und für alle! Und das größte Kapital mit der höchsten langfristigen Rendite sind Beziehungen. Wenige gute Freunde sind wertvoller als doppelt so viel halb gute.

Meine Prognose für dieses Jahr? Es ist das Jahr, auf das wir schon in drei Jahren zurückblicken werden und denken: So schlimm war es doch gar nicht. An alle deutschen Untergangspropheten: Heute Nacht geht die Welt nicht mehr unter – da ist es schon Morgen in Australien!

Der Schweizer Psychiater Bertrand Piccard erzählt gerne, wie er sich während seiner Weltumrundung in einem Ballon über China mit seinem Meteorologen stritt: Eine Luftschicht höher gab es kräftigere Winde, und Piccard wollte unbedingt schneller vorankommen. Er blieb jedoch auf seinem Kurs, da ihm sein Wettermann nur eine Frage stellte: «Willst du gerne langsam in die richtige Richtung fliegen oder lieber schneller in die falsche?»

«... als ich mit meinem Freund in einem spanischen Dorf ohne Musik getanzt und darauf gewartet habe, dass das Zelt trocknet.»

«... als ich beim Saubermachen der Dachrinne bei meinem Nachbarn fünf Cent gefunden habe.»

«... als der DAX über 7300 Punkte gestiegen ist.»

Eine Fernsehkarriere.
Kein Flimmern mehr, nur noch Rauschen.

Bill, Boris und Bronze

Was der liebe Gott vom Geld hält, kann man an den Leuten sehen, denen er es gegeben hat.

Geld macht nicht glücklich. Das wissen wir alle. Aber verhält sich irgendwer danach? Ist Bill Gates der glücklichste Mann der Welt? Nein, garantiert nicht. Er ist ja noch nicht mal mehr der reichste. Wer ist zwischenzeitlich auf der *Forbes*-Liste an ihm vorbeigezogen? Ingvar Kamprad aus Elmtaryd bei Agunnaryd. Den kennen alle durch seine Initialen: IKEA.

Wie peinlich – Software aus Amerika unterliegt Teelichtern aus Schweden! Wie konnte das passieren? Bill Gates' größter strategischer Fehler war, dass er auf Alleinherrschaft statt auf Kooperation setzte. Er hat den Quellcode, die Bauanleitung seiner Software streng geheim gehalten und damit die intelligentesten Hacker der Welt provoziert. Das konnte auf Dauer nicht gutgehen. IKEA machte es genau umgekehrt. Die haben die Bauanleitung sogar dazugelegt. Das konnte auf Dauer auch nicht gutgehen. Weil die intelligentesten Hacker der Welt dachten, das krieg ich auch ohne Anleitung hin. Aber dann wollten sie ihr Scheitern nicht zugeben und haben am nächsten Tag den ganzen Krempel noch einmal gekauft. Eine geniale Strategie: den Umsatz verdoppeln durch scheinbare Kooperation.

Für Microsoft ist das hart. Geschlagen, aber nicht von Linux, nein, von INBUS! Bill verliert gegen Billy! Man kann Bettwäsche eben nicht downloaden und ausdrucken. Das ist Old gegen New Economy. Was ist realer – Bits und Bytes oder Bretter? Wenn sich ein Kumpel ein neues Softwareprogramm kauft, was sagt man sofort? Kannst du mir das mal brennen? Das sagt man nicht beim Vollholz-Regal!

Bill Gates ist immer noch unvorstellbar reich. Wenn er sein Geld unter die Matratze packt und im Schlaf aus dem Bett fällt, ist er, bevor er den Boden erreicht, an Altersschwäche gestorben. Und wenn sich das Geld noch verzinst, kommt er nicht mal mehr in die Erdumlaufbahn. Der Mann ist reicher als die Schwerkraft, aber es nützt ihm nichts. Denn: Er ist nicht mehr der Reichste. Eine erste Position zu verlieren, ist viel schlimmer, als sie nie gehabt zu haben. Und das ist doch eine frohe Botschaft für uns alle. Wir müssen nicht alle «Nummer eins» werden. So viele braucht man davon gar nicht.

Was ist mit Position zwei und drei? Wer ist glücklicher? Silber- oder Bronzemedaillen-Gewinner? In einer Studie wurden die Gesichtsausdrücke beim Verlassen des Siegertreppchens gefilmt und die Mimik von nicht Eingeweihten beurteilt. Sobald sich die Gewinner nicht mehr beobachtet fühlten, offenbarten sie ihre wahren Gefühle. Und wer ist der Sieger der Herzen? Richtig, Bronze gewinnt! Glückstechnisch zumindest. Nicht das Ergebnis macht uns glücklich oder unglücklich – es ist die Bewertung und vor allem die Frage: Mit wem vergleicht man sich? Mit wem vergleicht sich Silber? Er schielt nach oben und flucht: «Drei Hundertstel, und ich hätte Gold!» Silber ist mental im Mangel. Bronze dagegen freut sich ein Loch in den Bauch und denkt: «Drei Hundertstel, und ich hätte überhaupt keine Medaille!» Bronze ist glücklich, denn er weiß, richtig doof ist es, Vierter zu sein.

Aber jetzt mal nicht ablenken, denn was ist mit dem Goldmedaillengewinner? Der sollte doch am glücklichsten sein. Für den Moment ist er es auch, aber später wird es schwierig. Der Schwimmer Michael Phelps, der bei der Olympiade 2008 acht Goldmedaillen abgeräumt hat, ist der erfolgreichste Athlet der olympischen Geschichte. Aber er wird schwerlich in seinem Leben noch einmal etwas Vergleichbares erleben. Denn dummerweise wird dieses Goldglück zu seinem Vergleichsgoldstandard werden – und damit wird jeder weitere Erfolg vergleichsweise im Schein dieser Medaillen verblassen. Wie die Psychologin Sonja Lyubomirsky untersucht hat, gilt die Gewöhnung an gute und schlechte Ereignisse nicht im gleichen Maße für außergewöhnlich positive «Schicksalsschläge». Sie zerstören die Maßstäbe. Kleine Dinge, die Freude gemacht haben, wie beispielsweise ein Essen mit Freunden, ein Plausch mit einem interessanten Menschen oder ein überraschendes Geschenk, lösen nach einem Goldmedaillenerlebnis nicht mehr die gleichen positiven Gefühle aus. Ihr Fazit: Es sind die mittelmäßig angenehmen Dinge, die uns dauerhaft glücklich machen, aber das Außergewöhnliche hat die Kraft, uns aus der Bahn zu werfen.

Ich bin im gleichen Jahr geboren wie Boris Becker. Er gewann mit 17 bereits Wimbledon unter den Augen der Weltöffentlichkeit, während ich beim Geräteturnen am Reck mir die Finger einklemmte und vor den Augen der ganzen Klasse verreckte. Ich war sportlich ein Versager, Boris war ein Held für mehrere Generationen. Inzwischen beneide ich ihn aber nicht mehr. Es muss verdammt mühsam sein, wenn man einmal etwas Grandioses geleistet hat, auf einem anderen Gebiet noch einmal so etwas hinzulegen. Es ist viel leichter, als Newcomer besser zu sein als erwartet, als wenn alle Augen auf einen gerichtet sind und meinen, über einen richten zu können.

Als ich noch in der Grundschule mit der Blockflöte kämpfte und Töne produzierte, die weniger zur Erbauung der Hörer, sondern mehr zur Evakuierung der Schule geeignet waren, hatte Wolfgang Amadeus Mozart bereits Musik von Weltrang komponiert. Aber als Mozart so alt war wie ich heute, war er schon sieben Jahre tot.

Der Fluch der Globalisierung ist nicht nur der Erfolg von Bill Gates, sondern auch, dass wir uns mit ihm vergleichen. Früher reichte es, das beste Pferd im Stall zu sein, die Schönste im Dorf oder der Krösus der Gemeinde. Heute vergleichen wir uns mit Global Players und müssen dabei verlieren. Wir wollen mehr PS als Michael Schumacher, schöner sein als Heidi Klum und reicher als Bill Gates. Und das macht uns fertig.

Bill Gates hat das inzwischen auch kapiert und investiert jetzt sein Vermögen in globale Gesundheit. Seine Stiftung hat deutlich mehr Geld zur Verfügung als die Weltgesundheitsorganisation WHO. Und sein Kumpel Warren Buffett gibt ebenfalls einen dicken Batzen für den Kampf gegen Malaria und HIV aus. Die Kinder von Bill Gates müssen sich mit 0,02 Prozent seines Vermögens zufriedengeben. Ein hartes Schicksal, das sind nur zehn Millionen Dollar für jeden.

Um Erster zu werden, braucht man viel zu viel Energie, und Erster bleiben ist immer gefährlich. Ein historischer Beweis: Es wurde noch nie in der Geschichte der USA ein Vizepräsident erschossen. Denken Sie bei der nächsten möglichen Beförderung an diese Tatsache.

HIRSCHHAUSENS BUNTE BASTELBÖGEN
MACH GELD GLÜCKLICH!

Hier schneiden!

HIRSCHHAUSENS BUNTE BASTELBÖGEN

GLÜCK KANNSTE KNICKEN

KLEINE GEBRAUCHSANWEISUNG

1. Knicken Sie den Schein entlang der drei Faltlinien wie eine Ziehharmonika.
2. Die Längskante des Scheins sollte jetzt ein M abbilden. Wenn nicht, Fehler akzeptieren, ausbügeln und neu anfangen.
3. Mach Geld glücklich! Den Schein in beiden Händen halten, sodass man das Gesicht sieht. Den Schein zu sich hin kippen, bis das Gesicht grimmig guckt. Dann langsam den Schein von sich weg neigen …

Neuer Blickwinkel, neues Glück!

Für immer 17?

Mit 17 hat man noch Träume, da wachsen noch alle Bäume in den Himmel der Lie-ie-ebe.
Peggy March

Früher wurden Menschen maximal 34 Jahre alt. Damals war man mit 17 in der Pubertät und Midlife-Crisis gleichzeitig. Heute werden wir 77, und eine gähnende Lücke tut sich auf zwischen Schülerausweis und Seniorenpass – wofür bekommt man jetzt Ermäßigung? Auch zu Goethes Zeiten lebten die Menschen nur halb so lang wie heute, und trotzdem, denke ich, hatten sie mehr Zeit als wir, oder?
Für immer 17 sein – ich frage mich, ob das nicht das wahre Glück wäre. War das nicht die glücklichste Zeit? Mit 17 hatte ich jedenfalls noch Zeit. Ich hatte das Abitur und machte mich auf, um mit einem kleinen Koffer und einem Interrail-Ticket die Welt zu erobern. Als Hobby-Zauberkünstler zog ich durch Europa. Deutschland ist für Straßenauftritte denkbar ungeeignet, denn Deutsche wollen immer irgendwohin und bleiben ungern stehen. Die Städtebauer haben nach dem Krieg systematisch alle Plätze kaputt geplant, auf denen man flanieren konnte. Eine italienische Piazza ist um 20 Uhr etwas vollkommen anderes als eine deutsche Einkaufspassage. Vor der Gedächtniskirche in Berlin brüllst du gegen die Autos an, und in Frankfurt auf der Zeil pantomimst du dich abends ins Nichts. Aber in Italien geht man abends weg. Und wenn da ein lustiger deutscher Zauberer steht, bleibt man stehen und gibt auch etwas in seinen Hut. Siena, Perugia, Verona wurden schnell zu meinen Lieblingsstädten. Und wenn ich einen Hut

*Sei heute glücklich und dann bleib einfach so?
Jugendlicher Leichtsinn!*

voller 1000-Lire-Scheine hatte, war ich unermesslich reich, Schein-reich! Ich werde nie vergessen, wie ich mir eine Eintrittskarte für ein Al-Jarreau-Konzert in der Arena von Verona mit dem selbstverdienten Geld kaufte. Ich türmte die Scheine und Münzen vor der Theaterkasse auf und war stolz, meine künstlerische Leistung gegen eine andere tauschen zu können. Ich erlebte eine grandiose musikalische Nacht unterm Sternenhimmel.
Heute habe ich deutlich mehr Zuschauer, aber so glücklich wie damals ... QUATSCH! Jetzt verzerre ich die Vergangen-

heit wie wir alle und Loriot: «Früher war mehr Lametta» – von wegen.

Von meinen damaligen Auftritten gibt es nur Filmaufnahmen in japanischen Privatarchiven. Aber ich habe das ja alles in meinem Gedächtnis gespeichert. Eben nicht! Das ist die Quelle eines der massiven Irrtümer über vergangenes Glück. Würde unser Gehirn tatsächlich alles speichern, wie es wirklich war, wäre unsere Festplatte im Nu voll.

Machen Sie doch mal ein kleines Experiment. Bitte lesen Sie die folgende Liste nur einmal durch, und dann lesen Sie weiter. Aufklärung folgt.

- Bett
- Ruhe
- wach
- müde
- Traum
- aufwachen
- Nickerchen
- Bettdecke
- dösen
- Schlummer
- Schnarchen
- Dunkel
- Friede
- gähnen

Damit uns der Kopf vor Datenmüll nicht platzt, bedient sich unser Gedächtnis eines Tricks, auf den wir dummerweise immer wieder selbst hereinfallen. Von dem, was wir erleben, wird nur eine Zusammenfassung gespeichert, nur ein paar Schnappschüsse und Standbilder mit den entscheidenden Szenen und Eckdaten, nicht der ganze Film. Wenn wir die Erinnerungen aber aus unserem inneren Archivkeller hervorholen, kommen sie uns nicht vor wie einzelne Eckdaten, sondern wir sehen vor unserem geistigen Auge den ganzen Film. Wie macht unser Hirn das bloß? Es ist ein sehr geschickter Filmvorführer. Es wedelt mit den Standbildern, sodass wir denken, es seien Bewegtbilder. Und es ergänzt alles, was es nicht mehr genau weiß, aus dem Wissensstand von heute, unsere Phantasie malt sich die fehlenden Bilder aus.

Dass dieser Lügen-Trick nicht nur mit Erinnerungen, sondern auch mit fremden Bildern funktioniert, kenne ich von mir selbst. Ich habe immer wieder aus Familienalben die gleichen alten Fotos gesehen und die dazugehörigen Geschichten gehört. Dadurch, dass ich mir diese Geschichten lebhaft vorstellte und dann in meinem Gedächtnis abspeicherte, habe ich das Gefühl, ich hätte das alles selbst erlebt. Dabei war ich in der konkreten Situation definitiv nicht dabei. Ich war da noch nicht einmal geboren. Aber ich könnte schwören, ich habe es erlebt!

An dieser Fähigkeit, sich Dinge auszumalen und später zwischen dem Ausgemalten und tatsächlich Erlebten nicht mehr sauber unterscheiden zu können, leiden Richter, die Zeugenaussagen beurteilen müssen, und wir. Denn beim Abspeichern unserer Erlebnisse für das Langzeitgedächtnis wurden durch die Datenkompression die meisten dazugehörigen Gefühle gelöscht. Aber das merken wir nicht, weil wir sie flugs ergänzen, sobald wir die Szene vor unserem geistigen Auge rekonstruieren. Wie ich mich damals mit 17 gefühlt habe, weiß ich nicht mehr, aber ich stelle mir vor, wie ich mich gefühlt haben muss. Wir machen uns massiv etwas vor, manchmal zu unserem Vorteil, oft aber auch zu unserem Nachteil. Wenn ich lange genug frage, kann sich jeder «erinnern», eine schwierige Kindheit gehabt zu haben. Fast jedes Kind ging einmal im Supermarkt kurzfristig verloren. Aber ob uns das bis heute langfristig traumatisiert, hängt weniger von dem Gefühl von damals ab als vielmehr davon, wie oft ich diese Szene seitdem abgerufen und mit negativer Bedeutung überladen habe.

Informationen, die ich erst nach dem Ereignis erhalten habe, verändern beim nächsten Herauskramen, Angucken und Wiederabspeichern unsere Erinnerung. Fragen Sie einmal Paare, wie sie sich kennengelernt haben – meistens existieren zwei sehr unterschiedliche Varianten, wer was getan, gesagt und vor allem, wann wer etwas gefühlt hat. Und jeder hat recht – in seinem Hirn.

Aber Sie würden auf den Trick Ihres Gehirns nie hereinfallen, oder? Welches Wort stand nicht auf der Liste von vorhin? «Bett», «dösen», «Schlaf» oder «Benzin»? – Klar, Benzin stand nicht drauf. Ganz sicher? Ja, ganz sicher! Worüber Sie aber hätten stolpern können: «Schlaf» kam auf der Liste auch nicht vor! Sie glauben mir nicht? Wollen wir wetten? Sie haben schon zurückgeblättert? Was wir aus der Liste abgespeichert haben, ist die Zusammenfassung von «lauter Wörtern, die etwas mit Schlaf zu tun haben». Und weil das Wort «Schlaf» in unserer selbst ausgedachten Überschrift zu der Erinnerung vorkam, meinen wir ganz schnell, es wäre auch auf der Liste selbst vorgekommen. Kommt es Ihnen inzwischen auch ein bisschen komisch vor, wie unser Hirn uns etwas vorgaukelt? Warum ist die Verzerrung der Glücksgefühle in der Vergangenheit so wichtig? Weil wir die Zukunft genauso verzerren. Weil wir meinen, etwas aus der Vergangenheit ableiten zu können, was nicht wahr ist, sind auch unsere Projektionen, wie wir uns bei zukünftigen Ereignissen fühlen werden, mit höchster Vorsicht zu genießen.

Mit 17 dachte ich als praktizierender Straßenzauberkünstler, ich würde für immer glücklich sein, wenn ich einmal im Wintergarten Berlin, der größten Varietébühne Europas, auftreten könnte. Das war damals das Größte für mich. Und ich weiß noch genau, wie ich mich über ein Interview geärgert habe, das ich mit 20 im «Tagesspiegel» las. Der Varietékünstler Arturo Brachetti erzählte, wie es ihn langweilte, alles, was er sich vorgenommen hatte, schon im Alter von 33 erreicht zu haben. Ich war empört: Wie konnte er das sagen, wo er sich doch so glücklich schätzen konnte, im Wintergarten auftreten zu dürfen? Ich empfand ihn als arrogant, undankbar, beschränkt!

Zehn Jahre später erlebte ich das, was ich mir nie hätte vorstellen können: Ich trat tatsächlich im Wintergarten auf – eine ganze Spielzeit. Ich hatte es geschafft! Ich war neben dem Medizinstudium meinem Hobby treu geblieben und war professioneller geworden. Aber ich merkte nach den ersten Wochen, das ewige Glück wollte sich nicht einstellen. Verdammt nochmal, Arturo Brachetti hatte recht. Er hatte meine Gefühle präziser vorhergesagt, als ich es selbst konnte! Denn er hatte die Situation erlebt, die ich mir falsch ausgemalt hatte.

Zwei fundamentale Irrtümer übers Glück kombinierte ich: erstens die Verzerrung in die Zukunft aus der Verzerrung in die Vergangenheit. Und zweitens den Glauben, dass ich ganz anders reagieren würde als andere (zur pluralistischen Ignoranz mehr im Text «Mach dich nicht fertig!» auf Seite 305).

Ich dachte mit 17, dass ich mit 18 ein völlig anderes Leben beginnen würde. Genauso wie ich mit fünf dachte, dass die Einschulung mich verändern würde. Wie war das bei Ihnen? Ganz anders?

Selbst im Abenteuerurlaub mit Mitte 20 meinte ich, ganz anders zu sein, und prügelte mich dann mit 300 anderen Rucksacktouristen um die zehn Betten in der kleinen individuellen Pension, weil wir alle den gleichen Reiseführer mit den «Insidertipps» gekauft hatten. Wenn Sie wie die meisten anderen Menschen sind, dann wissen Sie – wie die meisten anderen Menschen – nicht, dass Sie wie die meisten anderen Menschen sind. Typisch für eine durchschnittliche Person ist, dass sie sich nicht als durchschnittlich begreift. Wie können wir alle wirklich ungewöhnlich werden? Wenn wir genau das akzeptieren, aber das schaffen die wenigsten.

Seit der Wintergarten-Geschichte weiß ich, dass es sich lohnt, nicht nur auf die «innere Stimme» zu hören. Sehr viel verlässlichere Informationen bekommt man von außen. Auch wenn wir das nicht gerne hören: Bessere Wegweisungen für ein gelungenes Leben können wir von den Leuten bekommen, die schon etwas erlebt haben. Die Altvorderen haben uns viel zu sagen. Unsere Vorfahren sind einen Teil des Weges schon vorgefahren, den wir noch vor uns haben, ihre Er-Fahrung sollten wir nutzen.

Auch wenn wir uns immer vorgenommen haben, nie so zu werden wie unsere Eltern, kennen die uns und unser Leben vielleicht besser als wir selbst. Das ist ein ungeheurer Vorteil. Seit der Erfindung der Schrift können wir Erfahrungen festhalten, weitergeben und miteinander teilen. Wir können heute mit einem Mausklick mehr wissen als Kopernikus, aber sollten seine grundsätzliche Entdeckung darüber nicht vergessen: Wir sind nicht das Zentrum des Universums, und wenn sich alles um uns dreht, einfach mal die Perspektive wechseln.

Der Virgin-Milliardär und Visionär Richard Branson schlägt vor, für die Konflikte in Afrika sich an eine über Jahrtausende bewährte Tradition zu erinnern: einen Rat der Ältesten einzuberufen. Wenn Nelson Mandela einen zum Gespräch bittet, sagt kein Rebellenführer einfach ab. Erfahrungen sind wertvoll. Und nur weil Menschen wie Helmut Schmidt, Hildegard Hamm-Brücher oder Ihre Großmutter wahrscheinlich weder Twitter, Google noch Peggy March kennen, heißt das nicht, dass es weise ist, ihr Wissen zu unterschätzen. Und am besten sollten wir sie fragen, solange diese Menschen noch leben!

Mit 17 hat man noch Träume, das stimmt. Aber wenn ich wissen möchte, welche dieser Träume sich zu verwirklichen lohnen, frage ich am besten 70-Jährige. Großeltern, Lehrer, Mentoren. Ich schaue hin, wo sie Falten haben – in der Stirn oder um die Augen? Sind es Grübel- oder Lachfalten? Ich spreche mit Leuten, die da schon gestanden haben, wo ich gerne stehen würde, und frage, was ihnen heute leidtut darüber vernachlässigt zu haben. So können wir aus Fehlern lernen, ohne sie selbst zu begehen. So können wir ohne größeren maschinellen Aufwand eine «Zeitreise» machen. Und weil wir beim Blick in die Zukunft systematisch schielen, kann ein Blick aus freundlichen Augen, die schon viel gesehen haben, den unseren geraderücken. Wir dürfen den 70-Jährigen nur nicht alles glauben, zum Beispiel dass sie mit 17 am glücklichsten waren.

Thermos

SAGO, 20.09.2005

Wie lange wir nun schon gemeinsam reisen
Wie oft hast du aus dir mir eingeschenkt
Wenn durchgefror'n ich neben Bahngeleisen
Am Warten war – hast du mich heiß getränkt

Heut gilt der Beifall dir, du Königs-Kanne
Gehörst auch auf der Bühne mit dazu
Erschöpflich Quell, Trosttropfen, Einfüllsame
Du, mein Warm-upper, bist die Wichtigste der Crew

Was ham wir Seit' an Seite durchgemacht
Und morgens war der letzte Schluck noch warm
Dein Inneres verliert die Glut nur sacht
Dein Äußeres, stets stählern kühler Charme

Ganz Edelstahl, geschrubbt, zerkratzt, verbeult
Kein Thermometer maß je deine Pein
Du stille Größe, all die Jahre nie geheult,
Nur manchmal seufzt du leis' in dich hinein

Ja, anfangs hatt' ich andere mit dabei
Man nannte mich gar Thermos-Kannen-Kenner
Die zickigen mit Glas war'n schnell entzwei
Dein schlanker Leib, der bleibt mein Dauerbrenner

Du wirst mich überdauern, bin ich kalt
Nehm ich dich mit ins Grab, eins darf nie sein
Das irgendwer dir antut die Gewalt
Dein Innerstes mit Kaffee zu entweihn

Thermos-Gesellschaft m. b. H.

«... als ich auf dem Motorrad stehend den Berg runtersauste.»

«... als es mich letzte Woche ausnahmsweise einmal nicht vom Fahrrad gehauen hat.»

«... als wir nicht entdeckt wurden, nachdem uns beim Sex das Bett durchgebrochen war.»

5. DER FÜLLE

engl.: bliss oder beauty
das Boah-ey-Glück. Schönheit der Natur,
der Schöpfung, der spirituellen
Erfahrung. Stille aushalten,
Natur erleben, gut sein
lassen.

Kapitel 5:
Glück kommt selten allein – es kommt mit dem Lassen

*Ob man ein schwarzes Schaf ist,
hängt ab vom Vergleich und der Beleuchtung.*

Mach dich nicht fertig!

Ich bin nicht immer meiner Meinung.
Paul Valéry

80 Prozent der Autofahrer halten sich für überdurchschnittlich gute Autofahrer. Das kann ja schon mal statistisch nicht stimmen. Mehr als 50 Prozent können nicht über dem Durchschnitt liegen. Aber wenn Sie jemandem ein Kompliment machen wollen, sagen Sie einfach: «Ich finde, du fährst sehr gut Auto.» Man wird Sie für sympathisch halten – und auch für ein bisschen telepathisch. Ein Prinzip von Hellsehern ist, Menschen Dinge auf den Kopf zuzusagen, die einfach auf viele Menschen zutreffen, die wir aber gerne hören. Jeder hört gerne, dass «mehr in ihm steckt, als der erste Blick verrät». Frauen hören immer wieder gerne: «Sag mal, hast du abgenommen?» Und wenn Ihnen für Ihr Gegenüber gar kein Kompliment einfällt, dann sagen Sie doch: «Sie sind einfach jemand, der zu schlau ist, um auf Komplimente hereinzufallen.» Darauf fällt jeder rein.
In unserer individualistischen Kultur legen wir viel Wert darauf, anders zu sein als die anderen, egal ob es stimmt oder nicht. Dummerweise fallen wir selbst darauf rein und meinen tatsächlich zu oft, anders zu denken als die anderen. Mit fatalen Folgen für Arbeitsbündnisse, Unfallopfer und das Selbstbewusstsein.
Es geht los beim Rezipieren von Schund. Wenn ich Trash im Fernsehen anschaue oder ein Käseblatt durchblättere, rede ich mir ein, dass ich das aus völlig anderen Motiven mache als «die Masse». Ich schaue Nachmittagstalkshows aus soziologi-

schem Interesse, um zu sehen, wie unser Volk verblödet. Und Zeitungen erzielen Millionenauflagen, obwohl keiner zugeben würde, dass er so etwas liest. Ein kollektiver Irrtum der Individualisten.

Das Gleiche im Job: Der Chef gibt eine völlig wirre Parole aus und fragt in die Runde: «Gibt es dazu noch Fragen?» Betretenes Schweigen. Jeder hat Fragen, schaut aber die anderen an und sieht, dass sich keiner meldet. Automatisch denkt jeder für sich: «Oh, alle haben das verstanden, ich bin wohl der Einzige, der keine Ahnung hat, dann melde ich mich besser nicht, will ja nicht als Depp dastehen.» Weil das aber jeder denkt, meldet sich keiner, und so sind Aktionen und Beschlüsse von vielen oft nicht besser, sondern schlechter, als wenn wenige sich abstimmen müssen. Zehn Menschen können dümmer sein als drei. Fragen Sie mal bei der nächsten Abstimmung in die Runde, wer das für möglich hält. Viel Spaß damit.

Das Phänomen heißt in der Psychologie «pluralistische Ignoranz». Wie, Sie haben davon noch nie etwas gehört? Da sind Sie aber der Einzige!

Quatsch. Ich hatte vorher auch nichts darüber gehört, aber kannte die leidvolle Seite davon, die anderen für anders zu halten, aus Berichten der Rettungsdienste. Bei Unglücken gibt es regelmäßig mehr Zuschauende als Zupackende. Mehr Vorbeifahrer als Aussteiger. Weil jeder denkt: «Mein Erste-Hilfe-Kurs ist so lange her, da gibt es sicher jemanden, der das besser kann als ich.» Und weil alle so denken, passiert das Schlimmste – keiner tut etwas.

Hören wir Schreie in der Nachbarschaft, zeigt sich ein ähnliches Phänomen. Weil alle Ohrenzeugen sich unsicher sind, ob ein Eingreifen überhaupt erforderlich ist, versuchen alle, zunächst bei den anderen Hinweise auf Hilfe zu beobachten. Solange jeder beobachtet und abwartet, ob «sich» etwas tut, reagiert niemand. Dieses Nichtstun wiederum beweist anscheinend für alle anderen, dass die Situation nicht bedrohlich ist. Dadurch wird im Endeffekt etwas sozial mehrheitlich ignoriert. So, jetzt wissen Sie, was pluralistische Ignoranz ist.

Erzählen Sie es weiter: Wir sind oft gar nicht so anders als die anderen!

«Man will nicht nur glücklich sein, sondern glücklicher als die anderen. Und das ist deshalb so schwer, weil wir die anderen für glücklicher halten, als sie sind.» Mensch, der Charles-Louis de Montesquieu war schon verdammt schlau. Warum ist Freud aber so viel bekannter als er? Seit Freud trauen wir keinem mehr über den Weg, wittern überall niedere und unbewusste Motive, Phallussymbole und seelische Abgründe. Ein Feuerwehrmann ist ein heimlicher Brandstifter, Karl-Heinz Böhm ist eigentlich total egoistisch, und Arnold Schwarzenegger muss einen kleinen Penis haben, sonst hätte er den Rest von seinem Körper nicht so aufgepumpt. Dass er damit nackig betrachtet das optische Größenverhältnis nur weiter verzerrt, zeigt wieder, dass er sich offenbar seiner wahren Beweggründe nicht bewusst ist.

Seit die popularisierte Psychologie Einzug in den Haushalt und vor allem in die Küche gehalten hat, stehen wir oft neben uns, beobachten und misstrauen. Wobei ein Analytiker sagen würde, nur ich täte das und versuchte gerade, meine eigenen Ängste zu rationalisieren. Das ist der Fluch bei nicht beweisbaren Zirkelschlüssen über das Unbewusste: Sie verfolgen uns bis in den Schlaf und erst recht in den Traum.

Die Kernfrage seelischer Gesundheit: «Bin ich noch normal?», beantworten immer mehr Menschen für sich mit: «Nee. Aber hoffentlich merkt es keiner.» So ähnlich wie im Beispiel oben, wenn der Chef fragt: «Hat noch jemand Fragen?» Karl Kraus formulierte es überspitzt: «Die Psychoanalyse ist die Krankheit, für deren Therapie sie sich hält.»

Tatsächlich liefern die Theorien über seelische Gesundheit den Katalog an Gründen für eine Behandlung gleich mit. Der gefühlte Bedarf an Psychotherapie für vermeintlich abweichend weiche Seelen hat zugenommen. So gern wir uns öffentlich für gute Autofahrer, Liebhaber und Bürger halten, so uneinig sind sich viele darüber im Hinterkopf, daheim im stillen Kämmerchen. Ganz tief in ihrer Seele sind überraschend viele Menschen davon überzeugt, dass sie nicht von sich überzeugt sein dürfen. Weder von ihren Fahrkünsten, ihrer Lebenstüchtigkeit noch von ihrem Glück. Sehr verbreitete Litaneien lauten:

1. Ich bin nicht gut genug.
2. Wenn andere wüssten, wie ich wirklich denke und bin, wäre ich nicht liebenswert.
3. Nur ich bin innerlich zerrissen, andere sind viel klarer und glücklicher als ich.

Für diese Selbstverdammnis werden oft unsere Eltern, die Gesellschaft und die Religionen als Urheber an den Pranger gestellt. Ich war einmal in Indien bei einem leicht esoterischen Workshop über Angst und Liebe. Was tut man nicht alles zur Recherche für ein Glücksbuch! Bis dato war ich überzeugt, dass ganz besonders unser deutsches und christliches Weltbild den Menschen mit sich entzweit. Zu meiner großen Verblüffung ist der Zweifel an sich aber höchst universell und uniform. Sehr ähnliche Gedanken haben Juden, Christen, Moslems und Atheisten. Männer und Frauen, Inder wie Schweizer. Nur tauscht man sich für gewöhnlich nicht über diese inneren Angelegenheiten aus. Aber das lohnt sich. Denn automatisch ändert sich die Perspektive.

Wir neigen dazu, uns Dinge von innen an den Kopf zu werfen, die wir niemandem von außen durchgehen lassen würden. Aber weil diese Stimmen ja von «innen» kommen, halten wir sie voreilig für höhere Weisheit statt für das, was sie wirklich sind. Ein paar Stimmen unter vielen.

Denn ACHTUNG – hier kommt eine verblüffend einfache und erfrischend banale Erklärung, die Ihr angekratztes Selbstbewusstsein innerhalb von drei Sekunden stärken und heilen kann:

Wir halten uns vor allem deshalb für schlechter als die anderen, weil wir von uns selbst mehr wissen als von den anderen!

Weil dieser Gedanke Ihre Stimmung und Glücksfähigkeit nachhaltig verändern kann, nochmal leise und langsam:

1. Wir sind von uns nicht so überzeugt, weil wir zu jedem positiven Gefühl und jeder Erfahrung auch immer andere Stimmen im Hinterkopf haben und wahrnehmen. Wenn ich gerade etwas sage, kann ich gleichzeitig denken: «Na ja, ganz so einfach ist es nicht», «Hoffentlich merkt mein Gegenüber nicht, dass ich selbst daran Zweifel habe» oder sogar «Gestern habe ich noch etwas ganz anderes gesagt»!

2. Von dem Müll, der uns den ganzen Tag durch den Kopf geht, bekommen wir 100 Prozent mit. Von jedem Hin und Her, von jeder Notlüge, von jeder Lust auf etwas Verbotenes, von jedem neidischen, gehässigen und notgeilen Gedanken sind wir selbst Zeuge.

3. Von dem, was die anderen an Scheiß im Kopf haben, bekommen wir NICHT alles mit. Zum Glück! Wir wissen, was sie Doofes tun und sagen, was aber nur 50 Prozent von dem ist, was sie selbst noch so Doofes heimlich gedacht haben.

Weil wir von unserem «Scheiß» 100 Prozent mitbekommen, von dem «Scheiß», den die anderen im Kopf haben, aber nur 50 Prozent, denken wir: Wir sind doppelt so scheiße wie die! Sind wir aber nicht! Ein simpler Rechenfehler. Denn dieses mentale Doppelleben ist völlig normal! Es liegt an der grundsätzlichen Tatsache, dass wir mit unserem Hirn enger verbunden sind als mit jedem anderen Hirn der Welt. Es ist völlig normal, im eigenen Kopf manchmal verwirrt, uneindeutig und unleidlich zu sein, aber wir müssen das ja nicht jedem auf die Nase binden! Und zum Glück erzählen uns andere auch nicht alles, was sie wirklich über uns denken.
Vor allem müssen wir uns nicht selbst dafür fertigmachen, es geht jedem so!
Gedanken lesen zu können, ist kein Segen, sondern ein Fluch

und eine Flut. Das ist vergleichbar mit dem Problem der Geheimdienste, die Gespräche mitschneiden. Stundenlang. Megabytes auf riesigen Festplatten, ein Datenheuhaufen, obwohl noch nicht mal klar ist, ob es eine Nadel gibt, für die sich die Suche lohnt. Wer soll sich diesen ganzen banalen Müll anhören? Ein paar potentiell wichtige und entscheidende Informationen sollen aus 99 Prozent irrelevanten herausgefiltert werden: Wetter, Nachbarn, Kinder, Essen und Fußball.

Wir sind zwangsläufig unser eigener Geheimdienst, unsere eigenen Abhörer. Wir können den Gedankenstrom im Kopf nur schwer ausschalten. Dafür braucht es Hilfsmittel, wie Meditation oder Alkohol. Die gesunde Kunst des Glücklichseins besteht darin, das, was einem so im Alltag durch den Kopf quakt, nicht allzu ernst zu nehmen. Und sich selbst auch nicht. Mach dich nicht kleiner, als du bist, so groß bist du auch wieder nicht.

Ich habe eine Weile an diversen Selbsterfahrungsgruppen teilgenommen. So wichtig ein Feedback von außen sein kann und aufdeckt, was man ausstrahlt, ohne es zu merken, so zerstörerisch wird das Prinzip, wenn es keine Struktur oder Regel gibt außer: «Sprich alles aus, was dir durch den Kopf geht.» Sich alles ungefiltert an den Kopf zu werfen, wird auch noch für «ehrlich, authentisch und die beste Grundlage eines offenen Zusammenlebens» gehalten. In solchen Gruppen sitzt man nicht nur viel im Kreis, man dreht sich auch ständig im Kreis. Jeder um sich und um die Gruppe, und wenn es kein Ergebnis gibt, muss man das «aushalten» lernen.

Es ist schon schwer genug, es mit sich selbst auszuhalten. Wer sich kennt, weiß, was er anderen zumutet. So weit, so gut. Aber warum lacht keiner darüber, dass wir in einer Zeit, in der wir so wenige existentielle Probleme haben, uns selbst so viele machen?

Kurioserweise gibt es in Krisenzeiten weniger Menschen mit persönlichen Krisen. Wenn Menschen um einen herum sterben, bringen sich weniger Menschen selbst um. Wenn es um das physische Überleben geht, fragt sich keiner, ob er «gut genug» ist. Die Trümmerfrauen wollten Butter und keine Halbfettmargarine. Und wenn wir heute in Deutschland eine halbwegs funktionierende Demokratie, Grundrechte und Gerichtsbarkeit haben, müssen wir uns nicht selbst ständig den Prozess machen.

Als Kinder haben wir alle über das Märchen «Des Kaisers neue Kleider» gelacht: Wir konnten nicht verstehen, wie die Erwachsenen so doof sein konnten, das Offensichtliche nicht zu sehen. Bis wir selbst erwachsen wurden.

Ein Blick in die Runde ... Noch Fragen?

Große Ereignisse werfen ihre Schatten voraus. Sogar Sonnenaufgänge.

Massive Glücksmomente

*Gäbe es einen Ort, wo das Glück wohnt,
stünden da doch schon Hotels!*

Berge tun gut, zu allen Zeiten. Selbst in der Zeit der Pubertät. Das ist die Phase, in der bekanntlich die Eltern beginnen, schwirig zu werden. Als Kind habe ich selbst immer gegen das Wandern rebelliert: «Warum soll ich mit auf den Berg? Wir laufen doch nachher sowieso wieder runter, ich bleibe hier.» Gesagt, getan. Meine Eltern mussten mich aber nur ein einziges Mal am Parkplatz im Tal warten lassen, und ich war «geheilt». Denn der scheinbar leichte Weg, sich nicht anzustrengen und sich auf dem Parkplatz zu Tode zu langweilen, war längst nicht so spannend, wie sich und den Berg aus eigener Kraft zu bezwingen. Seitdem weiß ich: Berge machen glücklich. Und der Kaiserschmarrn schmeckt auf der Hütte besser als im Tal.

Achten Sie mal auf den Unterschied zwischen Menschen, die mit der Bergbahn auf einen Gipfel katapultiert wurden, und denen, die sich selbst dort hochgeschleppt haben. Die aus der Bergbahn wissen wenig mit der Aussicht anzufangen, kaufen eine Postkarte und Pommes und fahren mit der nächsten Bahn wieder hinunter. Wer länger nach oben braucht, nimmt sich am Gipfel mehr Zeit. Viele verstehen nicht, was so toll an kahlen Felsen sein soll. Vor allem gibt es dort so viele Dinge nicht: Autos, Laptops und Leute, die einem eine neue Kreditkarte aufschwatzen wollen.

Inzwischen wandere ich sogar ohne elterlichen Druck. In meinem letzten Urlaub war ich zum ersten Mal länger als eine Woche am Stück «trekken» in Nepal. Und den Anblick der

Achttausender aus immerhin fast 4000 selbst erkletterten Metern Höhe werde ich nie mehr vergessen. Ich habe natürlich versucht, ein Foto von den Gipfeln zu machen. Und während ich durch den Sucher schaute, ertappte ich mich dabei, in Gedanken den Bergen zuzurufen: «Ey, ich bekomme euch nicht alle auf ein Bild, könnt ihr nicht ein bisschen zusammenrutschen?» Aber die Berge bewegten sich nicht. Kein Stück. Und dafür liebe ich sie. Sie sind so erfrischend uneitel.

Gebirgszüge stehen zu ihren Falten. Ihnen ist es gleichgültig, ob ich sie fotografiere oder nicht. Sie fangen nicht hektisch an, sich mit ihrem Bergkamm schön zu machen, sobald ein Fotoapparat auf sie gerichtet ist. Sie denken in anderen Dimensionen. Beziehungsweise sie denken nicht – sie meditieren. Sie ruhen in sich. Sie sind sich selbst Fundament genug und sind von Kleingläubigen so schnell nicht zu versetzen. Wolken kommen und gehen, können mal ihren Gipfel vernebeln, aber das ficht sie nicht an. Die Berge wissen, der nächste Wind, der nächste sonnige Tag, und die Welt sieht wieder anders aus. Das Grün der Wiesen ist vergänglich, die Kinder werden größer, irgendwann erwachsen sein und wiederum mit ihren Kindern über den Unsinn des Rauf- und Runterlaufens diskutieren. Und die Berge werden all das aussitzen, ihnen kann keiner was. Auch wenn man den Berg rufen hört, wenn man genauer lauscht, raunt er uns noch etwas anderes zu. Nicht nur «Bezwing mich», sondern die tiefere erdverbundene Botschaft der Gipfel lautet leise: «Wenn du dich zu ernst nimmst, machst du was falsch – und zwar massiv!»

So absurd es klingt, Berge können erleichtern. Mit jedem Schritt auf dem großen Felsen fällt mir ein kleiner Stein vom Herzen, ein Stückchen eigene Gewichtigkeit. Alles, was ich unnötig mit mir herumschleppe, wird mir einmal mehr als Ballast bewusst. Die Luft wird dünn, ein Schluck Wasser zum Luxus, und früh ins Bett zu gehen, ist verlockender als alles städtische Sich-die-Nächte-um-die-Ohren-Schlagen. Im Tal schreibt man lange Romane – auf dem Berg empfängt man knackige Gebote.

Und man begegnet seltsamen Wesen: Treffen sich zwei Yetis. Sagt der eine: «Ich hab Reinhold Messner gesehen.» Sagt der andere: «Wie, gibt's den wirklich?»

316 GLÜCK KOMMT MIT ...

Abschleppen und abschleppen lassen.

Glücksbestellungen im Universum

Es wird nicht immer ein Weg draus, wenn sich mal wer mit der Planierraupe verfährt.
                                        Thomas C. Breuer

Bestellen Sie auch im Universum? Das Universum ist in spirituellen Kreisen als Versandhandel noch populärer als eBay. Die «Handbücher zur Wunscherfüllung» mit den Details des Bestellvorgangs verkaufen sich rasend, kurioserweise aber übers Internet. Es macht mich stutzig, dass das Universum noch nicht mal für seine eigenen Bücher einen Direktversand aufgebaut hat! Denk ich zu negativ?
Positive Psychologie und «positiv denken» werden häufig verwechselt, dabei werfen noch nicht mal Kannibalen alles in einen Topf. Das Erste ist eine Wissenschaft, von der bisher nur wenige Menschen gehört haben, was sie für ihr Leben bedeuten könnte, und sie erklärt vieles. Das Zweite ist eine Wissenschaft für sich und erklärt alles und jedes. Dafür kennen sie Millionen.
Positive Psychologie ist meines Erachtens eine der wichtigsten wissenschaftlichen Revolutionen der letzten 15 Jahre – sich nicht immer nur mit Angst und Depression zu beschäftigen, sondern mit der Frage: Was hält Menschen gesund, stabil und bei guter Laune? Was macht wirklich nachhaltig glücklich? «Positiv denken» macht dagegen auf Dauer nicht glücklich und mich persönlich latent aggressiv.
Die führenden Köpfe der positiven Psychologie sind Wissen-

schaftler wie Martin Seligman, Ed Diener oder Daniel Gilbert: Sie überprüfen ihre Ideen experimentell an möglichst vielen Menschen, und im besten Fall glauben sie sich lange selbst nicht, weil sie wissen, wie schnell man seinen eigenen Ideen verfällt. Die Verfechter des positiven Denkens wie Bärbel Mohr oder früher Norman Vincent Peale berufen sich hingegen gerne auf ihre persönliche Erfahrung und haben kein gesteigertes Interesse an einer unabhängigen Überprüfung ihrer Ideen, die deshalb nicht falsch sein müssen, aber es oft sind. Kurz: Die positiven Psychologen nehmen menschliche Selbstüberschätzung unter die Lupe, positive Denker nehmen lieber die rosa Brille.

Ein Beispiel: Millionen sind davon überzeugt, dass man einen Parkplatz im Universum bestellen kann – und dann auch einen geliefert bekommt. Ich habe inzwischen aufgegeben, darüber zu diskutieren, das will auch keiner hören. Aber vielleicht Sie? Bitte, bitte!

Man soll die Dinge nicht einfacher machen, als sie sind, aber auch nicht Kräfte ins Spiel bringen, die zur Erklärung nicht nötig sind. Ich brauche keine universellen Mächte, um eine Lücke zu finden, die Lücke liegt im Denken. Die positive Psychologie betont die eigene Leistung und nicht das passive Vertrauen auf schicksalhafte Kräfte. So würde ich auch behaupten, dass man auf Dauer glücklicher wird, wenn man aus eigener Kraft in die Innenstadt fährt, also das Auto stehenlässt und Fahrrad fährt. Einen Fahrradparkplatz finde ich auch ohne Bestellung, und Bewegung macht glücklich, zumindest solange ich im Universum eine Ecke mit sauerstoffhaltiger Atmosphäre gefunden habe. Hinterm Mond gibt es genug Parkplätze, aber wer möchte da schon auf Dauer hin?

Klar, manchmal muss es ein Auto sein, und einen Parkplatz zu finden, ist sicher ein kleiner Glücksmoment. Wenn Sie gute Erfahrungen damit haben, im Universum Ihren Parkplatz zu bestellen, dann machen Sie das ruhig weiter so. Aber wenn Sie, aus welchen Gründen auch immer, mal auf einer geschlossenen psychiatrischen Station landen, mein Tipp: Erzählen Sie dort Ihre Überzeugungen nicht herum. Das sichere Gefühl, das Universum hätte einen direkten Draht zu meinem Kopf und hielte speziell nur für mich einen Parkplatz in der Innenstadt frei, erfüllt streng genommen alle Kriterien für wahnhaftes Erleben. Wer ist hier verbohrter: die Schulmedizin oder die Eso-Fraktion?

Alle übernatürlichen Phänomene, die man bisher wissenschaftlich untersucht hat, haben eine natürliche Erklärung. Ich finde eher einen Parkplatz, wenn ich mit offenen Augen und positiver Erwartung durch die Straßen fahre, als wenn ich mit Leidensmiene und gesenktem Blick glaube, das klappt sowieso nie. Und wenn es klappt, merke ich mir das besonders gut und erzähle es weiter. Wenn es mal nicht klappt, halte ich vor mir und anderen die Klappe. Dieses Phänomen heißt «selektive Wahrnehmung» und hat mit den Eigenheiten unserer Erinnerung mehr zu tun als mit einer kosmischen Verteilungsmaschinerie. Das dämmert wahrscheinlich auch insgeheim den meisten «Bestellern». Wären sie von ihrer Methode wirklich überzeugt, könnten Sie sich doch im Universum gleich vor ihrer Haustür einen Garagenplatz bestellen!

Etwas spiritueller gesprochen: Zu jeder Bestellung gehört nicht nur eine Lieferanschrift, sondern auch eine Adresse, an die die Rechnung geschickt werden soll. Alles hat seinen Preis, auf welcher Ebene auch immer, physikalisch, seelisch oder kosmisch. Und die physikalische Bilanz fürs Autofahren heißt: Um 70 Kilogramm Mensch zu bewegen, werden 700 Kilogramm Stahl bewegt und das Tausendfache von CO_2 und anderen Abgasen produziert, als die 70 Kilogramm Mensch in Lunge und Darm allein jemals produzieren könnten. Und weil sich gerade Frauen gerne im Straßenverkehr sicher fühlen, fahren sie Geländewagen, die nicht das Zehnfache, sondern das 20fache der Fahrerin auf die Waage bringen und entsprechend noch mehr Ressourcen vergeuden. Geländewagen, deren größte Erfahrung von Wildnis der Kies in der heimischen Auffahrt ist. Und obwohl die SUVs (special utility vehicles) bevorzugt verwendet werden, um Kinder und große edle Boutiquetaschen mit vereinzelten neu erworbenen Kleidungsstücken sicher hin und her zu kutschieren, sind die hohen Fahrzeuge für Kinder beim Aufprall viel gefährlicher als normale Fahrzeuge, weil man über einen niedrigen Kühler als Opfer abrollen und glimpflich davonkommen kann, beim SUV dagegen schneller unter die Räder kommt. Wie bitter: Da fühlt man sich selbst sicherer und thront über dem Verkehr, und im schlimmsten Fall stößt man damit nur eine Kinderseele zurück ins Universum.

Ist das ein kosmisches Gesetz, dass wir das Gute wollen und das Gegenteil erreichen? Dass wir Sicherheit wollen und Unsicherheit verbreiten? Überall Parkplätze suchen und belegen, weil wir nicht zu Hause glücklich sind? Uns gerne verbunden wähnen mit dem Kosmos, aber auf die Erdatmosphäre pfeifen? Uns Gott näher fühlen als unseren Nachbarn? Uns mehr über die Verpackung unserer Bestellung Gedanken machen als darüber, wohin mit dem ganzen Verpackungsmüll der Dinge, die wir bereits auf Erden bestellt haben? Hat das Universum vielleicht sogar auch Bestellungen an uns? So etwas wie: «Hört endlich auf, mir Bestellungen zu schicken. Kümmert euch gefälligst um euren eigenen Kram.» Warum gibt es dazu noch kein Buch?

Es ist noch ein Speicherplatz in der Hölle Freitag

Sind Sie sicher, dass Sie alle Dokumente entfernen wollen?
Ja. Nein. Abbrechen.

Ein Knopfdruck. Eigentlich wollte ich nicht «Freitag» schreiben, sondern «frei». Aber mein Computer hat es automatisch so ergänzt. Überhaupt sollte hier etwas ganz anderes stehen. Gedanken sind flüchtig, Daten auch. Ein einziger Knopfdruck, und alles ist weg. Ich hasse meinen «Communicator». Ich bin auf 180 durch den E90! Er hat mir gerade in einer Sekunde die Arbeit der letzten vier Wochen zerstört. Gelöscht. Unwiderruflich. Ich hasse ihn. Habe ich das schon gesagt?
Um genau zu sein, fehlen sämtliche Gedanken, die noch in dieses Buch sollten. Wenn es Ihnen nicht gefällt, beschweren Sie sich bei Nokia. Ich hatte sehr viel bessere Gedanken als die hier versammelten. Ja doch, ich habe die Daten nicht gesichert. Ja doch, bei einem richtigen Computer wäre das nicht passiert, nur eben bei diesen kleinen Dingern für die Manteltasche, bei denen genau an der falschen Stelle gespart wird. Dahinein habe ich alles notiert, was mir unterwegs einfiel. Ich lebe davon, dass mir komische Gedanken in den Kopf kommen, die dann aber genauso schnell wieder weg sind, wenn ich sie nicht aufschreibe. Jetzt sind sie alle weg. Und ich habe nur diesen einen Gedanken: Warum?
Das sind existentielle Momente. Männer können keine Kinder kriegen, deshalb schreiben wir. Es ist, als hätte ich ein ungebo-

Moderne Technik überfordert.

renes Buch verloren. Jeder dieser Gedanken wollte leben. Ich fühle die klaffende Wunde. Datenverlust ist Blutverlust. Als hätte ich mir tief ins eigene Fleisch geschnitten, was sage ich, mit einem Beil eine unsichtbare Extremität abgehauen. Ich starre wieder und wieder auf das leere Display wie auf einen blutenden Stumpf und weiß, gleich werde ich ohnmächtig.

Von wem stammt eigentlich dieser bescheuerte Satz: «Ärger, den man nicht gehabt hat, hat man nicht gehabt»? In diesen Momenten ist mein Selbstmitleid sehr viel ausgeprägter als meine Selbstironie. Ärgerlich, wenn man selbst Anti-Ärger-Kurse gibt. Nur gut, dass ich jetzt nicht im Seminar bin. Das ganze Leben ist ein Seminar.

Ich habe alles versucht: Ich habe beim Hersteller angerufen. Ich bin extra in seine Niederlassung gefahren. Seine Antwort: «Nicht wiederherzustellen.» Es gibt bei dem Ding keinen «Papierkorb» und keine temporären Dateien. Ich habe dem Techniker sein volles Monatsgehalt angeboten, er blieb bei seiner Aussage. Ich muss ihm glauben. Ich wäre bis nach Finnland gefahren. Oder nach Indien, egal, wo auch immer der Programmierer von diesem Unglücksding sitzt. Ich hätte ihn erst lange bekniet, und sobald die Texte wieder da gewesen wären, hätte ich ihn knien lassen. Lange!

Ich habe beim BND und beim Innenministerium angerufen, ob die mich vielleicht irgendwie in letzter Zeit ausspioniert hätten. Keine Auskunft. Typisch, wenn man ihn einmal braucht, ist auf den Überwachungsstaat kein Verlass. Von wegen Datenschutz!

Ich bin nicht der Erste, dem das passiert. Es ist auch nicht das erste Mal, dass mir das passiert. Deshalb ärgert es mich ja auch so. Weil es mir mal wieder beweist, wie schwer wir aus unseren Fehlern lernen. Weil wir meinen, mir passiert so was nicht. Und erst recht nicht ein zweites Mal. Und weil wir intuitiv glauben, wenn man auf «OK» drückt, ist das, was dann passiert, auch irgendwie «OK». Ist es aber nicht, verdammt.

Diese tiefe persönliche Enttäuschung. Nach allem, was ich für «ihn» getan habe. Wenn dieses saftlose Akku-schwach-Warnpiepsen kommt, renne ich nach Hause und suche erst eine Steckdose für ihn, bevor ich überhaupt den Mantel ausziehe oder mir selbst etwas zu trinken gönne. Akkus first!

Darf man dafür nicht auch ein kleines bisschen Dankbarkeit erwarten, ein bisschen Mitgefühl? Nichts davon. Ich glaube nicht an Elektrosmog. Aber an Elektro-Empathie. Die macht uns fertig!

Ich will nicht so abhängig sein von Geräten, die mein Leben erleichtern sollen, in Wirklichkeit mich aber meiner kostbarsten Güter berauben – meiner Zeit und meiner Ideen. Ich schreibe mir ja genau deshalb Dinge auf. Nicht um sie mir zu merken, sondern um sie vergessen zu können. Ich weiß von ihnen nur noch, dass ich mir etwas dazu aufgeschrieben habe. Früher machte ich mir Notizen auf Zetteln. Das hatte nur einen Nachteil: Als Arzt habe ich eine unleserliche Handschrift. Denn meine Handschrift hält sich an die Schweigepflicht. Sie verrät nichts darüber, was oder über wen sie etwas aufgeschrieben hat. Ich habe eine ganze Umzugskiste voller Ideen, die keiner mehr entziffern kann. Hieroglyphenforscher des nächsten Jahrtausends werden vergeblich nach einem Rosette-Stein mit dem Code suchen.

Am schlimmsten sind die Zettel, auf denen ich nachts im Dunkeln einen Einfall notierte, ohne das Papier sehen zu können oder ob dort bereits etwas stand. Genau darin besteht ja der elektronische Fortschritt: Im Dunkeln ein leuchtendes Display zu haben und ein Format, das auch noch Jahre später lesbar ist. Theoretisch.

Ich werde mich rächen. Ich kaufe mir ein Buch mit leeren Seiten, eine Kladde aus China! Leere Bücher sind immer teurer als volle. Warum schreibt man eigentlich, wenn man damit das Papier nicht aufwertet? Marktwirtschaft in der Informationsgesellschaft bedeutet: Die Chance, eigene Ideen aufzuschreiben, ist mehr wert, als fremde zu lesen. Absurd, oder? Ich werde jeden Gedanken aufschreiben – in «Schönschrift». Und wenn es sein muss, besuche ich dafür nochmal die erste Klasse. Und ich werde jeden Abend ein Back-up machen – mit

dem Fotokopierer. Und dem Scanner. Sicher ist sicher. Jeden Abend. Es ist ja nur ein Knopfdruck.
Die Technik verändert unser Bewusstsein. Oft denke ich, jetzt hat das Handy geklingelt, und es hat gar nicht geklingelt. So wie es Phantomschmerz gibt, beschreiben Neurologen bei der Handygeneration ernsthaft «Phantomklingeln». Phantomklingeln ist eine Mischung aus Einbildung, Paranoia und Tinnitus. Jede Zeit hat ihre eigene Psychose. Aber ich habe es doch gehört! Noch schlimmer, als einen Anruf zu verpassen, der nie stattgefunden hat, ist, wenn einer anruft und nach einem einzigen Mal Klingeln auflegt. Das ist der Klingelstreich des 21. Jahrhunderts. An der Haustür kann man den Strolchen hinterherrennen. Aber nicht am Telefon. «Unbekannt» hat angerufen. Aber wer ist «Unbekannt», und welcher meiner Bekannten hat «Unbekannt» meine Nummer gegeben?
Auch die Natur leidet unter dem Mobilfunk. Vögel in Innenstädten singen tatsächlich Klingeltöne nach. Eigentlich müsste man sich aus dem Internet Vogelgesang als Klingelton aufs Handy laden, damit die Vögel wieder wissen, wie Mutter Natur klingt! Neulich stand in der Zeitung, dass sich immer mehr Menschen mit ihrem Handy beerdigen lassen. Mein erster Gedanke war: auch mit dem Ladegerät? Ich stelle mir vor, man kommt in den Himmel, dort hat aber keiner das gleiche Modell, und der Stecker passt zwar fast, aber eben doch nicht ganz. Oder ist das dann die Hölle?
Nach dem Tod wachsen die Fingernägel noch ein bisschen weiter. Nur Telefonieren wird abrupt weniger. Was spricht man posthum als Ansage auf die Mailbox? «The person you have called is temporarily not available»?
Tröstlicher wäre ja: «Versuchen Sie es zu einem späteren Zeitpunkt noch einmal!»

Grablichte
im Mehrwegbecher

BEI STÖRUNG MOBIL 01705858087

Preis mit Zündholz **1,00** EURO

MEHRWEGSYSTEM
Der Umwelt zuliebe

*Gute Frage:
Einweg
oder Mehrweg?*

Leere Ölberg-Grablichter mit Deckel bitte hier einwerfen

Entnahme

Geld-Rückgabe

Alter Verwalter

Wir kommen aus Staub, wir werden zu Staub, deshalb meinen die meisten, es müsste in der Zwischenzeit darum gehen, viel Staub aufzuwirbeln.

Ist der Tod das größte Unglück? Nein. Was ist ein schöner Tod? Einer, von dem man nichts mitbekommt? Das galt lange Zeit als eine besonders schlechte Variante, weil sie einen nicht nur des Lebens beraubt, sondern auch noch der Gelegenheit, seine Dinge zu ordnen und Tschüss zu sagen. Aber heute wollen die meisten nichts vom Altern und Sterben mitbekommen, weder dem eigenen noch dem anderer.
Ich kenne das aus dem Krankenhaus: Jemand, der unheilbar krank ist, freut sich riesig auf den Besuch seiner Freunde und seiner Familie am Nachmittag. Aber sobald sie da sind, darf er seine Freude nicht zeigen, denn alle erwarten, dass er mit Leidensmiene in ihren Schmerz mit einsteigt. Und dann dreht sich mitunter das Mitleid um, der Kranke heitert die Gesunden auf. In Hospizen wird viel gelacht. Denn dort haben die Todkranken erfahren, was G. B. Shaw so ausdrückt: «Das Leben hört nicht auf, komisch zu sein, wenn wir sterben. Genauso wenig, wie es aufhört, ernst zu sein, wenn man lacht.»
Viele Menschen glauben, die Kindheit und Jugend wären die Zeiten des unbeschwerten Glücks, das Alter die Zeit der Tristesse. Die empirische Glücksforschung sagt aber genau das Gegenteil: Nach dem 50. Lebensjahr nimmt für viele Menschen ihre Zufriedenheit stark zu. Dennoch will eigentlich keiner älter werden. Auf Cremetuben steht gerne «Anti-Aging». Gegen-

Altern. Wie zufrieden man im Herbst des Lebens sein kann, hat weniger mit der Hautalterung, sondern mehr mit der Abnutzung oder Reifung der Seele zu tun, profaner: mit unserem Hirn. Und das Blödeste, was mit all den Cremes, Hormonen und Vitaminpillen gegen das Altern passieren könnte: dass sie tatsächlich wirken! Denn die meisten wirken nur auf den Körper und nicht auf das Hirn, weil dies durch die Blut-Hirn-Schranke besonders gut vor fremden Substanzen geschützt wird. Man stelle sich vor: Der Kopf altert, der Körper verjüngt sich. Eines Tages hast du Alzheimer, dein Körper kommt aber wieder in die Pubertät! Du kannst plötzlich wieder alles – weißt aber nicht, warum!

Gäbe es den Tod nicht, man müsste ihn erfinden. Ein ewiges Leben wäre zum Sterben langweilig! Ohne irgendein Ende gäbe es keinen Anfang und keine Mitte! Keinen Rhythmus, keine Melodie, kein Finale! Ohne Tod wird der Sensenmann zahnlos. Dabei brauchen wir den Zahn der Zeit, der an uns nagt, mal fies an den Gelenken, aber wenn wir hinhören, auch mal liebevoll am Ohrläppchen. In jedem schlechten amerikanischen Film kommt die dramatische Wendung, wenn der Sympathieträger plötzlich und unerwartet erfährt: «Sie haben nur noch eine begrenzte Zeit zu leben.» Mal ganz ehrlich: Das gilt für uns alle!

Unsterblich wird man nur, wenn man sehr früh stirbt – so wie Marilyn Monroe oder noch besser: James Dean. Ewig jung, ewig rebellisch. Ewig schön. Von dem gibt es keine Fotos mit Falten und Bierbauch über der Badehose. Aber aus Angst vor der Sterblichkeit schon früher abtreten, damit man länger in Erinnerung bleibt? Davon hat man wahrscheinlich selbst am wenigsten.

Ich glaube an ein Leben nach dem Tod. Zumindest in Teilen. Und der sicherste Weg, auch über den Tod hinaus noch bis zu sechs andere Menschen glücklich zu machen, ist ein Organspendeausweis. Geben Sie Ihrer Leber eine zweite Chance! Man kann sogar Hornhaut spenden. Sollte man sie also, anstatt sie an der Ferse wegzuraspeln, schon mal sammeln? Nein

– gemeint ist die Hornhaut am Auge. Die kann jemandem mit getrübtem Blick schöne Augenblicke schenken, wenn wir unsere Augen schon zugemacht haben. Davor sollten wir nicht die Augen verschließen.

Wie ein ungeduldiges Kind denken wir zeit unseres Lebens: «Wann geht es denn endlich los?» Nach dem Kindergarten, nach der Schule, nach der Ausbildung? Mit 50 denken wir immer noch, wenn ich erst pensioniert bin, geht das Leben los. Und wenn ich vom Arzt eine Diagnose bekomme, weiß ich, das Leben geht nicht mehr los, es ist schon losgegangen, ohne dass ich das gemerkt habe.

Randy Pausch, der amerikanische Computerwissenschaftler, der 2008 mit 48 Jahren an Bauchspeicheldrüsen-Krebs verstarb, hielt seine letzte Vorlesung über den Wert von Kinderträumen. Seine unglaublich rührende, traurige und gleichzeitig witzige und tröstliche «last lecture» hat mich schwer beeindruckt. Sie enthält eine große Lektion für uns alle: Verrate deine Kinderträume nicht! Den Tod vor Augen, erinnerte Pausch Millionen wieder daran: Wenn wir sterben, bereuen wir nicht so sehr, was wir Falsches getan haben, sondern was wir gar nicht getan haben!

Leider wird auch das inzwischen durch Listen wie «1000 Dinge, die du tun musst, bevor du stirbst» zu einer stressigen Pflichtveranstaltung. Aber das Leben ist schon die Kür! Keine Probe, es ist die Premiere! Live – ohne Decoder zu empfangen! Jeden Tag. Jetzt. In Farbe. Und mit mehr Dimensionen als jede 3-D-Animation. Darum: Lebe jeden Tag so, als wäre es dein letzter, eines Tages wirst du recht behalten!

Noch ein Nachgedanke: Was soll eigentlich die Nachwelt von uns halten? Die Philosophen sagen immer: Leben ist die Vorbereitung auf den Tod. Aber wenn er dann kommt, erwischt es doch die meisten anscheinend unvorbereitet. Von den großen Denkern kann man lernen, den eigenen Abgang wenigstens verbal vorzubereiten. Das heißt nicht, zwischendurch nicht auch zu leben. Aber ein cooler Spruch auf dem Sterbebett macht einen guten letzten Eindruck. Nicht, dass du dann ins

Stottern gerätst. So wie Goethe, und noch 200 Jahre später rätselt die gesamte Welt: Was wollte er uns damit sagen?

Der amerikanische Dichter Walt Whitman suchte jahrelang nach einer bedeutsamen Äußerung, die einmal auf seinem Sterbebett sein poetisches Lebenswerk zusammenfassen und krönen sollte. Aber im entscheidenden Moment rutschte ihm nur raus: «Shit!» Das ist tatsächlich überliefert worden.

Viele letzte Worte sind dagegen vermutet, von «Wenn der nicht abblendet, mach ich das auch nicht» über «Kümmert euch nicht drum, das ist sicher wieder nur so ein Fehlalarm» bis hin zum Klassiker «Ich hab Vorfahrt».

Humphrey Bogart starb in Reue und Größe: «Ich hätte nicht von Scotch zu den Martinis wechseln sollen.» Johnny Carson, der Vater aller Talkshows, bestimmte schon zu Lebzeiten, was auf seinem Grabstein stehen sollte: das, was er in seiner Sendung vor jeder Werbeunterbrechung immer gesagt hatte: «I'll be right back – Ich bin gleich wieder da!» Ein positiver Abgang. Typisch amerikanisch. Ein guter Deutscher bleibt auch der Nachwelt gegenüber nachtragend. Wie wäre es mit dieser Widmung auf dem Grabstein: «Typisch, jetzt, wo ich endlich mal Zeit hätte, kommt keiner vorbei!»

«... als vier Rehe am Straßenrand stehen blieben, als ich in der Nacht auf der Landstraße fuhr.»

«... als ich beim Yoga auf den Schultern stand und die Umkehrung des Kreislaufs erleben durfte.»

«... als der Arzt meinen Tumor in der Brust nicht mehr fand.»

Die Hoffnung wächst zuerst.

Zukunft jetzt!

Ich wurde trübselig, als ich an die Zukunft dachte. Und so ließ ich es bleiben und ging Orangenmarmelade kochen. Es ist erstaunlich, wie es einen aufmuntert, wenn man Orangen zerschneidet und den Fußboden schrubbt.
D. H. Lawrence

Future Rose Garden. Hier entsteht ein Rosengarten. Das ist Hoffnung. Seht, die Blüte ist nahe! Dieses Foto machte ich auf Madeira in einer Gartenanlage und musste herzhaft lachen. Denn es gibt kaum eine wichtigere ärztliche oder therapeutische Aufgabe, als zu sagen: «Das wird schon wieder!» Das Wunderbare ist, beim Anblick des Fotos sprießen in unserer Vorstellung bereits die Knospen.

Damit die Hoffnung aber nicht trügt, muss sie halbwegs glaubwürdig sein. Man kann nicht im Nachhinein sagen: «Ich hab dir nie einen Rosengarten versprochen», wenn man es getan hat. Zwischen blühenden Landschaften und blühendem Unsinn liegt oft nur das kleine Wörtchen «und». Viele Wahrsager machen sich den gleichen Mechanismus zunutze wie Politiker: sich nicht festlegen, aber bei positiven Änderungen behaupten, dass man dafür verantwortlich ist. Vage Hoffnungen sind leichter zu erfüllen als präzise.

Die selbsterfüllende Prophezeiung ist deshalb eine Mogelpackung. Wir merken selten, dass wir selbst einen Beitrag geleistet haben, damit die Prophezeiung auch genauso eintritt. Wenn gewarnt wird: «Das Benzin wird knapp», gehen alle tanken. Und was passiert? Das Benzin wird in der Tat knapp, und alle Warner fühlen sich bestätigt.

Der Mensch ist das einzige Tier, das an die Zukunft denkt, sagt der Psychologe Daniel Gilbert. Kein Maulwurf denkt beim Essen daran, dass er zu dick werden könnte, kein Elefant macht sich Sorgen um die Falten an seinen Augen, kein Panda meint, nächstes Jahr fahre ich ein größeres Auto. Nur wir Menschen malen uns die Zukunft aus und verbringen damit mindestens eine Stunde am Tag. Das kann mitunter ja sehr schön und erhellend sein, aber nicht für alle. Momentan glaubt nicht mal die Hälfte der Deutschen an eine bessere Zukunft. Weniger als drei Prozent meinen, dieses Land sei durch Politik reformierbar. Weniger als drei Prozent – wissen Sie, was das heißt? Nicht mal jeder Politiker! Wer zum Schwarzsehen neigt, macht sich damit die Gegenwart unnötig schwer. Da macht man sich Sorgen, die für 200 Jahre reichen, aber die wenigsten werden tatsächlich so alt. Wie viel Zeit verbringen wir damit, über Dinge zu grübeln, die wir nicht mehr ändern können, oder vor Dingen Angst zu haben, die nie eintreffen werden! Was uns wirklich aus der Bahn wirft, haben wir meistens ohnehin nicht bedacht.

Gilberts Studien an der Harvard University zeigten, dass wir systematisch verzerren, und zwar sowohl die Vergangenheit als auch das, wovon wir glauben, dass es künftig noch passieren wird. Glücklicherweise sind die meisten dabei eher mit rosaroter als mit dunkler Brille unterwegs. Entgegen jeder Statistik glaubt die Mehrheit nicht daran, von etwas Häufigem betroffen zu sein: weder von einem Herzinfarkt noch einem Autounfall oder Zahnfleischbluten. Irgendwie denkt jeder, dass so etwas nur die anderen betrifft und unsere persönliche Zukunft besser sein wird als die Gegenwart. Ist das nicht ein schöner Gedanke? Wir glauben, dass wir in Zukunft mehr Reisen machen werden als bisher, dass wir etwas Großes leisten werden, was dann auch in der Zeitung stehen wird, und dass unsere Kinder talentierter sein werden als die der anderen. Sogar Krebspatienten trotzen der Realität: Sie denken optimistischer in Bezug auf die Zukunft als gesunde Menschen.

Das Prinzip Hoffnung wirkt wie ein antidepressives Medikament und lässt uns am Leben teilnehmen. Depressive schätzen ihre Möglichkeiten, die Gegenwart und Zukunft in bestimmten Bereichen zu verändern, realistischer ein als psychisch «Gesunde». Daraus kann man tatsächlich folgern: Ein gewisses Maß an Selbstüberschätzung ist Teil seelischer Gesundheit. Und das fällt Männern grundsätzlich leichter als Frauen. Wird ein neuer Job ausgeschrieben, denkt der Mann viel eher, er sei der Richtige für diese Position, auch wenn er davon keine Ahnung hat. Von sich selbst überzeugt geht er ins Bewerbungsgespräch, bekommt sogar den Job, fällt auf die Schnauze und lernt im besten Fall dazu. Die Frau hält eher einmal zu viel als einmal zu wenig den Mund im Bewerbungsgespräch, weil sie sich realistischer einschätzt, bekommt aber auch den Job nicht.

Eine der größten Glücksfallen, in die ich regelmäßig tappe, ist die Idee, in Zukunft mehr Zeit zu haben als jetzt. Wie oft habe ich schon Freunde vertröstet mit den Sätzen: «Jetzt ist gerade viel los, aber nächste Woche, nächsten Monat, nächstes Jahr wird alles anders. Dann nehme ich mir weniger vor und halte mich ein bisschen mehr an das, was ich anderen immer predige.» Diesen Vorsatz, mehr Zeit für Freunde zu haben und weniger zu arbeiten, schleppe ich seit ungefähr 20 Jahren mit mir herum, aber nächstes Jahr setze ich ihn um, ganz sicher.

Mein kleiner Trost dabei ist: Auch hochbezahlte Experten, Manager und sogar Zukunftsforscher liegen mit ihren Prognosen genauso daneben wie Börsengurus oder andere dubiose Wahrsager oder Astrologen. Nur sind Expertenirrtümer meistens teurer, vorher und nachher. Der Sony-Manager, dem seine Entwicklungsabteilung den Walkman vorstellte, sagte: «Wer will denn schon unterwegs Musik hören, das wollen die Leute zu Hause.» Als die SMS als Abfallprodukt des Mobilfunks entwickelt wurde, sagten die Chefs: «Wer wird denn Textzeichen schicken, wenn er auch anrufen kann?» Und 1984 urteilte die vertrauenswürdigste Institution Deutschlands, die Stiftung Warentest, wörtlich: «Unser Rat: Bevor Sie sich für den Kauf eines Heimcomputers entscheiden, überlegen Sie genau, was

Sie damit tun wollen. Möglicherweise reicht für Ihre Zwecke ein simpler Taschenrechner. Für Heimcomputer gibt es nur wenig Einsatzmöglichkeiten.» Und heute schicken wir Links zum Downloaden von Musik per SMS vom Computer aufs Handy. Unvorstellbar, dass sich das keiner vorstellen konnte, bis es so weit war.

Während ich dies schreibe, kann ich nicht wissen, wann Sie dieses Buch lesen, wie der Ölpreis dann gerade steht und wo die TSG Hoffenheim. Aber jeder will ein Guru sein, und rein statistisch wird auch irgendeiner aus dem Chor der Propheten mit seiner Prognose richtigliegen. Es ist nie dieselbe Person, und man kann nicht vorhersehen, wer es das nächste Mal sein wird. Gerade bei Börsenprognosen gilt: Wenn ein Experte sich wirklich sicher wäre, würde er das nicht öffentlich kundtun, sondern für sich im Stillen sein Wissen nutzen. So bleibt die einzig belastbare Vorhersage: Es kommt selten so, wie es die Mehrheit voraussagt.

Was heißt das für unser Glück? Wir glauben gerne, dass wir unser Schicksal beeinflussen können, wenn wir die Dinge selbst in die Hand nehmen. Wer seine Aktien selbst zusammenstellt, meint, erfolgreicher sein zu können als ein Fonds. Wir wollen beim Würfeln selbst den Becher schütteln und dreimal draufspucken können, dann fallen die Würfel anders. Glauben Sie das auch? Viele sind «aus dem Bauch heraus» davon überzeugt, bei einer Lotterie eher zu gewinnen, wenn sie die Lose selbst ziehen könnten anstatt die Lottofee. Was wir von unserem Los tatsächlich in der Hand haben, ist eine große Frage. Und zu Recht ist das Gebet populär: «Gott gebe mir Kraft, Dinge zu tun, die ich ändern kann. Gelassenheit, Dinge hinzunehmen, die ich nicht ändern kann. Und die Weisheit, das eine vom anderen zu unterscheiden!»

Wir amüsieren uns als Erwachsene, wenn wir Kindern «schlaue» Fragen stellen wie: Was willste denn mal werden? Ein Vierjähriger sagt: «Baumkletterer», weil er gerade die Freude am Baumklettern entdeckt hat. Das Kind ist ganz in der Gegenwart und unterscheidet nicht zwischen dem, was es jetzt für erstrebenswert hält und was später. Wir belächeln das, weil wir genau wissen, dass sich das «auswächst». Aber wir Ausgewachsene haben aus unseren eigenen Erfahrungen wenig gelernt und können zumeist genauso wenig unterscheiden, was aus unserer heutigen Sicht eine glückliche Zukunft sein wird und was wir uns aus Sicht der Zukunft heute wünschen sollten.

Da könnte man doch auf die Palme gehen, wenn man denn wenigstens Baumkletterer geblieben wäre. Wir können uns die Zukunft nicht wirklich vorstellen, bis sie da ist. Zum Glück kommt sie ja nicht gleich am Stück, sondern immer nur Tag für Tag. Nur dadurch ist der Unterschied zur Gegenwart erträglich portioniert.

Der sicherste Weg zu wissen, wie glücklich ein Mensch in Zukunft sein wird, ist, zu schauen, wie glücklich er jetzt im Moment ist. Und deshalb nehme ich mir für die Zukunft nur noch eins vor: mehr in der Gegenwart zu leben, Glück zu erleben, Freunde zu treffen, Zeit zu haben. Ab morgen!

Die Indianer wollen von ihrem Medizinmann wissen, wie der kommende Winter wird. Aber der Medizinmann weiß nicht mehr viel von der Kunst der Ahnen, das Wetter vorherzusagen. Er will lieber auf der sicheren Seite sein und rät: «Es wird ein harter Winter.»

In Panik rennen die Indianer los und sammeln Holz. Nachdem alles in der näheren Umgebung aufgeklaubt ist, fragen sie wieder: «Wird es wirklich ein harter Winter?»

«Ja», sagt der Medizinmann, woraufhin die Indianer noch weiter ausschwärmen, um auch das letzte Holz einzusammeln.

Der Medizinmann bekommt ein schlechtes Gewissen und ruft sicherheitshalber beim Wetterdienst an. Die Meteorologen sagen: «Ja, es wird ein harter Winter!»

Er fragt nach: «Sind Sie sich da ganz sicher?»

Der Wetterdienst: «Ja, wir haben untrügliche Zeichen!»

«Welche denn?»

«Das bleibt unter uns: Die Indianer sammeln Holz!»

Stille halten

Hätte ich die Kraft, nichts zu tun – täte ich nichts.

Warum kaufen so viele Menschen Mineralwasser ohne Kohlensäure? – Wegen der STILLE!

Die holen sich kistenweise «Stilles Wasser», aber im Grunde ihres Herzens wollen sie gar nicht das Wasser, sie sehnen sich nach der Stille. Wenn die wüssten, dass man Stille auch ohne Wasser bekommen kann, dann müssten sie sich nicht so abschleppen.

«Stille!» ist ein Befehl. Eine leise, aber bestimmte Aufforderung: Stille deinen Durst. Durst ist eines der wenigen Gefühle, die selbst Männer wahrnehmen und artikulieren können. Wobei es nach dem Durststillen mit dem Artikulieren bisweilen schwieriger wird. Aber trinken kann eben auch nonverbal tief empfunden werden. Nicht umsonst kommt das Wort «stillen» nur in Kombination mit Getränk und Mutterbrust vor. Der Durst nach Stille ist schwer zu stillen, wenn wir ihn denn erst einmal wahrnehmen.

Wie laut ich selbst bin, merke ich am besten im Kontrast, zum Beispiel am Meer. Lange Zeit habe ich Sylt gemieden. Ich dachte immer, das sei die Insel der Reichen und Schönen. Seit ich dort war, weiß ich, es stimmt – aber es sind zwei verschiedene Gruppen.

Ich erinnere mich noch genau, wie ich das erste Mal dort war. Ich kam in Westerland am Bahnhof an und sagte zum erstbesten Einheimischen: «Sind Sie von hier? Wie komme ich am schnellsten zum Strand?» Der schaute mich lange an, bis er sagte: «Moin!» Und gefühlte Stunden später schnackte er weiter: «Mein Junge, nicht so hektisch. Weißt du überhaupt, wo du hier gelandet bist?» Ich antwortete: «Klar, Sylt. Schöne Insel, hab ich mir sagen lassen, mit ein paar Problemen, Erosion und so, hab mich informiert!»

«Na, da haste doch alle Antworten!»

«Versteh ich nicht.»

«Du willst schnell zum Strand? Nimm dir ein bisschen mehr Zeit und bleib hier stehen. Dann kommt der Strand zu dir, von ganz alleine!»

Das ist Gelassenheit. Er nahm mich mit ans Meer und sagte: «Ihr Städter habt keine Ahnung mehr von den Zeichen der Natur. Wenn du ins Wasser gehst und rauskommst und trocken bist, will die Natur dir etwas sagen.»

«Was denn?»

«Ebbe!»

Dann nahm er eine Muschel und sagte: »Halte die mal an dein Ohr!«

Und Sie werden es nicht glauben: Ich hörte das Meer rauschen. Dann sagte er: «Eckart, noch eins. Wenn du am Meer stehst, kannst du es sogar auch ohne Muschel hören!»

Und er hatte so recht! Aber ich hatte vorher gar nicht hingehört.

Wir müssen nicht nach Indien in den Ashram oder zum Zen-Kloster nach Japan, um spirituelle Erfahrungen zu machen. Es reicht, da hinzuhören oder uns dorthin zu setzen, wo wir gerade stehen. Und im Sitzen darüber nachzudenken: Wo stehe ich gerade? Und nach und nach, das Denken sich selbst zu überlassen und uns an dem Gequake der Gedanken zu erheitern. Der Knallfrosch in unserem Kopf springt herum, schnappt nach allem, was sich bewegt, und quakt pausenlos dazwischen. Stille zu üben ist Anti-Frosch-Training.

Kommt ein Mann zum Arzt mit einem Frosch auf dem Kopf. Fragt der Arzt: Wo haben Sie den denn her? Sagt der Frosch: Den hab ich mir eingetreten!

Ich kann Gedanken lesen! Sie haben gerade gedacht: «Den

kenne ich schon.» Aber ist das nicht bei den meisten Gedanken so?

Stille ist wie ein Witz. Wir erwarten, dass etwas Großartiges passiert, und was kommt? Nichts! Das ist im Grunde so komisch, dass ich mich immer wundere, wie ernst die Leute beim Meditieren gucken. Das ist bei den Christen nicht anders. Mehr Menschen würden vielleicht die Botschaft von Jesus verstehen, wenn diejenigen, die an den Erlöser glauben, auch ein bisschen erlöster gucken würden.

Wenn man an Kirche denkt, denken viele an Mittelalter, aber immer nur an die Kreuzzüge und nicht an die Mystiker, die damals schon weiter waren als viele New-Age-Gurus. Zum Beispiel der Meister Eckart, der sagte: «Wenn ihr meint, Gott eher in der Kirche zu finden als im Stall, liegt das an euch und nicht an Gott.» Die christlichen Mystiker versenkten sich in die Stille mit sehr ähnlichen Methoden, wie sie überall auf der Welt zu finden sind und wie sie überall auf der Welt gerade wieder entdeckt werden, auch von Ärzten und Therapeuten. Denn die Methoden der Meditation funktionieren auch wunderbar ohne die jeweilige Religion. Sie verändern die Wahrnehmung, das Denken und – das Glücksempfinden. Und deshalb erzähle ich Ihnen davon. Wahrscheinlich ist es der Erleuchtung egal, wie wir sie erreichen – und ob überhaupt.

Mit tiefer Liebe, Glück und Erleuchtung ist es ohnehin so: Wer es wirklich erfahren hat, hat wenig Lust, viele Worte darüber zu verlieren.

Zumindest auf Röntgenbildern kann man etwas von der Erleuchtung sehen. Im Frontalhirn leuchtet etwas auf. Die enge Röhre eines lärmenden Magnetresonanztomographen ist wohl einer der seltsamsten Orte, an dem man seinen Geist in den Zustand des «vorbehaltlosen Mitgefühls» versetzen kann, aber gut, wenn man das jahrelang geübt hat. Zu Versuchspersonen in Richard Davidsons Hirnforschungslabor wurden auf Geheiß des Dalai-Lama höchstpersönlich acht Mönche aus seinem engsten Kreis. Die Befunde belegen, was praktizierende Buddhisten seit 2500 Jahren vertreten: Meditation und mentale Disziplin führen zu grundlegenden Veränderungen im Gehirn. Bereits vor einigen Jahren sorgte ein indischer Abt mit mehr als 10 000 Stunden Meditationserfahrung für eine große Überraschung. Die Aktivität in seinem linken Stirnhirn war sehr viel höher als bei den 150 Nichtbuddhisten. Optimistische Typen haben einen aktiveren linken Frontalkortex als unglücklichere Naturen. Offenbar hält dieses Hirnareal schlechte Gefühle im Zaum – und sorgt für die heitere Ausgeglichenheit und Gemütsruhe, die so viele Buddhisten auszeichnet. «Glück ist eine Fertigkeit, die sich erlernen lässt wie eine Sportart oder das Spielen eines Musikinstruments», lautet Davidsons Schlussfolgerung. «Wer übt, wird immer besser.» Man kann ja erst mal mit meditativem Bogenschießen anfangen. Bogenschießen braucht eine irre Konzentration. Geradeaus ist ja schon schwer.

Ich spreche aus Erfahrung. Ich habe versucht, «Kontemplation» zu lernen. Im Ernst, aber mein Komikerhirn hat sich gesträubt. Bei Kontemplation bemüht man sich, nichts zu denken, und setzt sich dafür vor eine Wand. Andere fahren dafür gegen eine Wand. Beim Zen sitzt man auf einem harten Kissen und schweigt. Dann läuft man nach einer halben Stunde im Kreis, damit die Beine nicht einschlafen und man selbst auch nicht. Und dann sitzt man wieder auf seinem Platz. Das Herumlaufen heißt Kinhin und ist so eine Art Reise nach Jerusalem für Pazifisten. Denn es wird ja während des Laufens kein Platz weggenommen. Aber wie da alle mit gesenktem Blick im Kreis schreiten, erinnert mich an den Charme eines Strafgefangenenlagers. Gefangene in ihrem Ego. Was ist Zen-Meditation anderes als ein Nach-Sitzen in der Schule des Lebens? Erleuchtung ist eine Riesenenttäuschung! Auf etwas zu warten, heißt ja, dass es noch nicht da ist. Das Sitzen lohnt sich, aber es gibt keine Belohnung. Ich hatte das über fünf Tage durchgezogen und durchlitten, plötzlich passierte etwas. Es gab diese eine kleine Pause im Gequake meiner Gedanken, eine tiefe Ruhe erfasste mich. Ich bekam Gänsehaut, so schön war es auf einmal. Ein kleines Ein-mal-eins-Sein. Eine Atempause lang, ein großer leiser Glücksmoment zwischen ein – und aus. Den Rest finden Sie für sich selbst heraus.

Ob Sie nun Meditieren lernen, Angeln oder Stricken – Hauptsache, Sie praktizieren Pause machen, abschalten, Muster unterbrechen und erfrischt aus der Trance auftauchen. Manche gucken auch Formel 1, das ist wie Hypnose und macht offenbar auch ähnlich schmerzfrei. Zumindest was die Kleidung vor dem Fernseher betrifft – völlig schmerzfrei.

Wahrscheinlich haben auch Dösen und Tagträumen einen ähnlichen Effekt. Also machen Sie sich das mit dem «Nichts» nicht zu kompliziert. Sie können auch ans Meer fahren und den Wellen lauschen. Oder zu Hause bleiben und schöne Musik hören.

Sänger sagen auch: Das Wichtigste in der Musik sind die Pausen. Die Zeit ist eine geniale Erfindung, die verhindert, dass alles zur gleichen Zeit passiert. Pausen geben uns Struktur. Und wenn man runterschaltet, dehnt sich die Zeit. Das Nichts nährt uns auf eine wundersame Art und Weise. Wer Hunger hatte, ist nach dem Essen «satt». Für das Gegenteil von Durst gibt es kein Wort – aus gutem Grund! Aus tiefem Grund. Denn unser tiefster Durst kann ohnehin nie gesättigt, nur immer wieder «gestillt» werden. In diesem Sinne: eine Schweigeminute – auf die Stille!

Übung

Meditieren – besser als rumsitzen und nichts tun. Wem das «Nichts»-Denken zu abstrakt ist, kann es auch mit einer gefühligeren Methode versuchen, die ebenfalls in Studien schon gezeigt hat, wie gut sie Menschen tut.

Die «Loving Kindness»-Meditation übt die liebende Güte. Warum klingen diese Begriffe auf Deutsch immer seltsamer als auf Englisch? Die Grundidee ist, sein Mitgefühl anderen Menschen gegenüber auszubauen. Dazu begibt man sich an einen ruhigen Ort, schaltet sein Handy aus, sitzt oder liegt entspannt und beginnt, sich jemanden vorzustellen, den man sehr liebt. Dieses Gefühl lässt man vom Herzen in den ganzen Körper sich ausbreiten. Anschließend stellt man sich jemanden vor, den man ganz nett findet, versucht aber dabei das Gefühl von zuvor aufrechtzuerhalten, also das erweiterte Herz auf die zweite Person zu übertragen. Und während man sein Mitgefühl warm hält, stellt man sich weitere Menschen vor, von einzelnen zu vielen, von neutralen zu denjenigen, die man eigentlich nicht mag, nun aber mit Mitgefühl betrachtet. Klingt komischer, als es sich anfühlt, einfach einmal ausprobieren.

Dass es Berührungsängste bei Spinnen gibt, versteht jeder, aber bei Meditation? So fremd ist das unserem Denken gar nicht. In der Verhaltenstherapie gibt es einen sehr ähnlichen Trick: Wenn jemand Angst vor Spinnen hat, muss er lernen, ein bestimmtes Gefühl der Entspannung in sich zu erzeugen, um es nach und nach auf die Angst auslösende Situation zu übertragen. Und zu Verhaltenstherapeuten hat noch nie jemand gesagt, sie seien esoterische Spinner.

So etwas Ähnliches mag auch Jesus gemeint haben: Liebet eure Feinde, vielleicht schadet es ihrem Ruf. (Die zweite Hälfte des Satzes ist nicht sicher überliefert.)

Auf den ersten Blick wirkt das Allein-Sitzen «egoistisch». In Wirklichkeit verstärkt es das Mitgefühl für andere. Wer lieben kann und geliebt wird, hat mehr Freude, mehr Freunde und weniger Herzinfarkte. Üben kann man jeden Tag – auch ohne Meister.

*Nicht müde werden
 sondern dem* WUNDER
   leise
 *wie einem Vogel
  die Hand hinhalten.*

HILDE DOMIN

... DEM LASSEN **347**

«... als mein Nachbar verreist war und ich auf seiner spie-
ßigen Rasenfläche einfach mal eine Tüte Wildgras ausgesät
habe.»

«... als plötzlich ein Bund Rosen vor meiner Tür lag und ich
feststellen musste, dass sie nicht für mich waren.»

«... als ich in der Badewanne einge-
schlafen bin.»

Nicht müde werden, auch nicht als Fotograf im
kalten Wasser und auch nicht, wenn statt des Vogels
nur eine Libelle kommt.

Du sollst dir kein Bildnis machen.

Das glaubst du doch selbst nicht

Wenn Jesus für unsere Sünden gestorben ist, können wir doch nicht zulassen, dass sein Tod umsonst war.

Immer weniger Deutsche glauben an Gott. Ich hoffe, das beruht nicht auf Gegenseitigkeit. Dabei hat Christsein durchaus Vorteile: Welche Feiertage gäbe es denn in einem atheistischen Staat? Den 1. April?

Sündigt tapfer – Peccate fortiter. Das war Martin Luthers Leitspruch. Wenn man nur halbherzig sündigt, hat keiner was davon. Weder hat man Spaß, noch lernt man etwas daraus, noch nutzt man anderen als abschreckendes Beispiel. Vielen Religionen wird angekreidet, sie würden den Menschen dümmer machen, als er ist, ihn klein halten wollen, unterdrücken, Freude an der Sinnlichkeit verdammen und irdisches Unrecht zementieren, indem sie auf ein Jenseits verweisen, in dem es die Gerechtigkeit gibt. Mag alles sein. Mein Verhältnis zur Religion ist deutlich entspannter. Ich habe sehr freie und glückliche Menschen kennengelernt, die auch innerhalb ihres Glaubens viel Spaß hatten – und das schon im Diesseits. Trotzdem werde ich im Folgenden keinen Fettnapf auslassen. Sie müssen nicht weiterlesen …

Was ist der Unterschied zwischen einem Chirurgen und Gott? Gott hält sich nicht für einen Chirurgen. Ich halte mich weder zum Chirurgen berufen noch dazu, einschneidende Bekehrungserlebnisse zu schildern. Aber ich kenne Gefühle eines übergeordneten Sinns, den ich nicht begreifen kann. Und das kann eine große Erleichterung für unser Ego sein, wenn es etwas gibt, was noch größer ist. John Lennon ist tot, Dieter Bohlen lebt. Gibt es einen gerechten Gott? Viele dieser Fragen entziehen sich unserem Wissen. Oft genug warten wir bei «schlechten Menschen» ewig auf die Strafe. Ob es in der Ewigkeit eine Strafe gibt, erfahren wir noch früh genug, aber auf Erden scheint eins klar zu sein: Das Leben ist ungerecht. Und das ist eine frohe Botschaft. Wenn es keine «ausgleichende Gerechtigkeit» gibt, müssen wir uns auch nicht selbst richten. Weder für unsere Macken noch für unseren Spaß. «Wer weiß, wie lange das noch gutgeht?» Es weiß keiner, also könnten wir es auch einfach diesen Moment lang genießen. Man kann ein Leben lang für mehr Gerechtigkeit kämpfen, muss aber nicht verzweifeln, wenn man sie zu Lebzeiten nicht mehr erlebt.

Ich bin weit davon entfernt, Ihnen zu empfehlen, an etwas Spezielles zu glauben. Es gibt aber genug Hinweise darauf, dass es sich glückstechnisch lohnt. Denn religiöse Menschen sind im großen Ganzen zufriedener, leben länger und gehen mit Krankheiten konstruktiver um. Was genau macht am Glauben glücklich und gesund? Ist es der wöchentliche Gang zu einem besonderen Ort, die Gemeinschaft, die Rituale? Das kann man auch beim Fußballspiel schon am Samstag haben. Aber es gibt einen Unterschied – nicht nur in den Gesängen, sondern auch in der Atmosphäre und in den Gesichtern. Ob 70 000 Fußballfans in einem Stadion sind oder die gleiche Menge Kirchentagsbesucher, hier und dort kommen Aggressionen auf, bei den einen über den Schiedsrichter, bei den anderen über den unerträglichen Schmalz von «Herr, deine Liebe ist wie Gras und Ufer …».

Auch wenn man von der Kraft des Gebetes für sich überzeugt ist, gibt es keine überzeugenden Beweise dafür, dass Gebete für andere wirken, wenn diese nicht wissen, dass für sie gebetet wird, auch nicht beim Elfmeter. Aber Menschen glauben gerne – an Opfergaben oder Trainerwechsel.

Einer der ersten Psychologen, die sich mit der Auswirkung

von Trauma und Glauben auf die Lebensqualität beschäftigten, war der Österreicher Viktor Emil Frankl. Wegen seiner jüdischen Herkunft kam er 1942 ins KZ. Er überlebte. Aufgrund seiner Erfahrungen und Beobachtungen begründete er die «Logotherapie», die viel Wert darauf legt, sich mit dem Sinn (gr. logos) im Leben und Leiden zu beschäftigen. Denn seine zentrale Erkenntnis war, dass Menschen selbst unter den widrigsten Umständen in der Lage waren, der Situation einen «Sinn» abzutrotzen, und dass diese Sinnstiftung sie davor schützte, an der Sinnlosigkeit und Aussichtslosigkeit der Situation zu zerbrechen. Indem sie zum Beispiel das Gefühl hatten, für einen Wert, eine Überzeugung oder eine Religion zu leiden, die auch über sie hinaus existieren würde, behielten sie einen Rest innerer Freiheit, der ihnen von keinem Schergen genommen werden konnte und der sie, so sie physisch überlebten, auch seelisch überleben ließ.

Frankl arbeitete auch viel mit depressiven Menschen. Im Rahmen der therapeutischen Beziehung fragte er Selbstmordgefährdete: «Warum haben Sie es bis jetzt noch nicht getan?» Er erntete fassungsloses Erstaunen und einen produktiven Perspektivenwechsel. Plötzlich beschäftigten die Patienten sich mit dem, was sie am Leben hielt.

Ob Leiden «objektiv» einen Sinn macht, können wir objektiv nie wissen. Wir können nur feststellen, dass es Sinn macht, Sinn zu suchen.

Puh … es wird gleich leichter. Ein Witz von Jürgen Becker: «Was passiert, wenn man einen Zeugen Jehovas mit einem Atheisten kreuzt? Jemand klingelt an Ihrer Tür – völlig sinnlos.»

Es wird einem nichts geschenkt, obwohl das von der Gnade Gottes immer behauptet wird. Denn wenn wir in «Ungnade» fallen, können die Ideen, die uns Kraft geben, auch gegen uns verwandt werden. Dann ist jemand an seiner Krankheit «schuld», hat sich «versündigt» oder kassiert «eine gerechte Strafe».

Solche Gedanken geistern auch in der Esoterik umher. Zum

Beispiel die Idee, dass der Geist sich seinen Körper erschafft, dass alles Materielle nur ein Ausdruck unseres Karmas aus diesem und dem vorigen Leben ist, kann sehr unglücklich machen. Die Naturwissenschaft sagt, dass der Körper sich den Geist erschafft und dass es den Zufall gibt. Zellen teilen sich und machen dabei Fehler. Je älter wir werden, desto wahrscheinlicher ist es, dass sich diese Fehler häufen, nicht repariert werden und irgendwann auch Zellen entstehen, die keine Spielregeln mehr kennen und sich ohne Rücksicht auf Verluste teilen. Das nennt man Krebs. Er ist Teil des Spiels von Leben und Tod.

Wenn jemand schwer erkrankt, suchen wir nach einem Sinn dahinter und versuchen, uns das zu erklären, weil uns «Zufall» eben nicht tröstet. Dann kommt zuweilen ein wohlmeinender Esoteriker und sagt dem Kranken: «Überleg doch mal, hast du diese Krankheit nicht irgendwie auch gewollt, hast du sie nicht auch unterbewusst und karmisch angezogen?» Was tut man in so einem Fall? Mein Tipp: Hören Sie geduldig zu und schlagen Sie dem Karmakenner mitten im Gespräch mitten ins Gesicht. Wichtig: dabei weiter lächeln. Und unschuldig gucken. Und gerade dann, wenn er sich langsam von seiner Überraschung erholt, noch verbal eins hinterhergeben: «Du, ich weiß auch nicht, wie das gerade passieren konnte. Aber überleg doch mal, vielleicht hast du es ja irgendwie angezogen.»

Mit Krankheit und Glück ist es wie mit Meditation, Liebe oder Gott. Das Reden darüber ersetzt keine eigene Erfahrung. Hier ist ein Schlüssel zum Glück, hier eine Tür, bitte nach Ihnen …

Jesus ist mit seiner Gefolgschaft unterwegs, da sieht er, wie eine Frau auf dem Marktplatz gesteinigt wird. Der Meister ruft: «Haltet ein! Was hat diese arme Frau getan?» Das Volk ruft: «Sie hat gesündigt!» Darauf Jesus: «Wer ohne Sünde ist, der werfe den ersten Stein!» Alle werden still, mitten in das betretene Schweigen hinein fliegt von hinten ein Stein in Richtung Sünderin. Ohne sich umzudrehen, zischt Jesus: «Mutter, du nervst!»

La Mer

Mensch, Meer, gut siehst du aus
Mensch, Meer, lang nicht gesehen
Du rauschst und berauschst
Mensch, Meer, sag, wer
Gibt dir diese Kraft, ewig hin und her?

Mensch, Meer, du hast keine Uhr
Gehst pünktlich und doch nach dem Mond
Du weißt schon alles, Meer, was lohnt
Mit dir diskutier'n bei deinem Horizont

Oje, du schmeckst nach Salz
Hat wirklich nur Wind geheult?
Sehnst du dich still nach der Schweiz?
Hast du Freiheit dir so vorgestellt?

Mensch, Meer, wenn du dich traust
Komm mit, ich zeig dir Berlin
Und dann werden du und ich nie mehr
Allein um die Welt oder Häuser ziehn

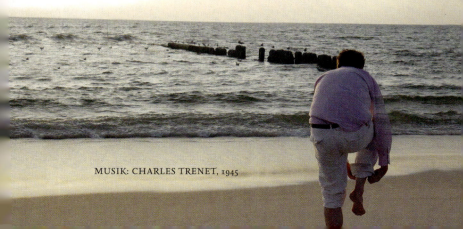

MUSIK: CHARLES TRENET, 1945

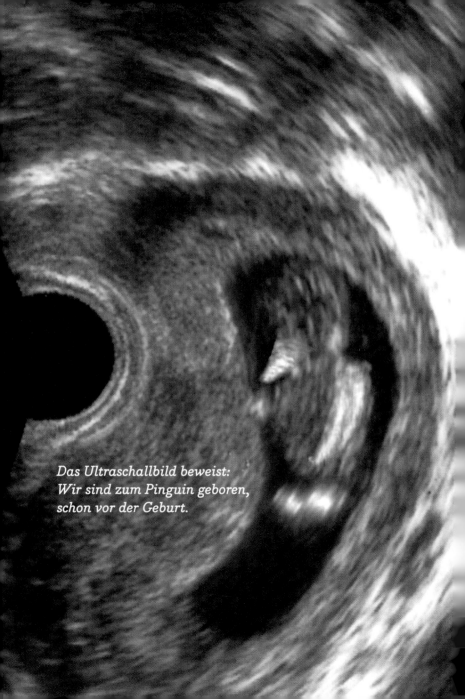

*Das Ultraschallbild beweist:
Wir sind zum Pinguin geboren,
schon vor der Geburt.*

Die Pinguin-Geschichte

Diese Geschichte ist mir tatsächlich genau so passiert. Vor Jahren wurde ich als Moderator auf einem Kreuzfahrtschiff engagiert. Da denkt jeder: «Tolle Sache.» Das dachte ich auch, bis ich auf das Schiff kam. Dort merkte ich leider schnell: Ich war, was das Publikum betraf, auf dem falschen Dampfer. Die Gäste hatten sicher einen Sinn für Humor. Ich hab ihn nur in den zwei Wochen nicht gefunden. Aber noch schlimmer: Seekrankheit kennt keinen Respekt vor der Approbation. Kurz gesagt – ich war auf der Kreuzfahrt kreuzunglücklich.

Endlich, nach drei Tagen auf See, fester norwegischer Boden. Ich ging in den Zoo. Oder besser gesagt: Ich wankte. Im Zoo sah ich einen Pinguin auf seinem Felsen stehen. Ich dachte: «Du hast es ja auch nicht besser als ich. Immerzu Smoking? Wo ist eigentlich deine Taille? Die Flügel zu klein. Du kannst nicht fliegen. Und vor allem: Hat der Schöpfer bei dir die Knie vergessen?» Mein Urteil stand fest: Fehlkonstruktion.

Dann ging ich eine kleine Treppe hinunter und sah durch eine Glasscheibe in das Schwimmbecken der Pinguine. Und da sprang «mein» Pinguin ins Wasser, schwamm dicht vor mein Gesicht, schaute mich an, und ich spürte, jetzt hatte er Mitleid mit mir. Er war in seinem Element. Boah ey. Ohne Worte.

Ich habe es nachgelesen: Ein Pinguin ist zehnmal windschnittiger als ein Porsche! Mit der Energie aus einem Liter Benzin käme er über 2500 km weit! Pinguine sind hervorragend geeignet, zu schwimmen, zu jagen, zu spielen – und im Wasser viel Spaß zu haben. Sie sind besser als alles, was Menschen jemals gebaut haben. Und ich dachte: Fehlkonstruktion!

Der Pinguin erinnert mich an zwei Dinge: erstens, wie schnell ich Urteile fälle, nachdem ich jemanden in nur einer Situation gesehen habe, und wie ich damit komplett danebenliegen kann. Und zweitens: wie wichtig das Umfeld ist, damit das, was man gut kann, überhaupt zum Tragen kommt, zum Vorschein und zum Strahlen. Menschen haben die Tendenz, sich an allem festzubeißen, was sie nicht können, was ihnen Angst macht. Das kann man machen, aber es ist nicht sinnvoll. Wir alle haben unsere Stärken und unsere Schwächen. Viele unternehmen große Anstrengungen, um ihre Macken auszubügeln. «Verbessert» man seine Schwächen, wird man eventuell mittelmäßig. Stärkt man hingegen seine Stärken, wird man einzigartig. Wenn wir immer wieder denken: «Ich wäre gerne so wie die anderen», kleiner Tipp: «Andere gibt es schon genug!» Viel sinnvoller, als sich mit Gewalt an die Umgebung anzupassen, ist, das Umfeld zu wechseln.

Menschen ändern sich nur selten komplett und von Grund auf. Salopp formuliert: Wer als Pinguin geboren wurde, wird auch nach sieben Jahren Therapie und Selbsterfahrung in diesem Leben keine Giraffe werden. Sich für die Suche nach den eigenen Stärken um Hilfe zu bemühen, ist kein Zeichen von Schwäche, sondern von Intelligenz. Ein guter Therapeut wird wie ein guter Freund oder eine gute Freundin nicht lange fragen: Warum hättest du gerne so einen langen Hals? Sondern: Was willst du? Was macht dir Freude? Wann geht dein Herz auf? Wann haben andere mit dir Freude? Was ist dein Beitrag? Wofür brennst du, ohne auszubrennen?

Und wenn du merkst, du bist ein Pinguin, schau dich um, wo du bist. Wenn du feststellst, dass du dich schon länger in der Wüste aufhältst, liegt es nicht nur an dir, wenn es nicht «flutscht». Alles, was es braucht, sind kleine Schritte in die Richtung deines Elements. Finde dein Wasser. Und dann heißt es: Spring ins Kalte! Und schwimm! Und du weißt, wie es ist, in deinem Element zu sein.

In diesem Sinne: Viel Glück!
Mein Pinguin grüßt Ihren Pinguin und wünscht
Ihnen viel Zeit in Ihrem Element!

Ich bin sehr dankbar, weil ich inzwischen mein Element kenne:
am besten live auf der Bühne mit echtem Publikum. Ich war auch
sehr gerne Arzt. Ich habe jeden Tag meiner Ausbildung und spä-
ter in der Klinik genossen, und ich habe hohen Respekt vor allen
Menschen, die in der Medizin, in der Forschung und Pflege ihren
Dienst tun. Ich bin auch nicht weg von etwas gegangen, sondern
hin zu etwas anderem. Ich habe meinen Radius verändert. Eine
meiner Schwächen ist, dass ich ein kreativer Chaot bin. Das ist in
der Klinik ungünstig. Eine meiner Stärken ist, beim freien Formu-
lieren auf neue Ideen zu kommen. Auch das ist im Krankenhaus
nicht immer hilfreich, gerade beim Diktieren von Arztbriefen. Mit
anderen Worten: Ich nutze heute auf der Bühne mehr von meinen
Stärken, und meine Schwächen fallen weniger ins Gewicht. Viel
von dem, was ich in diesem Buch oder auf der Bühne erzähle,
hätte ich in einer therapeutischen Situation in der Klinik auch
gesagt. Nur jedem einzeln. Und weil ich eher ungeduldig bin,
bin ich sehr dankbar, dass mir nun viele gleichzeitig zuhören.
Jeden Abend, an dem ich zu 2000 Leuten spreche, erreiche ich so
viele Menschen wie in Einzelgesprächen in acht Jahren Klinik-
zeit. Immer wieder werde ich gefragt: Warum sind Sie nicht Arzt
geblieben? Das ist die Antwort. Ich bin es, nur auf eine andere
Art und Weise.

PS:
Wie jede poetische Geschichte spart auch meine die kritischen
Alltagsdinge aus, allen voran Fortpflanzung und Verdauung.
Pinguine müssen immer als das Paradebeispiel für gelungene
Monogamie herhalten. Aber mal ehrlich: Wenn alle gleich aus-
sehen, ist es auch nicht besonders schwer, bei einem Partner zu
bleiben! Das spart 'ne Menge Energie! Sex gibt es übrigens bei
Pinguinen nur einmal im Jahr. Wen wundert's, bei der Kälte!

Und um komplett mit der Romantik zu brechen: Wieso macht sich ein Pinguin nicht auf die eigenen Füße? Die Antwort steht im Fachblatt «Polar Biology»: «Pressures Produced When Penguins Pooh.» Frei übersetzt: Enddarmdruck am Ende der Welt. Aktuelle Forschung: Der Pinguin-Pooh bahnt sich mit einem Druck wie in einem Autoreifen den Weg in die Freiheit, der Pinguin stellt sich dazu auf die Hinterbeine, und seine schärfste Kurzstreckenwaffe fliegt waagerecht bis zu 40 Zentimeter weit! So kann er im warmen Nest bleiben, ohne dass es schmutzig wird. Die Schöpfung ist und bleibt großartig. Wenn schon der Pinguin selbst nicht mehr fliegen kann, so gewährt die großmütige Mutter Natur dieses Privileg immerhin seinen Ausscheidungen!

HIRSCHHAUSENS BUNTE BASTELBÖGEN
HAMPELPINGUIN
Fürs Glück der Nichtleser

Hier schneiden!

(!) Bauen Sie sich den lustigen Hampelpinguin.
Dafür brauchen Sie vier Verschlussklammern, vier Cent-Stücke, einen Strick, eine kleine Kugel und Pappe zum Aufkleben.

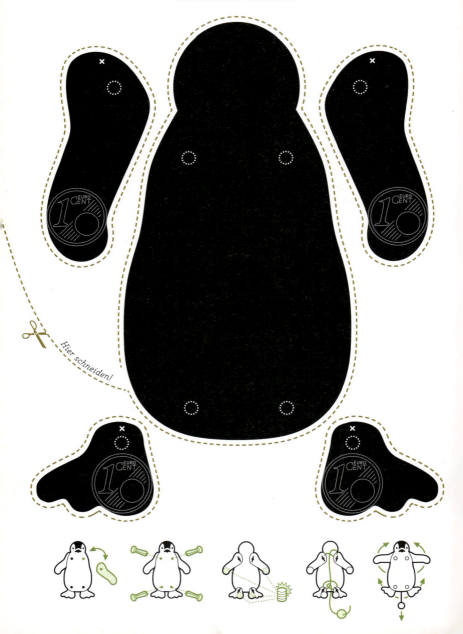

«… als meine Frau den Skiunfall hatte – und nicht ich.»

«… als ich am Weihnachtsbaum noch einen Zuckerkringel fand.»

«… als ich mit der Katze im Bett liegen blieb und mein Mann zur Arbeit musste.»

Gerupfte Worte

IHRE LIEBLINGSSPRÜCHE AUS DEM BUCH ZUM WEITERERZÄHLEN

Falls Sie keine Lust haben, das ganze Buch zu lesen, aber trotzdem mitreden wollen, hier eine Auswahl der schlausten Sprüche rund ums Glück.

ES IST EINFACH, GLÜCKLICH ZU SEIN, SCHWER IST NUR, EINFACH ZU SEIN.

SHIT HAPPENS! *So ist das Leben: Mal bist du die* **TAUBE,** *mal bist du das* **DENKMAL.**

«BEGINNE DEN TAG MIT EINEM LÄCHELN, DANN HAST DU ES HINTER DIR.»

„Glück kommt selten allein."

«TU, WAS DU KANNST, ODER TUE EINFACH SO.»

«WENN SICH JEMAND VORNIMMT ZU SCHEITERN – UND ER SCHAFFT ES, WAS HAT ER DANN GETAN?»

«WILLST DU RECHT BEHALTEN ODER GLÜCKLICH SEIN?»

«Wer die Qual hat, hat die Wahl.»

«Optimisten machen Sudoku mit Kugelschreiber.»

DU WILLST ANDERS SEIN? ANDERE GIBT ES SCHON GENUG!

«Gute Freunde erkennt man daran, dass sie immer da sind, wenn sie uns brauchen.»

WENN DU JEMANDEN KENNEN-LERNEN WILLST, GEH AUS DEM HAUS.*

... es sei denn, du stehst auf Postboten und Zeugen Jehovas. *

JEDER IST **SEINES GLÜCKES SCHMIED**, ABER NICHT JEDER SCHMIED IST GLÜCKLICH.

Das Herz schlägt links, aber die Leber wächst rechts.

Ich bin nicht abergläubisch – denn das bringt Unglück!
Wer jammert, der ist nie allein.

ÄRGER, DEN MAN NICHT GEHABT HAT, HAT MAN NICHT GEHABT.

EINIGE DIESER SPRÜCHE GIBT ES AUCH ALS AUFKLEBER. DENN RATSCHLÄGE SIND AUCH SCHLÄGE. UND WENN IHNEN JEMAND DUMM KOMMT, KEINE SCHEUERN, KLEBEN.

Wer gibt, der empfängt. Und man bekommt immer mehr zurück, als man gegeben hat.

Nachgedanken

Menschen sind wie Stachelschweine,
sind sie zu nah, piksen sie sich,
sind sie zu fern, wird es kalt.
Nach Arthur Schopenhauer

Wissen Sie jetzt, was glücklich macht? Blieb etwas bei Ihnen hängen? Ein Ergebnis, eine Metapher, ein Bild? Wenn ich zurückblicke, habe ich mich selbst am stärksten inspirieren und verändern lassen durch menschliche Begegnungen, persönliche Geschichten und oft nur durch einzelne Sätze im richtigen Moment.

Jetzt sind es doch viele Sätze geworden. Ich wollte eigentlich das ultimative Glücksbuch schreiben, das Buch, nach dem man nie wieder ein anderes zu dem Thema braucht. Und an diesem Anspruch bin ich – völlig überraschend – gescheitert. Denn es gibt noch so viel, was ich gerne erwähnt hätte. Je größer die Insel unseres Wissens, desto größer wird automatisch immer das Ufer zu dem Meer unserer Ignoranz. Der sicherste Weg ins Unglück ist, Perfektion anzustreben. Wieso sollte es also ein perfektes Buch zum Glück geben? Oder einen perfekten Weg? Den gibt es so wenig wie einen perfekten Menschen. Und auch das beinah perfekte Dinner wäre todlangweilig, wenn es denn wirklich perfekt wäre. Ich habe meinen Frieden damit gemacht, dass schon viele große Geister sich an dem Thema «Glück» die Zähne ausgebissen haben, aber keiner darüber lachen wollte.

Keine Ahnung, warum Sie dieses Buch gelesen, was Sie eigentlich gesucht haben. Und so hoffe ich, eine Geschichte, ein Satz war den Preis wert – und der Rest? Geschenkt!

Das Wort schenken kommt von «einschenken». Dafür muss ich aber wissen, wonach jemanden dürstet. Deswegen ersetzt dieses Buch keine Therapie oder persönliche Begegnung. Am besten sind Geschenke, wenn man sie nicht erwartet und gar nicht wusste, dass man sich etwas wünscht! Meine Großmutter betrieb das systematisch: An einem verregneten «dummen» Dienstagnachmittag machte sie uns Enkel glücklich mit Dingen, die unterm Weihnachtsbaum eher zum Schulterzucken animiert hätten. Und wenn sie mit uns wettete, war der Einsatz immer «eine Freude» – ohne dass wir wussten, wann die Freude eingelöst würde. Eine Freude machen sollten wir uns jeden Tag, und das Beruhigende: Es ist an jedem Tag im Jahr leichter als am 24. Dezember. Übrigens: Geldgeschenke sind phantasielos, besonders kleine.

«Ich bin sehr viel glücklicher, seit ich akzeptiert habe, dass 80 Prozent der Tage Alltag sind.» Dieser Satz von Wilhelm Schmid geht mir nicht mehr aus dem Sinn. Auch Bergsteiger haben nicht jeden Tag höchste Gefühle. Ich habe einmal Reinhold Messner interviewt und wollte wissen: «Was denkt und fühlt man, wenn man nach all den Strapazen und jahrelangen Vorbereitungen endlich auf dem Gipfel angekommen ist?» Er antwortete: «Man denkt eigentlich sofort daran: Wie komm ich hier heil wieder runter?» Das war doch deutlich weniger, als ich erwartet hatte. Kein großartiges «Gipfelgefühl», kein maßloses Glück? Und dennoch bezwang er sich und die Berge immer wieder. Nicht für das «Gipfelgefühl», nicht für den Gipfel der Gefühle, nicht aus Genuss – mehr aus Muss.

Es gibt andere Wege, sich zu besiegen, sanftere und weiblichere. Die kamen in diesem Buch etwas zu kurz, weil ich ein Mann bin und schon genug wie der Blinde von der Farbe geredet habe. Das sollen andere schreiben. Das Wichtigste in diesem Buch ist nicht das, was darinsteht. Sondern das, was Sie zwischen den Zeilen lesen. Und herausnehmen. Und weitergeben.

Aus der Begegnung mit dem Bergsteiger habe ich gelernt: Ich

muss das nicht. Mein Antriebssystem ist anders, ich «muss» auf die Bühne, um in meinem Element zu sein. Andere Menschen zum Lachen zu bringen und zum Nachdenken über Gesundheit, Glück und andere Dinge, ist eine der schönsten Aufgaben, die ich kenne. Und ich bin ehrlich dankbar, dass ich das kann und darf. Mein «Aha»-Erlebnis mit dem Glück hatte ich, als ich immer wieder darauf stieß: Unser Design hat den Knacks schon mit drin. Unser Dopamin-Antriebssystem macht uns nicht satt. Dafür ist es nicht da. Es ist eine Suchmaschine. Wir sollen das Glück suchen, aber nicht behalten, essen und wieder hungrig werden. Unser Lust- und Lernsystem ist dazu verdammt, selbst wenn wir satt sind, das Gras des Nachbarn für grüner zu halten als unseres und für grüner, als es ist. Die großen Unglücksfallen sind immer wieder ähnlich: Gewöhnung, Unersättlichkeit und Vergleichen. Mitleid bekommt man geschenkt, Neid muss man sich verdienen. Was für ein Unsinn. Neid muss man sich abgewöhnen, sonst zerfrisst er einen vor vollen Trögen. Wir werden automatisch grün vor Neid auf die grünere Wiese des Nachbarn. Wenn einem diese Mechanik einmal aufgeht, kann man leichter seinen Blick wenden – und einfach mal seine eigene Wiese regelmäßig gießen. Dann hat die eine Chance, grün zu werden. Und wir blühen auf und wachsen.

Der Buddhismus hat seinen größten Wert in einer Welt voller Unsicherheit. Sich im Loslassen zu üben, macht Sinn und schützt einen vor der Unbill der Umstände. Er entstand historisch zu einer Zeit, in der reale Gefahren unvorhersagbare Hungersnöte, Überflutungen und Seuchen waren und nicht wie heute Diäten, Reizüberflutung und Tokio Hotel.

Noch nie zuvor konnten Menschen in der westlichen Welt über so viele Lebensumstände mitentscheiden: wo wir wohnen, wen wir heiraten, was wir essen, was wir in der Freizeit tun. Wenn wir länger und sicherer leben als je zuvor, ist die Versenkung nur so wertvoll wie das anschließende Auftauchen aus der Versenkung. Ein spirituelles Leben ist im Kloster einfacher als auf dem Marktplatz, aber dort gehört es auch hin.

Der moderne Glückssucher hat Ziele und Wege, sucht außen und innen, mit sich und mit anderen.

Wir können uns nicht selbst kitzeln, wir brauchen andere Menschen. So wie beim Sex. Immer nur allein, da fehlt ein Teil der Überraschung. Kann schön sein, aber man hat irgendwann auch vieles kommen sehen. Es geht nicht nur um den Kick und die Lust des Dopamins – danach und dahinter taucht ein tieferes Bedürfnis auf: vermittelt durch Oxytocin. Das Hormon der Nähe, der Vertrautheit, des Zusammengehörens. Oft werden Kuschelpartys als verkappter Sex belächelt: In Wirklichkeit imitieren sie aber die Nähe danach. Wir wollen nicht nur angeregt sein, wir wollen dazugehören, uns verbinden, gerufen werden und gemeint sein. Ich beobachte gerne an Flughäfen und Bahnhöfen diese rührenden Szenen von Willkommen und Abschied. Auch wenn ich genau weiß, dass mich an diesem Tag niemand am Flughafen abholt, lese ich, wenn ich aus dem Sicherheitsbereich komme, immer alle Namen auf den Schildern der Abholer. Und freue mich für die anderen, sobald mein Neid das zulässt.

Glück ist nicht das Wichtigste – sondern Sinn. Wenn Sie Lust haben, setzen Sie bei allem, was Sie über Glück lesen, spaßeshalber das Wort Sinn ein. Ich werde immer wieder überrascht, wie viel «Sinn» plötzlich viele kluge Sachen machen, die übers «Glück» gesagt werden. Auch beim Titel dieses Buches funktioniert das: SINN KOMMT SELTEN ALLEIN.

Glück breitet sich in Netzwerken aus. Glückliche Menschen ziehen Kreise, inspirieren andere und stecken nicht nur ihre direkten Kontakte an, sondern auch noch deren Freunde und deren Freunde. Negative Handlungen stecken auch an, selbst wenn wir den Übeltäter nicht kennen oder sehen. Der Sozialpsychologe Zimbardo untersuchte kaputte Fenster in «schlechten» Wohngegenden. Sobald ein Fenster eingeschmissen war, folgten weitere schnell. Keiner hatte geglaubt, dass sich reparieren lohnt, bis Zimbardo es bewiesen hat. Er ließ die kaputten Fenster austauschen – und sie blieben heil! Denn die Hemmschwelle, eine komplett heile Fensterfront einzuwerfen, ist viel höher, als wenn der Damm an einer Stelle schon gebrochen ist. Das ist so ähnlich wie nach dem Zähneputzen. Mit sauberen Zähnen fällt es schwerer, etwas Süßes zu essen. Aber man kann ja nicht den ganzen Tag Zähne putzen. Und auch nicht den ganzen Tag lächeln.

Es ist indes nicht egal, ob ich einen Stein ins Fenster werfe, meinen physischen Müll auf die Straße oder meinen Gefühlsmüll anderen vor die Füße. Oder meine grimmige Miene anderen ins Gesicht. Wir gehen ständig in Resonanz mit anderen, ohne es bewusst zu tun. Wir haben dafür die sogenannten Spiegelneuronen – Nervenzellen, die Gefühle meiner Umgebung aufschnappen, imitieren und spiegeln. Deshalb lernen wir als Babys so viel schneller, wenn uns jemand etwas vormacht statt es mit Worten erklärt. Deshalb lernt man auch am meisten über Glück von glücklichen Menschen, indem man Zeit mit ihnen verbringt, sich anstecken lässt und von ihnen Geheimnisse lernt, die ihnen selbst gar nicht bewusst sein müssen.

Das funktioniert sogar allein vor dem Badezimmerspiegel. Wenn Sie aus dem Spiegel morgens ein freundliches Gesicht anschaut – Sie lächeln in derselben Sekunde zurück! Probieren Sie es aus. Jeden Morgen. Bis das nicht mehr der Reiter vorschlagen muss, sondern der Elefant von allein tut, weil er eine neue Gewohnheit liebgewonnen hat. Ein kleiner Erinnerungszettel an den Spiegel: «Beginne den Tag mit einem Lächeln – dann hast du es hinter dir!» Wir sind, was wir oft tun.

Das doofe Wort Disziplin heißt eigentlich «Schule» – ich lerne dazu, wenn ich mich diszipliniere. Was ich hinaussende, welchen Einflüssen ich mich aussetze und welche Quellen ich regelmäßig anzapfe. Gute Gefühle können zur Gewohnheit werden. Nicht die schlechteste.

Ein bisschen freuen wir uns, wenn es anderen schlechtgeht. Aber es gibt nicht nur Schadenfreude und den Genuss, wenn mehr Menschen hinter einem in einer Schlange stehen als vor einem. Es gibt auch das «Gegengefühl» dazu: Erhabenheit. Die Mit-Freude, die Bewunderung, die Erbauung an Schönem.

Für dieses Gefühl ist wieder das Oxytocin wichtig, das beim Stillen, bei zärtlicher Berührung und nach dem Orgasmus unser Verhalten prägt. Wir sind dabei auf eine Art und Weise glücklich, die fundamental anders ist als Sex, Schokolade und Sechser im Lotto. Und wahrscheinlich fundamental wichtiger für unser «Seelenheil».

Jonathan Haidt ist einer der Pioniere, die diese in der Psychologie lange «vergessene» Emotion mit ungewöhnlichen Methoden erforscht haben. Weil jede Blutentnahme zur Messung von Wohlfühlhormonen das zu Messende stört, bat er stillende Frauen, sich verschiedene Filme anzuschauen, mit Watteeinlagen im BH. Anhand der Stilleinlagen konnte er die Milchproduktion messen und so indirekt das Oxytocin. Und tatsächlich: Wenn die jungen Mütter eine Szene sahen, in der zum Beispiel ein Feuerwehrmann ein Kind aus einem brennenden Haus rettete, schossen ihnen nicht nur Tränen in die Augen, sondern auch die Milch in die Brust. Wie misst man Gefühle von stiller Größe? – Mit Stilleinlagen!

Dopamin oder Oxytocin – macht mich etwas scharf oder «rührt mich etwas an»? Der Feuerwehrmann hatte die Frauen nicht erregt, sondern «berührt». Das Tolle: Um sich an großen Taten, kleinen Gesten oder bewegenden Meisterwerken zu erbauen, muss man die Kathedrale nicht selbst gebaut haben. Es reicht, sich an ihr zu erbauen, etwas für ihren Erhalt zu tun und nicht die Fenster einzuwerfen. Und so ist das mit dem Weltfrieden, der Rettung der Erde und dem dreckigen Geschirr in der Spüle auch irgendwie.

Wie kann man als Komiker klarmachen, wenn mal etwas ernst gemeint ist? Sofort geht man ja zu seinen eigenen kitschigen Gedanken auf ironische Distanz. Das gilt als cool – ich finde das eigentlich doof. Ich hab es mit anderen lieber warm, setze mich lieber zu einem Bier in die Kneipe als zu einem coolen Drink in eine Un-Nah-Bar.

Und so hoffe ich sehr, Sie sind bei diesen hehren Gedanken, die hart an der Schmerzgrenze zur Abreißkalender-Weisheit schürfen, wie ein guter Martini: gerührt – nicht geschüttelt!

Es ist einfach, glücklich zu sein.
Schwer ist nur, einfach zu sein.

*Nach dem Spiel ist vor dem Spiel.
Vielen Dank an alle Leber-Leser.*

Schönen Dank auch

Es gibt nichts Gutes, außer man tut es.
Erich Kästner

Dank für die Vorarbeit

All denen, die selbst über das Glück dachten und schrieben und heute Pionierarbeit leisten in der Glücksforschung.

Dank für die Inspiration

All denen, die mir praktisch etwas über Glück beigebracht haben als Lehrer, Trainer und Freunde: Art Reade, Jens Corssen («Der Selbst-Entwickler»), Jon Kabat-Zinn, Willigis Jäger, Adriano Martins, Sebastian Wolf, Christof Stählin, Manfred Spitzer.

Ein besonderer Dank denen, die mir etwas über das Glück beibringen wollten, mit wechselndem Erfolg …

Dank fürs Zuschauen und das Live-Feedback

Ein großer Dank allen Zuschauern meines «Glücksbringer»-Programms, die ihre Glücksmomente beigesteuert haben. Auf der Bühne bin ich in meinem Element, und ein bisschen davon lässt sich zwischen Buchdeckeln einfangen – aber nicht alles.

Dank für Extrafotos

Das «Das hat er von dir»-Foto mit dem Leuchtturm ist von Eva-Maria Albermann; die Glückskäfer auf dem faulen Apfel sind von Ursula Jensen.

Dank fürs Recherchieren und Gegenlesen

Rolf Degen, der Bonner Psychologe und Wissenschaftsjournalist, hat mir mit seinem ungeheuer großen Wissen sehr viele Ideen und Vorlagen geliefert, und auch seinem Humor verdanke ich sehr viel. Und das ist mal kein Psycho-Irrtum!
Hilla Stadtbäumer, Tobias Eilers und Vince Ebert.

Dank fürs Ausgestalten

Jörg Pelka für das Daumenkino. Meiner Grafikerin Esther Wienand, sie ist nicht nur nachtaktiv und extrem kreativ – sie ist auch ungeheuer geduldig mit anderen Kreativen.

Dank fürs Aushalten

All denen, die aus nächster Nähe erlebten, dass es nicht immer lustig ist mit einem Komiker und auch nicht immer förderlich für das eigene Glück, wenn ein Glücksbuch entsteht. In Zukunft nehme ich mir mehr Zeit …

Ganz besonderer Dank an

Barbara Laugwitz, die ihr Weihnachten und Silvester verschob und bis nachts die Texte lektorierte. Und Annette Peter für den Satz.

Susanne Herbert, seit zehn Jahren meine Managerin, die unermüdliche Strategin hinter meinem Erfolg und die größte konstante Kraft in meinem kreativen Chaos. Sie führt inzwischen ein großes Team an – von der Tourbegleitung bis zum CD-Versand, von der Arbeit im Stillen bis zum Telefon, das selten stillsteht. DANKE!

Mehr als Dank denen, die mein großes, mittleres und kleines Glück bedeuten und wissen, dass sie gemeint sind.

Meiner Familie, meinen Geschwistern, meinen Eltern und meinen Großeltern. Sie tauchen direkt und indirekt in diesem Buch auf. Sie haben mir nicht nur eine wilde Mischung an Genen mitgegeben, sondern vor allem das Gefühl, erwünscht, gesehen und behütet zu sein. Und das wünsche ich jedem.

Total subjektive Auswahl an Büchern über subjektives Wohlbefinden

① Daniel Gilbert:
Ins Glück stolpern.

Gilbert ist ein echtes Genie der Glücksforscher. Seine zentrale These: Wir verschätzen uns grandios bei unseren zukünftigen und vergangenen Gefühlen. Seine experimentellen Ansätze und seine Vorträge gehören zum Besten der Zunft. Wissenschaftsbuch des Jahres 2007.

② Richard Wiseman:
So machen Sie Ihr Glück. Wie Sie mit einfachen Strategien zum Glückspilz werden.

Die Experimente des britischen Psychologen und Zauberkünstlers zeigen sehr gut, wie sich selbsternannte Pechvögel systematisch um ihr Glück bringen. Ein sehr origineller Denker.

③ Stefan Klein:
Die Glücksformel. Oder wie die guten Gefühle entstehen.

Das umfassendste Grundlagenbuch, von den Hormonen bis zum Zeitmanagement. Von einem der besten Wissenschaftsjournalisten des Landes.

④ Jonathan Haidt:
Die Glückshypothese.

Ein echter Geheimtipp, ein Glücksgriff, ein Geniestreich. Lesen. Zweimal, dreimal. Weitersagen. Der Mann ist brillant. Bringt mit wenigen Sätzen jahrtausendealte Weisheiten, Philosophie und aktuellste psychologische Forschung auf den Punkt, tief und um die Ecke.

⑤ Martin Seligman:
Der Glücks-Faktor. Warum Optimisten länger leben.

Der Entdecker der erlernten Hilflosigkeit beschreibt seine Wandlung zum ersten positiven Psychologen und warum Stärken stärken so ein starkes Konzept ist.
(Auch gut: Pessimisten küsst man nicht)

⑥ Wilhelm Schmid:
Glück. Alles, was Sie darüber wissen müssen, und warum es nicht das Wichtigste im Leben ist.

Der Titel ist die halbe Miete! Zu Recht ein Bestseller. Philosophie der Lebenskunst.

⑦ Mathias Binswanger:
Die Tretmühlen des Glücks.

Ein Schweizer Ökonom illustriert die Grundirrtümer des Wirtschaftslebens, mit zehn Strategien gegen die Glücksverhinderer.

(verdeckt hinter den anderen, ein kleines, aber gewichtiges Buch)

Martha Beck:
Enjoy your life.

Eins der brauchbarsten Selbsthilfebücher, die es gibt. Klare Ideen, Übungen, Schritte aus der Krise. Hat mir mal sehr geholfen.

Tal Ben-Shahar:
Glücklicher.
Lebensfreude, Vergnügen
und Sinn finden.

Mit dem populärsten Dozenten der Harvard-Uni. Zentrale Idee: Wie sieht mein Leben aus, wenn ich Glück als zentrale Währung zur Grundlage meiner Entscheidungen mache? Leicht zu lesen.

Mihaly Csikszentmihalyi:
Lebe gut. Wie Sie das Beste
aus Ihrem Leben machen.

Idee: Flow. Wir sind glücklicher beim konzentrierten Tun als beim Abhängen. Also: Tu was!

Heiko Ernst:
Das gute Leben.

Der Chefredakteur von PSYCHOLOGIE HEUTE gibt einen unaufgeregten Überblick über die positive Psychologie.

Anselm Grün:
Das kleine Buch vom
wahren Glück.

Für die theologisch-spirituellen Aspekte. Eine gute Inspirationsquelle. Auch zur Expiration.

Tania Konnerth:
Leben kann so
einfach sein.

Tania Konnerth und Ralf Senftleben betreiben www.zeitzuleben.de, Selbsthilfe und Coaching als Buch, online und per Mail. Unprätentiös und praktikabel.

Richard Layard:
Die glückliche Gesellschaft:
Kurswechsel für Politik und
Wirtschaft.

Ein Professor der London School of Economics macht sich ernsthaft Gedanken dazu, ob Glück nicht eine gesamtgesellschaftliche Aufgabe ist und sinnvoller zu verfolgen als unsoziale Bruttosozialprodukte.

François Lelord:
Hectors Reise oder die
Suche nach dem Glück.

Der französische Psychiater macht sich auf Weltreise. In einem eigentümlichen Kinderbuch-Stil für Erwachsene geschrieben, der einen nerven kann oder eben, wie millionenfach geschehen, mitnimmt.

Sonja Lyubomirsky:
Glücklich sein. Warum
Sie es in der Hand haben,
zufrieden zu leben.

Sehr aktuell und übungsorientiert. Zuweilen etwas amerikanisch, dafür praktikabel. Schülerin von Seligman, mit Forschungsschwerpunkt «Nachhaltige Veränderung».

Daniel Nettle:
Glücklich sein. Was es
bedeutet und wie man es
wird

Knackig aktuelle Psychologie auf den Punkt gebracht, mit britischem Humor zwischen den Zeilen, z. B. von Douglas Adams und dem MISPWOSO Institute: Maximegalon Institute of Slowly and Painfully Working Out the Surprisingly Obvious.

Wolf Schneider:
Glück. Eine etwas andere Gebrauchsanweisung.

Der Hüter der deutschen Sprache schreibt realistisch, provokant, wissenswert.

Barry Schwartz:
Anleitung zur Unzufriedenheit. Warum weniger glücklicher macht.

Der amerikanische Psychologe zur Qual der Wahl und besseren Entscheidungsfindung.

Manfred Spitzer:
Vom Sinn des Lebens. Wege statt Werke.

Der Ulmer Nervenarzt findet wie kein Zweiter interessante Studien aus der Hirnforschung und wendet sie auf das Leben an. Seine Kolumnen sind eine Fundgrube, wie auch seine Sendungen bei BR-alpha.

Paul Watzlawick:
Anleitung zum Unglücklichsein.

Unübertroffene Geschichten und Weisheiten: der Hammer – im wahrsten Sinne. 25 Jahre jung, der Klassiker.

Leider bisher nur auf Englisch

Ed Diener and Robert Biswas-Diener:
Happiness. Unlocking the Mysteries of Psychological Wealth.

Der «Indiana Jones» der positiven Psychologie schreibt mit seinem Sohn die Bilanz seines Forscherlebens. Lesen, dann weiß man Bescheid.

Bücher, die sich selbst erklären

Ulrich Schnabel: Vermessung des Glaubens.

Ernst Fritz-Schubert: Schulfach Glück.

Florian Langenscheidt: Wörterbuch des Optimisten.

Bernhard Ludwig: Anleitung zur sexuellen Unzufriedenheit.

Borwin Bandelow: Celebrities. Vom schwierigen Glück, berühmt zu sein.

Michael Mary: Die Glückslüge.

Ute Lauterbach: Spielverderber des Glücks.

Luise Reddemann: Überlebenskunst.

Weitere Buchtipps auf der Homepage www.glueck-kommt-selten-allein.de

Deutschland ist glücklicher, als es denkt!

ORTE DES GLÜCKS

① Stockholm
Der alternative Nobelpreis –
eine Quelle inspirierender Menschen
www.rightlivelihood.org

② Hamburg
Dominik Dallwitz-Wegner
Die Glücksakademie (ein Online-
Trainingscenter mit vielen Übungen)
www.gluecksakademie.de

③ Berlin
FU Berlin, Prof. Michael Eid und
PD Dr. Ann Elisabeth Auhagen
Positive Psychologie in der Pädagogik
www.ewi-psy.fu-berlin.de

Plattform für soziale Investoren
www.phineo.org

④ Rotterdam
World Data Base of Happiness,
Prof. Runt Veenhoven
Europas wichtigster Glücksdatensammler
www.worlddatabaseofhappiness.eur.nl

⑤ Leipzig
Kompetenznetz Depression
www.kompetenznetz-depression.de

Prof. Tania Singer, Max-Planck-Institut
für Kognitions- und Neurowissenschaften
www.cbs.mpg.de

⑥ Pulheim
Wolff Horbach, Autor von «77 Wege zum
Glück», sammelt interessante Artikel zum
Glück   www.blog.gluecksnetz.de

⑦ Bonn
In was für einer Gesellschaft wollen wir
leben? Visionäre Seite der Aktion Mensch
www.diegesellschafter.de

⑧ Frankfurt am Main
www.glueck-kommt-selten-allein.de
www.humor-hilft-heilen.de

⑨ Nürnberg
Prof. Karlheinz Ruckriegel, Ökonom
Was bedeutet Glück für Wirtschaft
und Gesellschaft? www.ruckriegel.org

⑩ Heidelberg
Erste Schule mit Glück als Unterrichtsfach
www.schulfachglueck.de

Universität Heidelberg
www.gluecksstudie.uni-hd.de

⑪ Ulm
Prof. Manfred Spitzer
ZNL – Umsetzung von Hirnforschung in
Schule und Vorschule www.znl-ulm.de

⑫ Zürich
Prof. Bruno Frey
Wichtigster Schweizer ökonomischer
Glücksforscher   www.bsfrey.ch

Prof. Willibald Ruch, Psychologe
Europas wichtigster Humorforscher
www.charakterstaerken.org

Eine aktualisierte Version der öffentlichen Glücksnetzwerker finden Sie online unter
www.glueck-kommt-selten-allein.de. Dort auch weitere Links und internationale
Organisationen und Forscher.

Happy End?

«Glück kommt selten allein» lässt Sie auch am Ende dieses Buches nicht allein. Auf der Homepage www.glueck-kommt-selten-allein.de können Sie aktiv und interaktiv werden.
Mit weiterführenden Texten, Buchtipps, aktuellen Hinweisen und Meldungen, wie sich die «Glücksepidemie» in Deutschland ausbreitet.

Papier ist geduldig.

Ich habe mal drei Kilo gewogen!

«Wir haben dieses Buch einem miesepetrigen Kollegen geschenkt und konnten innerhalb weniger Wochen eine wundersame Wandlung zum Positiven erleben. Einfach genial – für uns und für den Kollegen!»

«Das ‹Glück› kann man in einem Zug durchlesen oder wie eine Pralinenschachtel öffnen und sich ein oder zwei Kapitel gönnen – manchmal genügt auch ein Satz! ;-)»

«Wahr, heiter und ein Spiegel für alle, die bereit sind, sich davor zu stellen.»

Verfasser unbekannt

Nachwort
für das Taschenbuch

Liebe Glückssucher,

dieses Buch hat meine kühnsten Träume übertroffen. Ich habe viel Herzblut hineingesteckt, und umso mehr hat es mich gefreut, dass es zu einem der erfolgreichsten Sachbücher Deutschlands wurde. Es wurde gelesen, diskutiert, zitiert, weiterempfohlen, kurz: Es hat eine kleine «Glückswelle» ausgelöst.

Für diese Taschenbuchausgabe habe ich recherchiert, was seit der ersten Drucklegung passiert ist: in der Forschung, in der Anwendung der Glücksideen und in der öffentlichen Wahrnehmung. Es gibt mittlerweile viele neue Studien und Diskussionen, eine Menge Stoff für weitere Bücher. Zum Glück muss ich nichts von dem, was ich geschrieben habe «zurücknehmen». Im Gegenteil: Die Frage, wofür man lebt, was Sinn bringt und was Glück, ist seit 2008 für noch mehr Menschen wichtig geworden. Ein Journalist fragte mich sogar, ob der Zusammenbruch der Finanzmärkte ein PR-Gag von mir gewesen sei. Also ich war es nicht, wirklich! Die Logik der Finanzkrise erinnert mich an meine Oma. Wenn ich sie fragte, warum strickst du so schnell, antwortete sie: «Ich muss fertig werden, bevor die Wolle alle ist.» Die sinnvollsten «Investitionen» sind die in Herz und Hirn, Bildung und Bindung. Familie, Freunde und Fähigkeiten bleiben dir erhalten, wenn alles andere weg ist. Dass Finanzmärkte zusammenbrechen, überrascht mich als Arzt überhaupt nicht. Unbegrenztes Wachstum ist eine kranke Ideologie. Im Körper nennt man das, was unbegrenzt wächst: Krebs!

Sind die Deutschen jetzt durch die vermehrte Beschäftigung mit dem Thema Glück auch selbst glücklicher geworden?

Ich habe einen Blick in die renommierte «World Database of Happiness» geworfen und tatsächlich: Die Deutschen sind ein kleines bisschen glücklicher! Es geht ein Ruck durch Deutschland – na ja, eher ein Ruckeln. Für die «Database of Happiness» wird jedes Jahr nach einer Selbsteinschätzung auf einer Skala von 0 bis 10 gefragt: Traditionell landen Dänemark, Costa Rica und die Schweiz bei Werten über 8, und sehr arme und instabile afrikanische Staaten am unteren Ende der Zuversicht bei 3. 2008 lag Deutschland bei 7,1. Und siehe da: 2009 sind wir bei 7,3! Im Ranking der Nationen bedeutet das einen Aufschwung von Platz 28 auf Platz 21. Eine kleine Sensation!

Ich habe den großen Datensammler Ruth Veenhoven gefragt, ob man das schon einen Trend nennen könne. Er verneinte, dazu sei es noch zu früh. Aber weil ein gewisses Maß an Selbstüberschätzung vor Depression schützt, bilde ich mir ein, dass ich einen kleinen Teil dazu beigetragen habe, die Deutschen glücklicher zu machen. Was mich in dieser kühnen These bestärkt, sind die vielen Briefe, Mails und andere Rückmeldungen von Menschen, denen die Ideen aus dem Buch und im Bühnenprogramm tatsächlich geholfen haben. Herzlichen Dank an dieser Stelle allen, die sich die Mühe gemacht haben, mir zu schreiben. Von mehreren Therapeuten erfuhr ich, dass sie meine CDs und die DVD den Klienten mitgeben und dann darüber sprechen – bin gespannt, wann es das Buch «auf Kasse» gibt! Insbesondere die Geschichte vom Pinguin hat viele Menschen inspiriert; ich kenne mehrere, die sie sogar dazu veranlasst hat, den Job zu wechseln – und die es bis heute nicht bereuen. Das freut mich wirklich, denn das Wort, das uns aus dem Sumpf holt, können wir uns meist nicht selber sagen.

Die Frage, die mir in den letzten Jahren am häufigsten gestellt wurde: Sind Sie denn selbst glücklich? Meine Antwort kennen Sie, wenn Sie das Buch gelesen haben: Es ist nicht sinnvoll, sich ständig diese Frage zu stellen. Aber: JA! Ich bin sehr glücklich. Wenn man sich klarmacht, wie viele Autoren und Künstler erst nach ihrem Tode entdeckt werden, bin ich doch lieber zu Lebzeiten überschätzt als andersrum.

Was habe ich konkret in meinem Leben verändert? Nichts Großartiges, aber viele Kleinigkeiten. Ein Beispiel: Ich versuche, mich mehr zu bewegen, und muss gleichzeitig mehr Fernsehen schauen, zum Beispiel in der Vorbereitung für die Talksendung. Mein Kompromiss: Auf dem Balkon steht jetzt ein Cross-Trainer, an dessen Lenker ich einen kleinen DVD-Spieler montiert habe. So kann ich beim Gucken etwas «Sinnvolles» tun – mit Armen und Beinen in der Luft rudern, ohne von der Stelle zu kommen. Es macht einfach Spaß, sich auszupowern. Meistens kommt es aber erst gar nicht dazu, weil man vorher so ausgiebig über das lästige Anfangen grübelt.

Aber hinterher ist man immer besser drauf. Also, nicht grübeln, einfach anfangen.

Mir sind solche Ideen inzwischen in Fleisch und Blut übergegangen. Ich nehme mir mittlerweile tatsächlich mehr Zeit für Freunde und Familie, und es tut mir gut. Außerdem verstehe ich nun schneller, woran es liegt, wenn ich schlechte Laune habe und was ich dagegen tun kann.

In den letzten beiden Jahren durfte ich einige der Menschen, über die ich bis dahin nur geschrieben hatte, persönlich kennenlernen. Und es ist schön, wenn sie dann den Erwartungen entsprechen. Der Pionier der Glücksforschung, Ed Diener, macht wirklich einen herzlichen und glücklichen Eindruck (ein kleines Interview habe ich angehängt). Und Patch Adams, einer der Pioniere der Humortherapie, ist tatsächlich so – im positivsten Wortsinn – durchgeknallt, wie man ihn sich vorstellt. Es geht mir schon verdammt gut. Und wenn Sie mich mal irgendwo treffen und ich gerade keinen glücklichen Eindruck mache, dürfen Sie mich daran erinnern.

Zum Abschluss eine wahre Geschichte: Ich komme, wie schon so manches Mal, sehr knapp zum Einchecken an den Flughafen. Die freundliche Dame am Counter erklärt mir, dass es nicht knapp sei, sondern schlicht und ergreifend zu spät, der Flug sei schon «zu». Ich erkläre ihr, dass ich außer 30 Kilo Handgepäck keinen Koffer dabeihätte und die Maschine ja sicherlich noch nicht abgehoben sei, und ob ich nicht doch, bitte, bitte, einsteigen dürfte … Keine Chance. Als ich mich, verärgert über diese Sturheit und natürlich über meine eigene Dusseligkeit, nicht rechtzeitig von zu Hause losgefahren zu sein, gerade aufregen will, sagt die Frau zu mir: «Ich hab da mal so ein Buch gelesen und mir einen Satz gemerkt: «Ärger, den man nicht gehabt hat, hat man nicht gehabt.»

Es ist ein sehr unangenehmes Gefühl, wenn man als Autor von seinen eigenen Lesern darüber belehrt wird, was man einmal Schlaues geschrieben hat – aber dann haben wir doch beide gelacht.

In diesem Sinne
Ihr

Eckart v. Hirschhausen

Berlin, im März 2011

PS Manche Autoren gehen auf Lesereise, ich bin auf Bühnentour. Denn noch schöner, als Dinge sich auszudenken und aufzuschreiben, ist es, direkt mit dem Publikum in Kontakt zu treten. Ich würde mich freuen, wenn Sie bei nächster Gelegenheit live dabei wären.

Glücksforschungs-Update

NEBENWIRKUNGEN DER GLÜCKSSUCHE

Alles was wirkt, hat Nebenwirkungen, auch die Glückssuche. Iris B. Mauss, Psychologin an der renommierten Stanford University, untersuchte, warum einen zu viel Glückssuche unglücklicher macht. Wer erwartet, sehr schnell sehr glücklich zu werden, dem geht es langfristig schlechter. Die Studienteilnehmer waren regelrecht enttäuscht, dass sie nicht größere Sprünge in ihrem Wohlbefinden machten, obwohl ihnen etwas Gutes widerfuhr.

Doch derjenige, der ständig versucht, das Glück direkt anzusteuern, ist so töricht wie einer, der mit einer Rakete zur Sonne fliegen will. Sein Freund fragt: «Aber wie willst du denn da landen, ist doch viel zu heiß.» «Da hab ich mir schon was überlegt – ich fliege nachts!»

Kann man eigentlich auch zu glücklich sein? Ed Diener, der Pionier der Glücksforschung, meint ja. Wer mit allem automatisch zufrieden ist, verpasst die Chance auf Veränderung und Verbesserung seiner Lage, lebt nachweislich unter schlechteren Bedingungen und wird auch schlechter im Job bezahlt. Man kann auch mit einer rosa Brille gegen die Wand laufen. Also immer alles toll ist auch nicht toll. Den subjektiv Zufriedensten geht es also objektiv nicht besser – aber wer hat das Problem?

HÄLT DAS GLÜCK DURCH DIE ÜBUNGEN AN?

Die frohe Botschaft: JA! Sonja Lyubomirsky konnte belegen, dass Glücksinterventionen wie Tagebuch schreiben, Dankbarkeitsbesuche oder das gezielte Nutzen seiner eigenen Stärken nicht nur kurzfristig die Stimmung heben, sondern auch langfristig etwas bringen. Es gibt sogar Hinweise darauf, dass die Übungen der positiven Psychologie wirksamer sein können als herkömmliche Psychotherapien. Welche Übungen bei wem den größten Effekt haben, wird weiter untersucht. Was sich aber jetzt schon herausgestellt hat: Es gibt nicht die eine Übung für alle – und Wunder dauern etwas länger. Eine der sichersten Wege ist, sich seiner ganz persönlichen Stärken bewusst zu werden, sie zu trainieren und in neuen Gebieten einzusetzen. Das untersucht in Zürich die Forschungsgruppe von Willibald Ruch. Im Rahmen eines solchen Stärkentrainings durfte ich zum Thema «Glück und Humor» auftreten. Die Testpersonen wurden vorher und nachher nach ihrer Stimmung gefragt. Und jetzt habe ich schwarz auf weiß: Ich bin in der Lage, Menschen zu erheitern – sogar Schweizer! Wer seine eigenen Stärken herausfinden will, der findet dazu einen Fragebogen-Link auf www.glueck-kommt-selten-allein.de.

Und auch das Sitzen ist im Kommen! Die Achtsamkeitsmeditation wird immer stärker in ihrer klinischen Wirkung untersucht, Kongresse finden statt, die Methoden kommen aus der esoterischen Ecke heraus und werden zur praktischen Anwendung für jedermann.

Eine Pionierin auf dem Gebiet der Empathieforschung ist die Psychologin und Neurowissenschaftlerin Tania Singer. Sie will in den Kern des menschlichen Miteinanders vordringen und bedient sich dabei kurioser Ansätze: In einem Experiment litten zum Beispiel Fußballfans mit der eigenen Gruppe mit und nahmen sogar für einen Kumpel Schmerzen auf sich, damit der weniger unter den kleinen harmlosen, aber unangenehmen Stromschlägen zu leiden hatte. Aber sobald sie dachten, der Leidende ist Fan eines gegnerischen Vereins, war Schluss mit Empathie und Altruismus. Dann siegte die Schadenfreude. Tania Singer initiiert jetzt in Leipzig eine Langzeitstudie, wie sich Mitgefühl trainieren lässt. Aber Vorsicht: Unkontrolliertes Mitgefühl macht nicht automatisch glücklich, sondern kann, im Gegenteil, sogar zu Burn-out führen. Gut möglich, dass es in zehn Jahren so selbstverständlich wird, etwas für seine Gefühle zu tun, wie es heute ist, ins Fitnessstudio zu gehen.

WOHIN GEHT DIE GLÜCKSFORSCHUNG?

Ein großes Thema hierbei ist die «Resilienz», auf gut Deutsch also die Fähigkeit, mit Schicksalsschlägen umzugehen. Was gibt der Seele Halt? Wie mobilisieren wir Kräfte gegen die Widrigkeiten des Lebens? An dem dämlichen Spruch «Was uns nicht umbringt, härtet ab» ist ein bisschen Wahres. Verrückterweise waren in großen Studien diejenigen gesünder und zufriedener, die ein bisschen zu kämpfen hatten im Leben. Zu viel Stress schadet, das ist klar. Aber offenbar wird man auch überempfindlich durch zu wenig Belastungen. Wie beim Märchen von der Prinzessin auf der Erbse. Es kommt auf die richtigen Dosen an!

Kennen Sie noch TETRIS? Es war eins der allerersten Computerspiele. Ziel war es, herabfallende geometrische Figuren so hinzudrehen, dass sie möglichst gut aufeinanderpassen. Wer es mal gespielt hat, weiß, wie sehr es einen packen kann. Genau dieser Effekt könnte therapeutisch genutzt werden. In einer Studie wurden den Probanden Horrorbilder gezeigt. Eine Gruppe durfte danach reden, die andere spielte Tetris. Das Ergebnis: Die Konzentration auf das Spiel nahm das Hirn so in Beschlag, dass die potenziell traumatisierenden Bilder bei den Tetris-Spielern weniger abgespeichert wurden, sie also nicht so stark mehr unter den Bildern litten. Bestätigt sich dieser Effekt, sollten Feuerwehrleute und Sanitäter zum Trösten nicht Taschentücher reichen, sondern Tetris.

Ob die Testpersonen jetzt nachts von unaufhaltsamen Würfelmassen träumen, wurde nicht untersucht. Bei akuten Krisen kann man aus dieser Untersuchung für den Hausgebrauch ableiten: Erst mal nicht lange drüber reden, ablenken!

Ein anderer Trend: Glückliche Menschen strengen sich an und glauben an ihre «Selbstwirksamkeit». Diese Überzeugung, etwas an seinem Leben verändern zu können, macht einen großen Teil der seelischen Gesundheit aus und schützt vor Depression und Suchterkrankungen.

Der deutsche Ausdruck für «Effort justification» lautet «Aufwand-Rechtfertigungseffekt», was gleich wieder so nach «Anstrengung muss sich lohnen» und FDP-Wahlkampf klingt. Er ist aber auch bei Ratten nachweisbar. Gemeint ist das Phänomen, dass wir Dinge mehr schätzen, wenn wir sie uns erarbeitet und erkämpft haben. Der Wissenschaftsjournalist Rolf Degen hat die beste Übersetzung dafür gefunden: «IKEA-Effekt». Mit der Strategie, die Endmontage seiner Produkte den Kunden selbst aufzubürden, hat sich das schwedische Möbelimperium erst seinen urigen Charme eingehandelt. Der Effekt geht sogar noch weiter: Was hart erkämpft und teuer war, MUSS gut sein. Deshalb werden auch kaputte Beziehungen gegen alle Vernunft weitergeführt, weil schon so viel «Beziehungsarbeit» investiert wurde. Es kann doch nicht alles umsonst gewesen sein!

Der Wunsch, bereits getätigte Investitionen zu rechtfertigen, ist vermutlich auch das Hauptmotiv, an aussichtslosen Kriegen oder an Bahnhofsneubauten festzuhalten. Und deshalb geht man auch, wenn man beim total angesagten Club einmal am Türsteher vorbei ist, nicht gleich nach Hause, obwohl es drinnen eigentlich total langweilig ist. Groucho Marx hatte recht: Ich würde nie einem Club beitreten, der Leute wie mich aufnimmt!

Ein dritter großer Trend ist die Happiness Economics. Endlich entdecken die Wirtschaftswissenschaftler, dass ihr Bild vom Menschen nicht stimmt. Die Annahme, dass die Menschen Wirtschaftswachstum brauchen, damit sie glücklicher werden, ist hinlänglich widerlegt. Wozu soll produziert werden, wenn es letztlich keinem mehr nützt und der Umwelt weiter schadet? Von dem, was man nicht braucht, kann man auch nie genug haben. Der Reichtum einer Gesellschaft ist ihr soziales Kapital. Das steckt unsichtbar im Kinderbekommen und Kindererziehen oder darin, anderen Menschen zu helfen und zum Beispiel Angehörige zu pflegen. Jedes Mal, wenn Geld den

Besitzer wechselt, steigt das Bruttosozialprodukt. Das heißt: Autounfälle, Bauruinen oder psychiatrische Behandlungen gelten als PLUS. Wie absurd: Wenn wir unsere Alten in Heime stecken, steigt das BSP – wenn sie sich zu Hause wohl fühlen, nicht! Das ist weder brutto noch netto sozial. Immer mehr ernstzunehmende Ökonomen beschäftigen sich damit, wie man Wohlstand anders definieren und messen kann. Und die Bundesregierung hat sogar eine Enquete-Kommission dazu eingerichtet. Es geht voran! Oder wie der Friedensnobelpreisträger zu sagen pflegt: «Man muss sich nur ansehen, was die Banken machen, und das genaue Gegenteil tun.»

VOM WISSEN ZUM TUN

Im Buch zitiere ich die Studie, dass sich Glück in Netzwerken ausbreitet. Inzwischen ist auch der Gegenbeweis erbracht worden: Auch Einsamkeit ist ansteckend! Und macht krank. Der Mangel an sozialen Beziehungen ist für die Gesundheit so schädlich wie das Rauchen von 15 Zigaretten am Tag und doppelt so schlimm wie Fettleibigkeit. Was keine Aufforderung ist zum Qualmen und Fressen – sondern zu mehr sozialem Engagement. Das tun erstaunlich viele Menschen in Deutschland still und freiwillig, über 20 Millionen sollen es sein. DANKE! Um die Menschen mit Ideen und die Menschen mit Geld, die etwas Positives bewegen wollen, näher aneinander zu bringen, wurde PHINEO gegründet. Eine Plattform, mit deren Hilfe gute Ideen, die in einer Ecke der Republik entstehen, möglichst rasch auch in anderen Orten umgesetzt werden können. Man muss ja das Rad nicht immer wieder neu erfinden, so wenig wie den Sitzkreis.

GLÜCK ALS SCHULFACH

Das Schulfach «Glück» wurde 2007 durch Ernst Fritz-Schubert in Heidelberg eingeführt. Seitdem folgen über 20 Schulen diesem Beispiel. Von Grundschulen bis Gymnasien, privaten und öffentlichen Bildungseinrichtungen, Berufsschulen und Volkshochschulen. In Österreich sind es allein in der Steiermark schon 48 «Glücksschulen». Weitere Schulen planen neue Angebote, die Fortbildung für die Lehrer läuft, und die positive Wirkung des Unterrichts auf die Schüler konte an den ersten Jahrgängen bereits bestätigt werden. Inzwischen findet sich das «Glücks-Programm» auch im Leistungssport, in Kliniken und in der Gemeindearbeit.

Wenn man nicht für die Schule, sondern das Leben lernt, sollten die Hauptfächer doch Gesundheit, Glück und Kommunikation sein, oder? Man darf doch Visionen haben: Was hast du für einen Leistungskurs? «Entspannung»!

What's up, Professor Happy?

Ed Diener ist der wichtigste Pionier der internationalen Glücksforschung. Die Freie Universität Berlin verlieh ihm jüngst die Ehrendoktorwürde. Bei seinem Festvortrag dankte er artig all seinen Vorrednern und bewies Humor: «Ich bedanke mich von Herzen für diese akademische Feier und die Ehre. Nicht nur weil ich das so empfinde, sondern natürlich auch, weil ich die ganzen Studien kenne, wie gesund das Gefühl von Dankbarkeit ist.»

Im Gespräch erlebte ich ihn als einen nachdenklichen und bescheidenen Mann, der sich seinen Schalk und seine Neugier bewahrt hat.

EvH: Warum haben Sie vor über 30 Jahren begonnen, das Glück zu erforschen?

ED: Meine Eltern waren sehr glücklich, und ich habe mich immer gefragt, wie das kommt. Familien können Neurosen verursachen, aber auch glücklich machen. Sonderbarerweise haben meine Frau und ich in den 40 Jahren unserer Ehe so gut wie nie gestritten. Ich weiß nicht, warum, aber sie ist eine Quelle meines Glücks. In der modernen Gesellschaft ist die Hälfte der Ehen glücklich, die andere Hälfte zerbricht. Natürlich will man unbedingt zu der glücklichen Hälfte gehören. Daher sollte man seinen Partner sorgsam auswählen. Hat man sein Ziel erreicht, sollte man gemeinsam daran arbeiten, dass man dauerhaft glücklich bleibt.

EvH: Vieles von dem, was Sie erforscht haben, ist inzwischen populäres Wissen geworden. Sie haben Hunderte von Studien durchgeführt, gelesen, inspiriert. Haben Sie so etwas wie eine Lieblingsstudie?

ED: Es gab eine schöne Studie mit Nonnen, die im Schnitt mit 22 Jahren ins Kloster eingetreten sind und jetzt ein Alter von 90 erreicht haben. Solche Langzeitbeobachtungen sind aussagekräftig, aber selten.

EvH: So lange bekommt man ja auch eher keinen Doktoranden …

ED: … genau! Ein glückliches Leben kann also sehr lange dauern. Befragt man 65-Jährige, so ist eine mögliche Erklärung für ihr vermindertes Glück, dass irgendetwas vorgefallen ist, ein Ereignis, eine Krankheit, sehr viele verschiedene Einflussgrößen. Doch wenn man Studien mit 30-Jährigen beginnt und diese dann 50 Jahre lang begleitet, liefert das aussagekräftigere Ergebnisse.

EvH: Klosterstudien sind deshalb unter Forschern so beliebt, weil die Lebensumstände im Kloster sehr viel weniger Unterschiede aufweisen als außerhalb. Zumindest hört man sehr wenig davon, dass Nonnen exzessiv rauchen, trinken und Sportwagen fahren. Was kam bei der Studie raus, das auch für Nicht-Nonnen gelten könnte?

ED: Die Nonnen schrieben beim Eintritt ins Kloster einen kleinen Besinnungsaufsatz. Und darin steckt die medizinische Sensation: Diejenigen Nonnen, die darin viele positive Gefühle ausdrückten wie Dankbarkeit, Liebe und Glück, lebten bis zu zehn Jahre länger als diejenigen, die mehr Pflicht als Freude empfanden.

EvH: Ich kenne kein Medikament, was das Leben einfach so um zehn Jahre verlängert. Höchste Zeit also, Glück ernst zu nehmen.

ED: Positive Emotionen können die Langlebigkeit tatsächlich fördern. Das Interessante an negativen Gefühlen ist, dass sie oft für Depression und Herzerkrankungen verantwortlich gemacht werden. Dabei sind negative Emotionen nicht so stark wie positive. Jetzt fängt man endlich an, sich auch mit ihnen zu beschäftigen.

EvH: Meiner Ansicht nach hängen die drei teuersten Volkskrankheiten im Gesundheitssystem eng damit zusammen: Depressionen, Herz-Kreislauf-Erkrankungen und Übergewicht. Wer unglücklich ist, isst auch unglücklich, d. h. die schlechte Laune soll mit möglichst kalorienreichen Dingen vertrieben werden bis zum sprichwörtlichen «Kummerspeck». Ist man unglücklich, macht man keinen Sport, läuft gebückt und empfindet das ganze Leben als eine Last im Kreuz. Und man geht weniger unter Leute und wird depressiv. Glück ist also etwas ganz Grundlegendes für die Volksgesundheit.

ED: Genau! Und davon bräuchten wir mehr, denn Arzneimittel, die nur zur Behandlung von sehr kranken Menschen eingesetzt werden, sind teuer, während die allgemeine Volksgesundheit viel günstiger zu haben wäre. In den USA findet langsam ein Umdenken statt. Unsere Gesundheitsbehörde hat sich eine Zeitlang um die Raucher gekümmert. Das führte dazu, dass ihr Anteil in Amerika auf 15 Prozent sank. Dann erfand man Sicherheitsgurte und Kindersitze, die heute in 80 Prozent der Autos genutzt werden. Danach stand Sport ganz oben, und es ging gegen das Übergewicht. Fettleibigkeit ist ein großes Problem. Aber die nächste große Herausforderung ist das Wohlfühlen, positives, mentales Wohlfühlen!

EvH: Und gibt es dafür ein einfaches Rezept?

ED: Dan Buettner hatte eine gute Idee: Er ging an Orte, wo überdurchschnittlich viele Menschen 100 Jahre alt werden. Er nannte sie die «Blue Zones» und fragte dort die ältesten und glücklichsten Menschen, wie man so wird wie sie ...

EvH: ... nun machen Sie es mal nicht so spannend!

ED: Diese Menschen ernähren sich gesund und bewegen sich täglich. Aber der entscheidende Schlüssel sind enge soziale Netze. Das hat Buettner auf eine Kleinstadt in Minnesota mit 15 000 Einwohnern übertragen. Den Menschen wurde geholfen, Vertrauen zu entwickeln und Fremden zu helfen. Die Kinder wurden zu mehr Sport animiert. In der Kleinstadt ging daraufhin die Zahl der Arztbesuche zurück. Jetzt werden wir das an einer 200 000-Einwohner-Stadt erproben, und Wohlfühlen wird ein Teil davon sein. Solche Kleinigkeiten steigern nicht nur das Wohlbefinden, sondern auch die Gesundheit.

EvH: Gilt das für jeden?

ED: Manche Menschen werden in der Ehe glücklich, andere brauchen eine neue Arbeit, das sind natürlich ganz individuelle Dinge. Aber es gibt allgemeine Prinzipien, etwa, anderen nette Dinge zu sagen, das Gute in anderen Menschen zu suchen oder optimistisch in die Zukunft zu blicken. Da kann man sicherlich einiges verändern, wenn eine ganze Stadt mitmacht.

EvH: Dänemark gilt als eines der glücklichsten Länder der Welt, was machen die Dänen anders?

ED: Amerika ist reicher als Dänemark, dennoch sind arme Dänen glücklicher als arme Amerikaner. Denn ein armer Amerikaner ist unglücklicher, weil er in seinem Land auf sich selbst gestellt ist. Das skandinavische Sozialsystem schützt arme Menschen besser. Sie fühlen sich nicht so unsicher. Außerdem vertrauen Skandinavier anderen Menschen; sie verlassen sich auf andere. Unser Ziel ist es, dass die Menschen wieder anderen Menschen vertrauen können, auch Fremden. Sie sollen sich in Notfällen auf andere verlassen können. In solchen Gesellschaften geht es den Menschen einfach besser.

EvH: Eine Studie über Religion zeigt, dass Religion das Wohlbefinden steigert. Doch entgegen der Erwartung sind religiöse Menschen in der Praxis nicht hilfsbereiter als andere.

ED: Ich finde es sehr interessant, dass so viele Skandinavier und Nordeuropäer aus den Kirchen austreten, obwohl religiöse Menschen so glücklich sind. Amerikaner sind viel religiöser als Skandinavier. Doch auch in Amerika treten die jungen Leute aus den Kirchen aus. Wir haben herausgefunden, dass die Religionen in armen Regionen, in Krisengebieten wie im Nahen Osten oder in Afrika, großen Zulauf haben. In manchen Ländern gehen 90 Prozent der Bevölkerung jede Woche zum Gottesdienst. In Skandinavien gehen nur 15 bis 20 Prozent überhaupt zur Kirche. Religion steigert das Glück vor allem in Ländern mit schwerwiegenden Problemen. Unter guten Lebensumständen gibt es andere Kanäle für die Sinnsuche.

EvH: Aber auch wer nicht in die Kirche geht, kann ja an etwas glauben. Wie glücklich machen Spiritualität und Meditation?

ED: Was wir als Spiritualität definieren, sind positive Emotionen, die einen mit etwas Größerem verbinden. Dazu gehören Dankbarkeit, Liebe oder Respekt. Dabei geht es immer auch um jemand anderen. Das kann Gott sein, aber auch ein anderer Mensch, das Universum oder die Schönheit. Diese Art von Spiritualität ist sehr hilfreich. Forschungen haben gezeigt, dass Meditation hilft, vor allem unglücklichen und gestressten Menschen.

EvH: Trägt Humor zum persönlichen Wohlbefinden bei?

ED: Humor wirkt tatsächlich. Anscheinend ist es so, dass Menschen mit einem Sinn für Humor das Leben intensiver genießen und daher länger leben. Humor scheint auch das Immunsystem zu stärken.

EvH: Leider gibt es aber, soweit ich weiß, keine Studie, die beweist, dass humorvolle Menschen länger leben.

ED: Sie meinen Leute, die Witze erzählen? Das Lustige ist, dass Comedians oftmals für neurotisch gehalten werden. Die machen sich erst mal viele Sorgen und erzählen dann komische Geschichten. Viele sind sehr selbstkritisch, was natürlich netter ist, als über andere herzuziehen. Wenn das stimmen sollte, dann würden Comedians wahrscheinlich nicht länger leben, sondern nur die anderen, die mit ihrem Humor etwas anfangen und ihn genießen können.

EvH: Eine andere Erklärung ist, dass Menschen mit Humor extrovertiert sind. Extrovertierte haben jedoch mehr Unfälle.

ED: Extrovertierte Menschen leben auf der einen Seite vielleicht länger, weil sie mehr Freunde haben und mehr Freude im Leben. Auf der anderen Seite riskieren sie aber auch mehr. Das sind dann die extrem glücklichen Menschen. Sie sind zum Teil so glücklich, dass sie nicht mehr auf medizinische Symptome achten und sich nicht um sich kümmern. Daraus entstand die Idee, dass es gut ist, glücklich oder auch sehr glücklich zu sein, aber weniger zuträglich, extrem glücklich zu sein.

EvH: Wenn Sie Präsident der Vereinigten Staaten wären, welche drei Maßnahmen würden Sie anschieben, um die Menschen im Land glücklicher zu machen?

ED: Da gäbe es einiges, zum Beispiel die Umweltverschmutzung. Wir wissen aus deutschen Studien, dass saubere Luft sehr wichtig ist. Ich lebe die Hälfte des Jahres in Salt Lake City. Ich mag die Stadt, die wunderschönen Berge drum herum, aber die Luft in der Stadt ist ziemlich verschmutzt. Ein anderer Faktor, der auch die Umwelt betrifft, ist das Pendeln. Amerikanische Städte sind so angelegt, dass man zwischen Wohnen und Arbeiten ständig pendeln muss. Aus Studien wissen wir, dass dieses Pendeln jeden Tag aufs Neue unbefriedigend ist.

EvH: In Deutschland gibt es sogar eine «Pendlerpauschale», die finanzielle Anreize für etwas bietet, das vorhersagbar die Menschen unglücklicher macht … Die Politiker sollten alle eine Nachhilfestunde in aktueller Psychologie bekommen.

ED: Was ich noch ändern würde, wären die sozialen Beziehungen. Die Menschen sollten sich in ihren Gemeinden engagieren und sie freiwillig mitgestalten. Soziale Veränderung ist wichtig, gerade in Amerika, das sehr auf das Auto zugeschnitten ist. Amerika kann sehr einsam machen, wenn man von seiner Familie und seinen Freunden getrennt ist und viel herumfahren muss.
Dann gäbe es noch den Ausbau des sozialen Sicherungsnetzes, zum Beispiel durch Krankenversicherungen. Auch das könnte helfen. Da sind Sie in Deutschland weiter.

EvH: Sollte Glück ein Unterrichtsfach in der Schule werden?

ED: Ja. In der Schule kann den Kinder beigebracht werden, wie sie mit Problemen umgehen, wie sie sich gegenüber anderen Kindern verhalten und ihren Mitmenschen helfen. Betrachtet man die jungen Männer in Amerika oder auch in Europa, die Amok laufen und unzählige Menschen töten, nur weil sie wütend sind, fragt man sich doch, ob diese Leute nicht gelernt haben, mit Problemen umzugehen. Ich ärgere mich jeden Tag über irgendetwas, aber deshalb gehe ich ja nicht raus und töte andere Menschen. Was ist bei denen also schiefgelaufen? Es ist wichtig, den Kindern schon in jungen Jahren, im Kindergarten und der Grundschule, beizubringen, mit Problemen fertigzuwerden, und ihnen Optimismus zu vermitteln.

EvH: Welchen Einfluss hat der Computer?

ED: Es gibt so viele kleine Jungs, die stundenlang vor ihren Ballerspielen hocken. Da frage ich mich doch, ob es nicht auch positive Spiele geben könnte, die genauso interessant sind.

EvH: Die sogenannten Social Networks wie Facebook arten inzwischen wieder zur Belastung aus. Wie wichtig sind reale soziale Beziehungen, um glücklich zu sein?

ED: Es gibt einen Ansteckungseffekt, Glück und Unglück breiten sich in einem Netzwerk aus. Bin ich glücklich, ist auch meine Frau ein bisschen glücklicher und schließlich sind es auch die Menschen, die sie bei der Arbeit trifft. Die Psychologie definierte soziale Unterstützung bis jetzt immer als die Menschen, auf die man sich im Notfall verlassen konnte. Doch Erwachsene haben genauso das Bedürfnis, andere Menschen zu lieben und selbst zu helfen. Kümmert man sich selbst um andere Menschen und wird von vielen Menschen gebraucht, dann ist das zwar immer auch eine Last, aber auf lange Sicht steigert es das eigene Glück.

EvH: *Sie* werden gebraucht! Was glauben Sie, denkt man in 100 Jahren über die Glücksforschung von heute?

ED: Wenn wir herausfinden, dass glückliche Gesellschaften aufblühen und die Menschen davon überzeugen könnten, das würde die jetzigen Verhältnisse schon ziemlich verändern. Momentan wird viel am Individuum geforscht, aber wenn wir die gesellschaftlichen Auswirkungen von Glück beweisen könnten, wäre das eine große Sache.

— LESE- UND AUSFÜLLPRÖBCHEN! —

MAL REINSCHNUPPERN!

> *Glücklicherweise war am Ende des Taschenbuches Platz genug, um Ihnen noch das Glückstagebuch vorzustellen – ich habe schon mal angefangen auszufüllen …*

B   GLÜCK KOMMT MIT …

Glücksbarometer

… nach oben offen

Beginne dein Glückstagebuch <u>heute</u>!

1. *Datum eintragen (z.B. links und rechts auf die grünen Linien)*

2. *Glücksmomente aufschreiben …*

3. *… oder Glück einkleben …*
oder aufzeichnen!

Eintrittskarte

Zeichnung

Fundstück

4. *Markiere deinen Glücksstand!*
Gib deiner Grundstimmung (= das gefühlte Mittel der letzten Woche) eine Note von 1 bis 5. Wenn du willst, kannst du dich z. B. jede Woche einmal fragen, wie es dir geht, und das an dem Kleeblattbarometer markieren. Aber nicht zu oft!
PS: Es ist normal, dass Stimmungen schwanken, sogar bei Männern.

Stimmt!

—> Über beide Ohren dabei.
—> Das Leben ist schön.
—> Morgen ist auch noch ein Tag.
—> Ich dachte mir, es könnte auch schlimmer kommen, und es kam schlimmer.

○ Wie geht's uns denn heute?   … nach unten offen

LESE- UND AUSFÜLLPRÖBCHEN!

B 00 . 00 . 0000

5. *Markiere deine Glücksart!*
   Lassen sich deine Glücksmomente einer Glücksart zuordnen?
   Kannst du etwas für die anderen Glücksbereiche tun? ------->

Heute war ich richtig glücklich, als ...

... sich die Hundescheiße am Schuh doch
   nur als Dreck herausstellte.

-> ... ich nach 4 Stunde Ballonfahrt
   endlich aufs Klo konnte.

... meine Frau trotz Schnarchens wieder
   ins Bett zurückgekehrt ist (nach Woche!)
   - und das aus Liebe, wie ich einfach vermute!

         Aber eigentlich war es so....

Nachweislich hebt sich aber die Grundstimmung
durch regelmäßiges Glückstagebuchschreiben.

Nur als Beispiel

Das Arbeits- und Glückstagebuch
MEIN GLÜCK KOMMT SELTEN ALLEIN
ist im Rowohlt Verlag erschienen.

DIE INTERAKTIVE GLÜCKSCOMMUNITY

Glück kommt selten allein. Aber Hauptsache, es kommt! Wie? Das zeige ich Ihnen gerne! Im 7-Wochen-Onlinetraining stelle ich Ihnen die wirksamsten Übungen aus der Positiven Psychologie vor: praktisch, zum Kennenlernen und Ausprobieren, in kleinen Videoclips und kurzen Anleitungen.

Jetzt registrieren auf
WWW.GLÜCK-KOMMT-SELTEN-ALLEIN.DE

DIE INTERAKTIVE GLÜCKSCOMMUNITY

Das interaktive Glückstraining zum Kennenlernen, Austauschen und Ausprobieren. Gratis, aber auf keinen Fall umsonst!

BEREITS VIELE TAUSEND TEILNEHMER ONLINE

Sicher und auf Wunsch anonym

Das «Glück kommt selten allein»-Netzwerk: Vernetzen, teilen, Freunde finden.

DIE INTERAKTIVE GLÜCKSCOMMUNITY

Glück trainieren: jede Woche ein neues Kapitel mit vielen Überraschungen.

Glück vermehren: Teilen Sie Ihre Glücksmomente in Wort und Bild mit der Community!

Ich war richtig glücklich,

...als ich gemerkt habe, dass erst Samstag und nicht Sonntag ist.
anonym verfasst

...als die Umzugshelfer auftauchten und ich mit meinem Gipsarm einfach nur herumkommandieren konnte.
von b.xxx

...als ich meine pubertierende Tochter dazu bewegen konnte, ihr Zimmer aufzuräumen.
von lellischnelli

...als meine Katze heute voll Karacho gegen die Glasscheibe gerannt ist.
von tulip

von cat007

von Rabea L.

von J. I. Denné

von Schullu

von Mayflower

HIRSCHHAUSENS HAUSAPOTHEKE

Glück kann man nicht kaufen
DIE FOLGENDEN GLÜCKSBRINGER SCHON!

Rund um die Uhr auf www.hirschhausen.com.
Alle Kassen. Rezeptfrei und ohne Nebenwirkungen.

1. *Glück kommt selten allein ... auf CD und DVD*

2. *Der Pinguin zur Geschichte!*

3. *Die Leber wächst mit ihren Aufgaben – der Bestseller als Buch und auf CD*

6. *Liebesbeweise-CD und -DVD zum aktuellen Programm!*

5. *Die rote Nase – Ihre Spende für HUMOR HILFT HEILEN und emotionaler Airbag!*

4. *Der Schlüsselanhänger zum Glück!*

hirschhausen.com

Sie können sich nicht entscheiden?
Wie wäre es mit einer Runde SchingSchangSchong* gegen sich selbst?
(*Vgl. Seite 147)

LACHEN IST DIE BESTE MEDIZIN!

... das weiß der Volksmund schon lange. Seit über 15 Jahren gibt es in Deutschland Clowns in Krankenhäusern, die große und kleine Patienten aufmuntern, Hoffnung wecken und Lebensmut stärken.

Eckart von Hirschhausen unterstützt diese Bewegung von Anfang an und seit 2008 mit seiner Stiftung HUMOR HILFT HEILEN. Das Ziel: Spender und Akteure vernetzen, Ärzte, Pflegekräfte und Clowns weiterbilden und therapeutisches Lachen in Medizin, Arbeitswelt und Öffentlichkeit fördern.

Durch den großen Erfolg seines Buches «Glück kommt selten allein» konnte die Stiftung weiter aufgebaut werden: Viele neue Clownsgruppen wurden gegründet und die Idee, dass Humor eine wichtige Rolle für die Atmosphäre in Krankenhäusern, Pflegeheimen und Hospizen spielt, verbreitet sich. Zurzeit laufen Schulungen für Pflegekräfte und zwei Forschungsprojekte zur Wirkung einer Humorintervention bei Kindern, bei Alten und bei Depressiven.

Es gibt noch viel zu tun. Es gibt noch viele Kliniken und Menschen, die ein Lachen brauchen. Und solange die Krankenkassen das noch nicht übernehmen, freuen wir uns über Ihre Unterstützung.

↗ WWW.HUMOR-HILFT-HEILEN.DE

SPENDENKONTO

STIFTUNG HUMOR HILFT HEILEN Postbank Hamburg
Bankleitzahl 200 100 20 | Kontonummer 999 222 200

Das für dieses Buch verwendete
Papier ist FSC®-zertifiziert.